MICHAEL W. BADER

Jenseits von Kapitalismus und Kommunismus

Theorie und Praxis des Wirtschaftsmodells
der Achberger Schule

BWV · BERLINER WISSENSCHAFTS-VERLAG

Bibliografische Informationen der Deutschen Nationalbibliothek

Die Deutsche Nationalbibliothek verzeichnet diese Publikation in der
Deutschen Nationalbibliografie; detaillierte bibliografische Daten sind im
Internet über http://dnb.d-nb.de abrufbar.

ISBN 978-3-8305-3682-6

© 2016 BWV • BERLINER WISSENSCHAFTS-VERLAG GmbH
Markgrafenstraße 12–14, 10969 Berlin
E-Mail: bwv@bwv-verlag.de, Internet: http://www.bwv-verlag.de
Printed in Germany. Alle Rechte, auch die des Nachdrucks von Auszügen,
der photomechanischen Wiedergabe und der Übersetzung, vorbehalten.

Inhaltsverzeichnis

Teil I
Die Wirtschaftstheorie der Aktion Dritter Weg
und der Media-Unternehmensgruppe

Teil II
Die Wirtschaftspraxis der Aktion Dritter Weg
und der Media-Unternehmensgruppe

Teil III
Unternehmensdarstellungen

Anhang

Vorwort

Diese Arbeit ist das Ergebnis eines über 30 Jahre dauernden Arbeitsprozesses, der mit dem Vorhaben einer Dissertation zum Thema *Theorie und Praxis der Aktion Dritter Weg* in den 1970er-Jahren seinen Ausgangspunkt genommen hat. Allen am Zustandekommen dieser Veröffentlichung Beteiligten gilt mein herzlicher Dank. Von Prof. Martin Greifenhagen, der meinen euphorischen Ausführungen immer wieder das Prinzip strenger wissenschaftlicher Arbeitsweise und besonnener Analytik entgegengestellt hat, bis Wilfried Heidt, der diese Arbeit in den 1970er-Jahren sehr intensiv begleitete und dem viele Denkanstöße und Korrekturen zu verdanken sind. Von Joseph Beuys, der mich ermutigte, die Arbeit, trotz vielfältiger (immer viel wichtiger erscheinender) anderer Aktivitäten, konsequent fertigzustellen, bis hin zu Wilhelm Schmundt, der sich immer wieder nach dem Fortgang der Arbeit erkundigte und persönlich sicherstellte, dass seine Sichtweise auf die soziale Frage richtig verstanden worden war.

Dass das Vorhaben schlussendlich nicht in der Form einer wissenschaftlichen Studienarbeit zu Ende gebracht, sondern 30 Jahre später in der vorliegenden Publikationsform abgeschlossen wird, hat vielfache Ursachen, die allerdings die politische und historische Bedeutung des Untersuchungsgegenstandes nicht berühren. Ich war einfach zu beschäftigt, mein Leben als Entwicklungsforscher und Unternehmer zu gestalten, als dass ich diesen Prozess mit der notwendigen Ruhe und Besonnenheit wissenschaftlich hätte begleiten können.

Was sich bei der aktuellen Veröffentlichung geändert hat, ist im Wesentlichen die Perspektive und Blickrichtung auf das Thema: Damals ging es darum, eine aktuell stattfindende soziale Entwicklung in ihrem Entstehungsprozess zu begleiten und – der Handlungs- und Aktionsforschung verwandt – wissenschaftlich aufzuarbeiten und zu dokumentieren. Heute geht es mehr darum, aus der Gegenwart auf die in den 1970er- und 1980er-Jahren entwickelten Ideen und deren Umsetzungsversuche zurückzublicken und diese auf der Grundlage heutiger Einsichten zu reflektieren und auf Sinnhaftigkeit und Schlüssigkeit hin zu überprüfen. Ob diesem Anspruch Genüge getan wurde, muss einer Beurteilung durch die Leserschaft überlassen bleiben, sehr gerne auch durch diejenigen, die damals dabei waren!

Auf keinen Fall hätte diese Arbeit ohne die Mitwirkung meiner beiden Kollegen und Freunde Jochen Abeling und Christian Vierl jemals abgeschlossen werden können. Beiden verdanke ich gleichermaßen eine äußerst kritische

Begleitung der Arbeit sowie die immer wieder neue redaktionelle Bearbeitung und Korrektur der Texte. Jochen steht darüber hinaus für die Erstellung einer zeitlichen Übersicht[1] und verantwortet den Aufbau und die Pflege des kompletten Stiftungsarchivs zum Thema. Jochen und Christian sind zugleich Zeitzeugen, die meine Einschätzungen und Erinnerungen immer wieder aufs Neue ausgeleuchtet und verifiziert haben.

Ein ganz besonders herzliches Dankeschön auch Gerhard Schuster und Peter Schata für ihre Mitwirkung an der Schlussredaktion der Texte und für viele wichtige Anmerkungen und Ergänzungen. Herzlichen Dank natürlich auch meinem Lektor Dr. Harald Strauß, der mit strengem handwerklichem Maßstab und großem Einfühlungsvermögen das Schlusslektorat der Arbeit besorgte.

Den allergrößten Dank allerdings schulde ich meiner geliebten Paula, die über vier Jahrzehnte meine sozial-ökonomischen Feldforschungen und Aktionen sowie deren schlussendliche Aufarbeitung und Dokumentation engagiert begleitete und dabei manch anstrengende Geduldsprobe zu bestehen hatte.

---

[1] Eine Zeittafel mit historischen Daten aus der Geschichte der Aktion Dritter Weg/Stiftung Media und deren Vorlaufphase ist im Internet verfügbar unter http://stiftung-media.de/web/de/a3w-zeittafel/.

Teil I

**Die Wirtschaftstheorie der Aktion Dritter Weg
und der Media-Unternehmensgruppe**

1   Einleitung

1.1   Entstehungsbedingungen und Aufbau der Aktion Dritter Weg

Die *Aktion Dritter Weg* wurde 1977 in Achberg am Bodensee gegründet. Die im Umfeld der Aktivitäten des sogenannten *Achberger Kreises*[2] angesiedelte Initiative verstand sich als praktischer Versuch der Umsetzung neuer Ideen im Bereich wirtschaftlicher und politischer Konzepte jenseits von Privat-Kapitalismus und Staatssozialismus, wie diese in den 1970er-Jahren durch verschiedenste Menschen in aller Welt entwickelt wurden, von denen sich viele in Achberg zusammengefunden hatten.

Achberg[3] war in den höchst virulenten 1970er- und 80er-Jahren ein wichtiges Zentrum geistig-politischen Aufbruchs. Auf Einladung des Soziologen *Wilfried Heidt* und seines Achberger Instituts für Sozialforschung und Entwicklungslehre trafen hier die relevanten Kräfte des Prager Frühlings wie *Ota Šik, Jiři Pelikan* und *Eugen Löbl, Ivan Svitak, Radoslav Selucky, Ivan Bystrina, Vladimir Horsky* auf namhafte Vertreter des Sozialimpulses der Dreigliederung des sozialen Organismus Rudolf Steiners wie *Hans-Georg Schweppenhäuser, Walter Bühler, Heinz Kloss, Lothar Udert, Dieter Brüll* und *Lex Bos, Hans E. Lauer, Leif Holbæk-Hansen, Boris Tullander, Peter Schilinski* und *Wilhelm Schmundt*. Hier diskutierten kritische Geister wie *Joseph Huber, Rhea Thönges-Stringaris, Milan Horaček, Manfred Siebker (Club of Rome)*, der von den Nazis verfolgte Zukunftsforscher und Hochschullehrer *Ossip K. Flechtheim* aus Berlin, der AUD-Vorsitzende *August Haußleiter*, der Ökonom *Hans Christoph Binswanger* aus St. Gallen, der Widerstandskämpfer und Gewerkschafter *Heinz Brandt*, linke SPD-Strategen wie *Hermann Scheer* oder

---

[2]   Der Achberger Kreis steht für die aus den Achberger Zusammenhängen seit 1977 entstandene politische Initiative im Kontext der Gründung der grünen Partei, siehe hierzu Kapitel 1.2 „Grundlagen und Vorläufer" sowie auch Silke Mende, *'Nicht rechts, nicht links, sondern vorn': Eine Geschichte der Gründungsgrünen*. Ordnungssysteme 33 (München: Oldenbourg, 2011). S. 141ff.

[3]   Achberg steht für eine Reihe von Initiativen und Unternehmen, welche um das 1971 gegründete Internationale Kulturzentrum Achberg (INKA) entstanden waren. Hierzu gehörten, neben dem Institut für Sozialforschung und Entwicklungslehre, die Achberger Kaffee- und Teestubenbetriebe, der Kongress- und Tagungsbetrieb im Humboldt-Haus in Achberg mit bekannten Veranstaltungen wie der „Jahreskongress Dritter Weg" sowie der Achberger Verlag und der FIU-Verlag.

russische Dissidenten wie *German Andreew* und *Vadim Belotserkovsky,* die direkt aus dem sowjetischen Gulag nach Achberg gekommen waren.

In Achberg wurde über die wichtigen Impulse des jugoslawischen Modells mit *Danko Grlic,* Mitbegründer der *Sommerschule* der *Praxis-Gruppe* auf der Insel Korčula, ebenso diskutiert wie über Aspekte eines fortschrittlichen Eurokommunismus[4] oder die Arbeiten von Ivan Illich[5] im Kontext seines vielbeachteten Centro Intercultural de Documentación in Cuernavaca, Mexiko. In Achberg arbeitete auch *Joseph Beuys,* der wie kein anderer die soziale Frage mit der eines erweiterten Kunstbegriffes verband und mit seinem Konzept der *Sozialen Plastik* beantwortete.

Der historische Versuch dieser Jahre aus Achberger Sicht bestand vor allem darin, die in Prag 1968 entstandenen Ideen eines *Dritten Weges* und den Sozialimpuls der *Dreigliederung des sozialen Organismus* mit all denjenigen neuen Ansätzen zur Neugestaltung der sozialen Frage zu verbinden, welche als Alternativen zu Kapitalismus und Staatssozialismus in diesen Jahren auf der ganzen Welt entwickelt wurden.

Nach einem Jahrzehnt umfassender Arbeit an den ideellen Grundlagen dieses Dritten Weges sowie an praktischen Umsetzungsversuchen im Rahmen der *Achberger Produktiv-Organisation (APO)* wurde 1977 die *Aufbauinitiative Aktion Dritter Weg* (A3W) gegründet. Sie bestand aus einer Interessengemeinschaft (Unternehmensverband der IG Dritter Weg), einer Mitgliederorganisation und einer gemeinnützigen Stiftung.[6] Der Unternehmensverband bestand aus mehreren Betrieben vor allem in Achberg, Göppingen und Hamburg und hatte die Aufgabe, die Ergebnisse der theoretischen Vorarbeit möglichst unmittelbar in die Praxis zu überführen, um so ein konkretes Modell für die Realisierungsmöglichkeiten neuer Sozialformen zu stiften. Die Mitgliederorganisation fasste diejenigen Menschen zusammen, die sich öffentlich für die Position eines Dritten Weges einsetzen wollten. Die Stiftung hatte zuletzt die Rechtsform eines gemeinnützigen Vereins und war für die Vermögensverwaltung der angeschlossenen Betriebe des Unternehmensverbandes der IG Dritter Weg zuständig.[7]

---

4   Siehe z. B. Wolfgang Leonhard, *Eurokommunismus: Herausforderung für Ost und West* (München: C. Bertelsmann, 1978).

5   Siehe z. B. Ivan Illich, „Aufruf zur Feier." in *Schulen helfen nicht: Über das mythenbildende Ritual der Industriegesellschaft,* hrsg. von Ivan Illich, Helmut Lindemann und Erich Fromm. 46.–48. Tsd, 139–142, Rororo 6778 (Reinbek: Rowohlt, 1979).

6   Aktion Dritter Weg, „Die Aktion Dritter Weg." in *Aufruf zur Alternative: A3W FIU,* hrsg. von Unternehmensverband (Achberg/Hamburg: Achberger Verlag/VGD, 1980), Heft 1.

7   Aktion Dritter Weg, „Statuten der Aktion Dritter Weg." in *Aufruf zur Alternative: A3W FIU,* hrsg. von Unternehmensverband (Achberg/Hamburg: Achberger Verlag/VGD, 1980), Heft 2.

1.2 Grundlagen und Vorläufer

Die Ideenbildung der Aktion Dritter Weg, wie sie später in unterschiedlicher Form publiziert und den Praxisbemühungen im Rahmen des Unternehmensverbandes der Aktion Dritter Weg zugrunde gelegt wurde, war ein Ergebnis der Achberger Arbeit in den Jahren 1970 bis 1980, die in zahlreichen Kolloquien und Sommeruniversitäten in Auseinandersetzung mit der dort versammelten gesellschaftskritischen Elite Europas durchgeführt wurde.[8]

Sie war zugleich das Ergebnis intensiven Ringens um die richtige Sozialgestalt des Achberger Projektzusammenhanges in diesen Jahren, wie dieser sich auch in der Konstruktion der Achberger Produktiv-Organisation (APO) zum Ausdruck brachte.

Das Ziel der Initiative bestand darin – nicht zuletzt durch den angeschlossenen Unternehmensverband – praktische Alternativen für neues Wirtschaften aufzuzeigen und dabei mitzuhelfen, wichtige Krisenphänomene durch eine Umgestaltung der Gesellschaft, insbesondere auch im Wirtschaftsbereich, zu überwinden.[9]

Das Ideengebäude basierte in besonderer Weise auch auf dem Sozialimpuls Rudolf Steiners, die dieser in der Form seiner *Dreigliederung des sozialen Organismus* 1919 vorgestellt hatte.[10] Die Beobachtung der menschlichen Bewusstseinsentwicklung ebenso wie der sich historisch wandelnden sozialen Strukturen hatten Steiner dazu geführt, dass soziale Gemeinschaften nicht mehr „von oben" gelenkt, sondern durch die in einem Gemeinwesen zusammenlebenden Menschen selbstverantwortlich geführt werden müssten. Mit der Idee der Dreigliederung des sozialen Organismus sollten notwendige Veränderungen eingeleitet und auf Grundlage einer funktionalen Gliederung der Gesellschaft in drei Primärsysteme (Geistesleben, Rechtsleben und Wirtschaftsleben) entsprechend neu gestaltet werden.

---

[8]   „Bekannt wurde der ‚Achberg' vor allem durch den jährlichen ‚Jahreskongress Dritter Weg', wo sich (bisher) mehr oder minder prominente Leute aus Politik und Wissenschaft die Ehre gegeben haben – von Gruhl über den Club of Rome bis zu Joseph Beuys und Rudi Dutschke". Joseph Huber: Astral-Marx. Über Anthroposophie, einen gewissen Marxismus und andere Alternatiefen (sic!), in: Kursbuch 55, (1979), S. 154.

[9]   Lukas Beckmann, *Die Ursachen liegen in der Zukunft: Manuskript; Vortrag auf dem Symposium „Joseph Beuys – Mapping the Legacy' vom 4.–6. Dezember 1998 während einer Beuys-Ausstellung im John and Mable Ringling Museum of Art in Sarasota, USA, Florida.* (Archiv Grünes Gedächtnis, Heinrich Böll-Stiftung, Berlin, unveröffentlicht). S. 12.

[10]   Rudolf Steiner, *Aufsätze über die Dreigliederung des sozialen Organismus und zur Zeitlage 1915–1921* (Dornach/Schweiz: Vlg. der Rudolf Steiner Nachlassverwaltung, 1961).

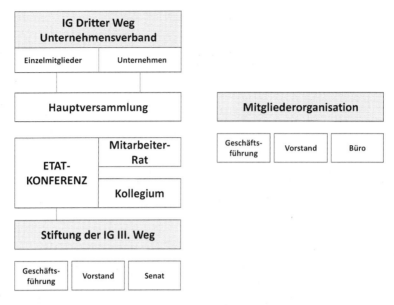

Abbildung 1: *Schematische Darstellung der Aufbauinitiative*

Steiner greift dabei auf die drei großen Ideale der französischen Revolution zurück, deren eigentlicher historischer Ursprung bis heute noch nicht ganz geklärt ist.[11] Die gesellschaftliche Wirklichkeit zeigt nun, dass die Ideale der Freiheit, der Gleichheit und der Brüderlichkeit bis heute nicht verwirklicht bzw. nicht in richtiger Weise auf einen der jeweiligen gesellschaftlichen Bereiche bezogen sind. Steiners Analyse der gesellschaftlichen Verhältnisse bestand darin, dass diese Gestaltprinzipien unter den gegebenen gesellschaftlichen Strukturen des Einheitsstaates auch gar nicht zur Entfaltung kommen können. Immer wieder weist er in Schriften und Vorträgen darauf hin, dass sich – auf die Totalität des Einheitsstaates als Ganzes bezogen – die Prinzipien Freiheit, Gleichheit und Brüderlichkeit notwendigerweise widersprechen und gegenseitig aufheben müssen.[12] Und tatsächlich stellt sich dieser Widerspruch ein, wenn

---

[11]　Fest steht allein, dass die Formel „liberté – egalité – fraternité" im Juni 1791 zunächst vom Klub der Cordeliers vorgeschlagen worden war. Der Klub der Cordeliers war eine der beiden maßgeblichen Vereinigungen während der französischen Revolution, die zusammen mit dem Klub der Jakobiner das Schicksal der Revolution entscheidend beeinflusste. Beide Klubs führten den Namen ihrer Versammlungsstätte. Die Jakobiner hießen nach dem Kloster St. Jakob, die Cordeliers („Strickträger") nach dem Kloster der Franziskaner.

[12]　„Nur deshalb sah man Widersprüche zwischen den drei größten sozialen Idealen, weil man glaubte, sie im Einheitsstaat verwirklichen zu müssen." Rudolf Steiner, *Neugestaltung des*

Freiheit z. B. zugleich mit Gleichheit als Gestaltprinzip auf ein einheitliches Ganzes bezogen wird. Die verschiedenen Gestaltungsprinzipien heben sich dann zweifellos gegenseitig auf. Die gleiche Überlegung gilt für das Verhältnis von Freiheit und Gleichheit zu dem Prinzip der Brüderlichkeit.[13]

Werden diese Prinzipien allerdings nicht auf die Totalität des Einheitsstaates insgesamt bezogen, können diese als drei wichtige Strukturprinzipien jeder Gesellschaft verstanden und angewendet werden. Steiner gliedert nun im Rahmen seiner Arbeiten zur sozialen Frage die Gesellschaft – wie schon angedeutet – in ihre elementaren Primärbereiche des Wirtschafts-, Rechts- und des Geisteslebens.[14] Unter dieser Voraussetzung der Gliederung der Gesellschaft in drei Funktions- und Systembereiche können die Prinzipien der französischen Revolution als Richtkräfte auf jeweils eines der Systeme bezogen werden und dort als wesentliche Gestaltungsprinzipien wirken, die sich auf diese Weise nicht mehr widersprechen und gegenseitig aufheben müssen. Das entscheidende Ergebnis der Überlegungen Steiners besteht hier in der Zuordnung des Strukturprinzips der Freiheit zu dem sozialen Systembereich des Geisteslebens, der Zuordnung des Gleichheitsprinzips zu dem Bereich des Rechtsstaates sowie die Verbindung des Prinzips der Brüderlichkeit mit dem Wirtschaftsleben.[15]

---

sozialen Organismus. Gesamtausgabe Bd. 330/331 (Dornach/Schweiz: Vlg der Rudolf Steiner-Nachlassverwaltung, 1963); 14 öffentliche Vorträge, gehalten in Stuttgart zwischen 22.04. und 30.07.1919. S. 102.

[13] Steiner führt hier das Folgende aus: „Aber ganz gescheite Leute haben im 19. Jahrhundert immer wieder nachgewiesen, welcher Widerspruch doch eigentlich herrsche zwischen diesen drei Ideen: Freiheit, Gleichheit, Brüderlichkeit. Ja, es herrscht ein Widerspruch, sie haben recht. Darum sind sie aber doch die größten Ideale, obwohl sie sich widersprechen. Sie sind eben aufgestellt in einer Zeit, in der der Blick der Menschheit noch wie hypnotisiert hingerichtet war auf den Einheitsstaat, der bis in unsere Zeit noch wie ein Götze verehrt worden ist." ebd. S. 101.

[14] Diese systemische Differenzierung sollte Anfang der 1970er Jahre von Claus Offe und Jürgen Habermas als Unterscheidung von „sozio-kulturellem System", „politisch-administrativem System" und „ökonomischem System" erneut aufgegriffen werden, hier zitiert nach Joseph Huber, „Astral-Marx: Über Anthroposophie, einen gewissen Marxismus und andere Alternatiefen." in *Sekten,* hrsg. von Karl Markus Michel und Harald Wieser, 139–161, Kursbuch 55 (Berlin: Kursbuch/Rotbuch, 1979). S. 150.
Siehe auch und Jürgen Habermas, *Legitimationsprobleme im Spätkapitalismus,* Erstausg., 1. Aufl. Edition Suhrkamp 623 (Frankfurt am Main: Suhrkamp, 1973). S. 15.
Ähnliche Kategorien wurden z. B. auch von Daniel Bell zur Beschreibung gesellschaftlicher Primärbereiche verwendet: „Ich unterteile die Gesellschaft zum Zwecke der Analyse in die techno-ökonomische Struktur, die politische Ordnung und die Kultur". Daniel Bell, *Die Zukunft der westlichen Welt: Kultur und Technologie im Widerstreit* (Frankfurt a. M.: S. Fischer, 1976). S. 19 ff.

[15] „Erst wenn diese drei Worte, diese drei Impulse aufgestellt werden so, daß die Freiheit dem Geistesleben, die Gleichheit dem demokratischen Staat, die Brüderlichkeit der Assoziation

Die Idee der Dreigliederung, wie sie von Steiner Anfang des 20. Jahrhunderts entwickelt worden war, fand in der Folgezeit nach dem Zweiten Weltkrieg verschiedene Rezeptionen und Weiterentwicklungen, von denen insbesondere die Arbeiten von *Wilhelm Schmundt* (1898–1992) für die Initiative der Aktion Dritter Weg wichtig wurden.[16]

Ein ganz wesentlicher Anteil der Ideenbildung stützte sich explizit auch auf die Ideen des Prager Frühlings[17] und hier insbesondere auf die Arbeiten des tschechischen Reformers *Eugen Löbl*[18] (1907–1987), zur Zeit des Prager Frühlings Direktor der Staatsbank in Bratislava.

Die Bezeichnung *Dritter Weg* ist nicht zuletzt auch dem Titel eines wichtigen Standardwerkes zur Wirtschaftsreform des Prager Frühlings von *Ota Šik*[19] (1919–2004) entlehnt.[20] Šik war Wirtschaftswissenschaftler und ein wichtiges Mitglied der Prager Reformbewegung, er wurde im April 1968 von *Alexander Dubček* zum stellvertretenden Ministerpräsidenten und Koordinator der Wirt-

---

des Wirtschaftslebens gehört, erhalten sie ihre wirkliche Bedeutung." Steiner, *Neugestaltung des sozialen Organismus.* S. 74.

„Erkennt man in richtiger Weise, daß der gesunde soziale Organismus ein dreigegliederter sein muß, dann wird man sehen: Auf dem Gebiet des Geisteslebens muß herrschen die Freiheit, weil gepflegt werden müssen Fähigkeiten, Talent, Begabung des Menschen in freier Weise. Auf dem Gebiet des Staates muß herrschen absolute Gleichheit, demokratische Gleichheit, denn im Staate lebt dasjenige, worin alle Menschen einander gleich sind. Im Wirtschaftsleben, das abgesondert sein soll von dem Staats- und Geistesleben, aber dem geliefert werden soll vom Staatsleben und Geistesleben die Kraft, muß herrschen Brüderlichkeit, Brüderlichkeit in großem Stile. Sie wird sich ergeben aus Assoziationen, aus Genossenschaften, die aus den Berufsgenossenschaften und aus jenen Gemeinschaften hervorgehen werden, die gebildet sind aus gesunder Konsumtion, zusammen mit gesunder Produktion." ebd. S. 102.

16   Wilhelm Schmundt vermittelte seine „Elementarlehre des sozialen Organismus" in vielen Seminaren und Vorträgen, vor allem aber in einer Vielzahl von kurzen Essays in Zeitschriften; gesammelt z. B. in dem von Wilfried Heidt und Ulrich Rösch herausgegebenen Band: Wilhelm Schmundt, *Erkenntnisübungen zur Dreigliederung des sozialen Organismus: Durch Revolution der Begriffe zur Evolution der Gesellschaft,* 2., erw. u. umgestaltete Aufl. d. Schrift ‚Revolution und Evolution' (Achberg: Achberger Verlag, 1982).

17   Siehe z. B. Walter Kugler, *Was war der Prager Frühling? Hintergründe, Ziele u. Auswirkungen d. tschechoslowak. Reformbewegung von 1968* (Achberg: Achberger Verlagsanstalt, 1976) oder Otfrid Pustejovsky, *In Prag kein Fenstersturz: Dogmatismus (1948–1962), Entdogmatisierung (1962–1967), Demokratisierung (1967–1968), Intervention (1968).* dtv-report (München: Deutscher Taschenbuch Verlag, 1968).

18   Eugen Löbl, *Geistige Arbeit – die wahre Quelle des Reichtums: Entwurf eines neuen sozialistischen Ordnungsbildes* (Wien und Düsseldorf: Econ, 1968).

19   Ota Šik, *Der Dritte Weg: Die marxistisch-leninistische Theorie und die moderne Industriegesellschaft* (Hamburg: Hoffmann & Campe, 1972).

20   Unter dem Begriff des „Dritten Weges" werden verschiedenste alternative Konzepte zu Kommunismus und Kapitalismus verstanden, wie z. B. die *Freiwirtschaft* Silvio Gesells, die *Soziale Dreigliederung* Rudolf Steiners etc.

schaftsreformen ernannt. Auch heute noch wird der Begriff für – unterschiedliche, durchaus auch problematische – Politikwege verwendet.[21]

Das Wirtschaftskonzept der Aktion Dritter Weg erfuhr im Übrigen wichtige Ergänzungen und Erweiterungen als Ergebnis einer umfassenden Ideenzusammenschau, welche aus unterschiedlichen gesellschaftskritischen Quellen der damaligen Zeit gespeist und von Mitgliedern des Achberger Kreises zusammengetragen, kompiliert, publiziert und in unterschiedlichen Zusammenhängen – wie nicht zuletzt bei der Aufbauarbeit der Partei *Die Grünen* – propagiert wurde.

Verantwortlich hierfür war der Freundeskreis um den Soziologen *Wilfried Heidt*[22], bestehend aus *Joseph Beuys, Johannes Stüttgen, Karl Hamrun, Peter Schata, Ulrich Rösch, Rolf Saacke, Lukas Beckmann, Markus Kühn, Leonie Dominick, Franz Hansert, Thomas Klipstein, Christoph Klipstein, Marita Rappmann, Sigurd Spittel, Peter Dahlinger, Rainer Rappmann, Herwart „Wau" Holland-Moritz, Bettina Schön, Michael Bader, Jochen Abeling, Christian Vierl* und vielen anderen mehr. Dieser Kreis, später auch als *Achberger Schule*[23] oder von Silke Mende in ihrer Arbeit über die „Gründungsgrünen"[24] als „anti-

---

21 In den 1990er-Jahren wurde der Begriff „dritter Weg" von Tony Blair, Vorsitzender der Labour-Partei und britischer Premierminister, für die neoliberal-postdemokratische Variante der Sozialdemokratie verwendet, die neben Blair auch die SPD unter Kanzler Gerhard Schröder und weitere europäische sozialdemokratische Parteien verfolgten. Der Begriff „dritter Weg" taucht darüber hinaus auch als Titel eines Buches von Anthony Giddens aus dem Jahre 1999, als Titel einer Zeitschrift des Bundesamtes für Verfassungsschutz in den Jahren 1959–1964 sowie als Zeitschriftentitel der ehemaligen Partei Freisoziale Union (FSU), 1970–2000, als Name einer palästinensischen Partei, zwischen Hamas und Fatah sowie als Eigenname einer rechtsextremen deutschen Kleinstpartei. http://de.wikipedia.org/wiki/Der_dritte_Weg.

22 Siehe hierzu auch Rado Kaminski, „Dritter Weg, dritte Chance? SYSTEMWECHSEL ‚Wir brauchen eine neue soziale Architektur': Ein Denklabor am Bodensee wirbt für mehr direkte Demokratie (01.08.2009)." http://www.taz.de/1/archiv/print-archiv/printressorts/digi-artikel/?ressort=sp&dig=2009%2F08%2F01%2Fa0058&cHash=566d9d3b15b5417456df3103b9399da5 (letzter Zugriff: 13. Dezember 2015).

23 Der Begriff Achberger Schule wurde u.a. von dem ungarischen Sozialpsychologen István Siklaki, Universität Budapest, geprägt, der so die Achberger Aktivitäten in Anlehnung an andere, organisatorisch offene, jedoch inhaltlich zusammengehörige, soziologische und philosophische Ideengebäude bezeichnete. Die Achberger Schule steht historisch in enger Verbindung mit dem sog. Achberger Kreis (Gründungspartner der Partei Die Grünen) und ist aus der Arbeit des Achberger Institutes für Sozialforschung und Entwicklungslehre hervorgegangen, das 1972 von dem Soziologen Wilfried Heidt gegründet wurde. Die Arbeit an Transformationskonzepten im Sinne der Idee der Sozialen Plastik von Joseph Beuys und eines Dritten Weges, jenseits von Kapitalismus und Staatssozialismus, wird heute von der Stiftung für Geisteswissenschaft und Dreigliederungsforschung e.V. in Achberg sowie von der Stiftung Media in Stuttgart fortgesetzt. Aktive Vertreter der Achberger Schule sind u.a. Gerhard Schuster, Jochen Abeling, Peter Schata und Michael W. Bader.

24 Mende, *‚Nicht rechts, nicht links, sondern vorn'.* S. 157.

autoritäre Anthroposophen" bezeichnet, steht für die Begründung der *Aufbauinitiative Aktion Dritter Weg* und deren Kernstück, einem Unternehmensverband.

Abbildung 2: *„Einheit in der Vielfalt", Original-Aufkleber des Achberger Kreises*

Der Achberger Kreis spielte eine nicht unerhebliche Rolle bei der Gründung und dem Aufbau der Grünen, indem nicht nur viele konzeptionelle Aspekte in die Programmatik der Partei Eingang gefunden haben, sondern auch verschiedene Mitglieder des Achberger Kreises bzw. der *Free International University*[25] persönliche Verantwortung innerhalb der Partei übernahmen.

---

[25] Das Prinzip eines freien Schul- und Hochschulwesens gehört zu den Grundpfeilern des Dritten Weges, siehe „Das Projekt ‚Internationale Freie Universität'" in Wilfried Heidt, *Freiheit – Demokratie – Sozialismus: Der dritte Weg als Zeitnotwendigkeit und Friedensidee im sozialen Leben und im Lebenszusammenhang der Völker.* edition medianum (Achberg: Achberger Verlag, 1972/2003). http://sozialimpuls.info/assets/pdf/Heidt-Freiheit-Demokratie-SozialismusI-1972.pdf (letzter Zugriff: 20. März 2014). 1973 wurde von Joseph Beuys, Heinrich Böll, Klaus Staeck und anderen die Freie internationale Hochschule für Kreativität und interdisziplinäre Forschung e. V. gegründet. Auf der Documenta VI fanden 1977 als „100 Tage Free International University" durchgehend Veranstaltungen statt. Die Free International University (FIU) rückte vor allem als strategisches Konzept in den Vordergrund, mit eigenen arbeitenden Forschungs- und Aktionsgruppen, wie z. B. bei den *Grünen* oder bei der *Freien Kunstschule Hamburg – FIU*. Das von Johannes Stüttgen geleitete *FIU-Büro Düsseldorf, Staatliche Kunstakademie, Raum 3* koordinierte die weltweiten tätigen Gruppen und dieses Büro war wiederum Mitglied im Unternehmensverband der Aktion Dritter Weg. Zu den programmatischen Positionen des Achberger Kreises innerhalb der Grünen, siehe

Hierbei sind Joseph Beuys als nordrhein-westfälischer Kandidat zur ersten Europawahl 1979[26], Lukas Beckmann als langjähriger Bundesgeschäftsführer, Bundesvorstandssprecher und Fraktionsgeschäftsführer, Gerald Häfner als langjähriges Mitglied des Deutschen Bundestages und des Europaparlamentes oder auch Michael Bader als Mitglied des ersten Landesvorstandes der Grünen in Baden-Württemberg und langjähriger Präsident der Gesellschaft für politische Ökologie, der späteren Heinrich-Böll-Stiftung, zu erwähnen.

Nicht zuletzt fand die von dem Achberger Kreis eingebrachte Methode der programmatischen Gliederung der unterschiedlichen neuen Denkansätze nach dem *EVI-Prinzip*, dem Verfahren *Einheit in der Vielfalt*[27], große Beachtung und leistete einen wichtigen Beitrag bei der Harmonisierung der verschiedenen Aufbauströmungen der neuen Partei.[28]

---

die Dokumentation „Der 'Achberger Kreis' in den Grünen", http://www.stiftung-gw3.de/dokumentation/achberg-kreis-in-den-gruenen (letzter Zugriff: 26. März 2015).

[26] Im Jahr 1979 kandidierte Joseph Beuys für das Europaparlament als Direktkandidat für Die Grünen und gewann Rudi Dutschke für gemeinsame Wahlkampfauftritte. Am 11. und 12. Januar 1980 nahm Beuys am Gründungsparteitag der Grünen in Karlsruhe und am 16. Februar 1980 an deren Landesmitgliederversammlung in Wesel/NRW teil. Für den Landtagswahlkampf in Nordrhein-Westfalen eröffneten die Grünen am 16. März 1980 ein Informationsbüro in Düsseldorf; Beuys gestaltete Plakate und führte eine Kampagne für die Partei durch. Siehe „Joseph Beuys Impulse: Kunst als Erkenntnisinstrument und Gestaltungskraft.". http://www.muenster.org/beuys/sphaere/beuys_sphaere00.htm (letzter Zugriff: 17. Februar 2015).

[27] „Es wäre schon nötig, daß auch von den Parlamenten her, für die ganze Öffentlichkeit wahrnehmbar, alternative Lösungsmodelle aufträten. Dazu aber müssen die Leute, die solche Modelle erarbeitet haben, in die Parlamente hineinkommen. Wie kommen sie hinein? Indem sie ihre ganze Kraft auf eine GEMEINSAME WAHLINITIATIVE konzentrieren. Entscheidend für einen solchen Versuch ist, welches Verständnis man von der Gesamtalternativenbewegung hat. Sie besteht ja aus einer Fülle von Strömungen, Initiativen, Organisationen, Institutionen usw. Sie alle haben nur in der Gemeinsamkeit eine Chance. Gemeinsame Wahlinitiative heißt aber nicht: Parteiorganisation, Parteiprogramm, Parteidebatte im alten Stil. Die Einheit, deren es bedarf, kann nur die EINHEIT IN DER VIELFALT sein." Joseph Beuys, „Aufruf zur Alternative: Erstveröffentlichung in der Frankfurter Rundschau vom 23.12.1978." in *Aufruf zur Alternative: A3W FIU,* hrsg. von Unternehmensverband (Achberg/Hamburg: Achberger Verlag/VGD, 1980), Heft 3. S. 13f.

[28] Mit dem auf aktiver Toleranz gründenden Prinzip der Einheit in der Vielfalt (EVI) wurde ein praktisches Konzept entwickelt, um den damaligen unterschiedlichen Strömungen innerhalb der Grünen gerecht zu werden. Parteiprogramme setzten sich aus einem „A-Teil" (Konsensteil) und einem „B-Teil" zusammen, in dem jede relevante Strömung ihre eigenen über den Konsensteil hinausgehenden Sichtweisen darstellen konnte. Im Landesverband Baden-Württemberg wurden die ersten Parteiprogramme nach diesem EVI-Prinzip strukturiert. Siehe hierzu Wolf-Dieter Hasenclever und Connie Hasenclever, Grüne Zeiten: Politik für eine lebenswerte Zukunft. Kösel-Sachbuch (München: Kösel, 1982). S. 47ff. und S. 217f. Siehe außerdem: „Von großer Bedeutung für den Gründungsprozeß der jungen Partei war auch der sogenannte Achberger Kreis, insbesondere in Verbindung mit der Aktion Dritter Weg. / Diese Initiative – entstanden aus der Tradition anthroposophische orientierter Sozialwissenschaft einerseits und den Impulsen des Prager Frühlings von 1968 andererseits – tritt für eine ge-

Es war vor allem auch Joseph Beuys, der mit seinem 1978 in der Frankfurter Rundschau erschienenen *Aufruf zur Alternative* viel zur Verbreitung der Achberger Ideen und zur Bekanntmachung der Aufbauinitiative der Aktion Dritter Weg selbst beigetragen hatte:

> *„Überall dort, wo dies möglich ist, sollten wir uns zur alternativen Lebens-*
> *und ArbeitsPRAXIS entschließen. Viele haben in kleinen Bereichen und*
> *speziellen Gebieten einen Anfang gemacht. Ein Zusammenschluß alter-*
> *nativer Wirtschafts- und Kulturunternehmen ist die AUFBAUINITIATIVE*
> *AKTION DRITTER WEG (Unternehmensverband, Stiftung, Mitgliedsor-*
> *ganisation). Einzelne Gruppen oder Betriebe, die ihren alternativen Ideen*
> *auch Taten folgen lassen wollen, sind aufgefordert, dieses Projekt zu stär-*
> *ken.“* [29]

1.3 Methodische Vorbemerkung

Die vorliegende Arbeit verfolgt neben der detaillierten Darstellung der einzelnen inhaltlichen Komponenten des Wirtschaftskonzeptes der Aktion Dritter Weg vor allem auch die Absicht, wesentliche Ideen wichtiger Vorläufer und Quellen herauszuarbeiten und darzustellen. Hierbei wird ganz bewusst aus der Gegenwart auf die in den 1970er- und 1980er-Jahren entwickelten und umgesetzten Ideen zurückgeblickt, woran sich eine Reflexion und Überprüfung ihrer Aktualität und Plausibilität auf der Grundlage heutigen Denkens und aktueller Erkenntnisse anschließt.

---

samtgesellschaftliche Alternative zu Spielarten kapitalistischer Gesellschaftsordnung und den Formen Staatsbürokratischer Diktaturen ein. / ... Ein entscheidender Begriff für den Einigungsprozeß der Grünen wurde nach unserer Einschätzung von dieser Gruppe geprägt: *Einheit in der Vielfalt* ... / Die Grundlage der ‚Einheit in der Vielfalt‘ war, daß einerseits *verbindliche* Programmteile nur bei Zustimmung einer großen Mehrheit verabschiedet werden sollten, daß aber andererseits ein besonderer *Minderheitenschutz* geschaffen würde. / ... Tatsächlich war aber die Ideen der ‚Einheit in der Vielfalt‘ methodisch die einzige Möglichkeit, mit der Pluralität der Einsätze innerhalb der Grünen umzugehen, und bedeutet zudem im Kern eine zutiefst ökologisch fundierte Anschauung." Michael Bader und Wolf-Dieter Hasenclever, „Einheit in der Vielfalt: Zur Gründung der Grünen in Baden-Württemberg." in *Grüner Weg durch schwarzes Land: 10 Jahre Grüne in Baden-Württemberg,* hrsg. von Winne Hermann und Wolfgang Schwegler-Rohmeis, 34–39 (Stuttgart: Edition Erdmann in K. Thienemanns Verlag, 1989). S. 36ff. Wichtiger Ausgangspunkt der Idee von der Einheit in der Vielfalt war der „Achberger Appell zur Wiederherstellung der Einheit der ökologischen Bewegung" vom 6. August 1978, http://www.stiftung-gw3.de/files/1978-gruene-achberger-appell.pdf (letzter Zugriff: 26. März 2015).

[29] Joseph Beuys, „Aufruf zur Alternative: Erstveröffentlichung in der Frankfurter Rundschau vom 23.12.1978." in *Aufruf zur Alternative* (s. Anm. 27), Heft 3. S. 13.

Ein besonderes Anliegen verbindet sich auch mit dem Versuch, das dem *Aufruf zur Alternative* von *Joseph Beuys* zugrunde liegende Gesellschaftsbild eines Dritten Weges – wie dieses in Achberg entwickelt worden war – herauszuarbeiten und die dort beschriebenen Parameter im jeweiligen Entstehungskontext zu verorten.[30]

Methodisch geht es bei der Beschreibung der wirtschaftlichen Grundlagen der Aktion Dritter Weg darum, dem Bemühen der Initiative folgend, das Wesen der sozialen Prozesse vorbehaltlos und ohne Beimischung von eigenen Wunsch- oder Wertvorstellungen sowie bestimmten Interessenslagen – und damit im Wortsinn *wesensgemäß* – zu beschreiben. Eine solche möglichst genaue Beschreibung der sozialen Realität bringt die Idee oder den Begriff einer Sache auf den Punkt und charakterisiert die zu beschreibenden Phänomene auf der Grundlage einer möglichst genauen, aber ungedeuteten Beobachtung.

Die exakte Beschreibung der sozialen Realität bringt im goetheschen Sinne eine Art *Urbild* als eigentlichem Archetypus einer Sache zur Erscheinung, aus dem unschwer auch die notwendigen sozialen Gestaltungsmaßnahmen zur Behebung bestimmter Missstände abgelesen werden können.[31]

Auf diese Weise bemüht sich der hier gewählte methodische Ansatz darum, soziale Phänomene auf der Grundlage eines erweiterten Plausibilitätsbegriffes im Sinne einer maximalen Evidenz der gedanklichen Ableitungen zu beschreiben und dabei für ein möglichst unmittelbares Einleuchten der vorgetragenen Überlegungen zu sorgen. Auf dieser Grundlage kann die Frage gestellt werden, welche sozialen Gestaltungen der immanenten Idee einer bestimmten sozialen Erscheinung am ehesten entsprechen, deren Gestaltprinzip also am besten zum Ausdruck bringen. Ohne ein Grundverständnis der im Sozialen wirkenden Gesetzmäßigkeiten, ohne eine vorurteilsfreie Analyse des jeweiligen Untersuchungsgegenstandes können keine sinnvollen Urteile über eine Neugestaltung gefunden werden.

---

[30] „Bei dem Entwurf der Alternative, d. h. des DRITTEN WEGES, von dem als erste kommunistische Partei jetzt auch die KPI in positiver Weise spricht, gehen wir vom Menschen aus. Er ist der Bildner der SOZIALEN PLASTIK und nach seinem Maß und seinem Wollen muß der soziale Organismus eingerichtet sein." ebd. S. 5.

[31] Urbild versteht sich als Archetypus einer Sache, welcher analog der von Goethe auf seiner „Italienischen Reise" „entdeckten" Urpflanze das komplette Gestaltprinzip eben z. B. einer Pflanze enthält, das sich in jeder einzelnen Erscheinungsform auffinden lässt bzw. aus dem unterschiedliche Erscheinungen von „Pflanze" abgeleitet werden können. Siehe hierzu Christa Lichtenstern, *Die Wirkungsgeschichte der Metamorphosenlehre Goethes: Von Philipp Otto Runge bis Joseph Beuys*. Metamorphose in der Kunst des 19. und 20. Jahrhunderts Bd. 1 (1990).

Wilhelm Schmundt, auf dessen Forschungsbeitrag sich die Idee des hier zur Diskussion stehenden Dritten Weges explizit beruft, versteht seine Arbeiten genau in diesem Sinne auf Grundlage einer sogenannten *phänomenologischen Methode,* mit der er die Tatsachenwelt jenseits ideologischer Vorurteile mit wesensgemäßen – also aus der jeweiligen Sache selbst hervorgehenden – Begriffen zu beschreiben versucht. Schmundt charakterisiert mit dieser Methode einen bedeutsamen qualitativen Wandel in der sozialen und vor allem wirtschaftlichen Realität. Seine Arbeitsweise richtet sich darauf, soziale Fehlentwicklungen an entsprechenden Abweichungen von den eigentlich wesensgemäßen Begriffen zu erkennen und sie erforderlichenfalls korrigierend umzugestalten.[32]

Schmundt kommt mit dieser Vorgehensweise *„durch Revolution der Begriffe zur Evolution der Gesellschaft",* wie dies im Titel einer seiner Grundschriften[33] formuliert wurde, eine Formulierung, die wohl ursprünglich einer Veröffentlichung von Eugen Löbl entstammt. Seiner Auffassung nach führen wirklich zu Ende gedachte Begriffe, vor allem dann, wenn sie Bestandteil der Schul- und Hochschulbildung werden, durch den damit verbundenen Denk- und Bewusstseinswandel zu einer konsequenten Veränderung der Gesellschaft zum Nutzen aller Bürger.[34]

Der eng mit der Achberger Arbeit verbundene *Aufruf zur Alternative* brachte diesen Ansatz präzise auf den Punkt: *„Erst wenn wir die Grundzusammenhänge des sozialen Organismus neu überdenkend die ‚Revolution der Begriffe' geleistet haben, wird damit der Weg frei für eine Evolution ohne Zwang und Willkür."*[35] Deutlich wurde allerdings dort auch darauf hingewiesen, dass auch bei politisch progessiven Kräften die Bedeutung der „richtigen" Begriffe oft deutlich unterschätzt würde.[36] Die fundamentale Berechtigung dieser Fest-

---

32 Siehe z. B. „Nicht die Macht der Konzerne – die Macht wesenswidriger Begriffe zerstört das Freiheitsfundament im sozialen Leben"; Schmundt, *Erkenntnisübungen zur Dreigliederung des sozialen Organismus.* S. 148ff.

33 Ebd.

34 Wilhelm Schmundt, *Revolution und Evolution: Auf dem Weg zu einer Elementarlehre des sozialen Organismus – (dazu Beiheft mit Bildtafeln).* Edition Dritter Weg: Reihe Wissenschaft 3 (Achberg: Verl. Ed. Dritter Weg, 1973).

35 Joseph Beuys, „Aufruf zur Alternative: Erstveröffentlichung in der Frankfurter Rundschau vom 23.12.1978." in *Aufruf zur Alternative* (s. Anm. 27), Heft 3. S. 5.

36 „Leider lebt, gerade in politisch alternativ denkenden Kreisen, vielfach noch die Ansicht, auf die Begriffe käme es nicht an. Dieses leichtfertige Vorurteil muß überwunden werden, wenn die neue soziale Bewegung eine Ausstrahlung bekommen und eine politische Kraft werden will. Denn mit Begriffen ist immer eine sehr weittragende Praxis verbunden, und die Art und Weise, wie über einen Sachverhalt gedacht wird, ist entscheidend dafür, wie man mit diesem Sachverhalt umgeht, – zuvor: wie und ob man ihn überhaupt versteht." ebd. S. 5.

stellung sollte sich nicht zuletzt fünf Jahre später anläßlich einer Aussprache der Grünen zur Kandidatur von Joseph Beuys zum Deutschen Bundestag exemplarisch bestätigen, bei der einer der Delegierten feststellte: „*Wir bekämpfen keine Arbeitslosigkeit, indem wir einen neuen Geld-Begriff einführen. Mit Begriffs-Veränderungen und neuen Begriffen wird die Realität nicht verändert; Realität wird verändert dadurch, dass wir Konzepte entwickeln und dass wir die Machtfrage stellen, wenn es um die Realisierung dieser Konzepte geht.*"[37]

Aus Sicht des Dritten Weges eine komplett falsche Einschätzung, denn genau hierum geht es, um die Bildung der richtigen Begriffe, wie auch *Lukas Beckmann* in einem Essay zu Beuys festhält: „*Umdenken* ist ein Gestaltungsprozeß, *Denken der erste Schritt.* Natürlich brauchen wir auch Mehrheiten in der Gesellschaft. Doch die werden wir nur gewinnen, wenn sichtbar wird, was wir wollen. Hiervor muß zunächst den alten Begriffen durch ein Umdenken die *Macht* genommen werden, damit uns der Weg geebnet wird für die Neugestaltung der Gesellschaft."[38]

Wie in der Politik, so eben auch in der Wissenschaft. Die Begriffe, mit denen die konventionelle (Sozial-)Wissenschaft die gesellschaftliche Wirklichkeit zu beschreiben versucht, scheinen den veränderten Tatsachen gegenüber nicht mehr anwendbar zu sein und können daher wenig zu einer positiven und nachhaltigen Entwicklung beitragen. Besonders allerdings fußen diese traditionellen wissenschaftlichen Begriffsbildungen oft auf bestimmten Grundannahmen moderne Wirtschaftsordnungen und Wirtschaftsmodelle betreffend, die als Grundaxiome in der Regel nicht in Frage gestellt werden. Hierbei stellt sich allerdings die Frage, ob durch genau diese Annahmen die Wirklichkeit richtig abgebildet wird und ob durch diese impliziten oder expliziten Voraussetzungen soziale Prozesse überhaupt beschrieben und interpretiert werden können. Insbesondere stellt sich auch die Frage, ob mit tradierten Vorstellun-

---

[37] Eckard Stratmann, *in der Aussprache zur Kandidatur von Joseph Beuys zum Deutschen Bundestag, Delegiertenkonferenz(?),* Geilenkirchen;: *21.01.1983, Archiv Grünes Gedächtnis; Berlin (1983 : Am 22./23. Januar wird in Geilenkirchen die Landesliste für die vorgezogene Bundestagswahl im März aufgestellt; der Künstler Joseph Beuys, der seine Kandidatur bis Platz 9 aufrechterhält, wird nicht gewählt. http://www.boell.de/sites/default/files/ uploads/2014/06/jb_2011_-_robert_camp_-_zu_den_aktenbestaenden_gruene_nrw.pdf.*

[38] Lukas Beckmann, „Joseph Beuys – begreifen, nicht verdrängen: Ein Essay." in *Joseph Beuys: Die Kunst auf dem Weg zum Leben,* hrsg. von Hiltrud Oman. Von der Autorin durchges. und überarb. Taschenbuchausg., 161–177, Heyne-Bücher 19, Heyne-Sachbuch 610 (München: Heyne, 1998). S. 171.

gen und Axiomen eine Transformation der Gesellschaft zu mehr Gemeinwohl entwickelt und umgesetzt werden kann.[39]

---

[39] Die Darstellung folgt an dieser Stelle der Argumentation von Christian Kreiß, der auf genau diesen Sachverhalt systemerhaltender „Nicht-Infragestellung" und Kritiklosigkeit am Beispiel des Umgangs mit den Phänomenen Zins und Zinseszins sowie des unbegrenzten Eigentums hinweist. Christian Kreiß, *Profitwahn: Warum sich eine menschengerechtere Wirtschaft lohnt.* Tectum-Sachbuch (Marburg: Tectum, 2013). S. 111ff.

2 Der Geldbegriff der Aktion Dritter Weg

2.1 Zusammenfassung

Das moderne Geldwesen ist wirklicher gesellschaftlicher Kontrolle entzogen, die internationalen Finanzmärkte haben sich zu einem globalen „Spielkasino" für riskante Spekulationen mit hochkomplexen Finanzprodukten entwickelt, die mit immer schnelleren Rechnersystemen und drastisch abnehmendem Einfluss des Menschen an den internationalen Börsen gehandelt werden. Dabei bezieht sich nur noch ein geringer Anteil aller Finanztransaktionen auf reale Wirtschaftsvorgänge. Entgegen diesen längst zu unkontrollierbaren Selbstläufern gewordenen Finanztransaktionen mit Derivaten, Leerkäufen, Optionsgeschäften oder Währungsspekulationen hätte das Geld – der Sache nach betrachtet und den Ideen der Aktion Dritter Weg folgend – komplett anders geartete Aufgaben im Wirtschaftsleben zu erfüllen.

Das Geld ist sachgemäß beschrieben kein universelles Tauschmittel oder gar handelbare Ware, sondern ein Rechtselement, welches die wirtschaftlichen Zentralprozesse als solche begleitet. In der Form von Krediten durch die Banken an die Unternehmen ausgegeben, hat das Geld zunächst den Rechtscharakter des Verpflichtens zum Einsatz von Fähigkeiten. Kommt das Geld auf seinem Kreislauf durch die Wirtschaft in Form von Einkommen in die Hand der Mitarbeiter, ändert es seine Rechtsbedeutung und wird zum Anrecht auf den Bezug von (Konsum-)Waren und Dienstleistungen. Werden mit dem Geld dann am Markt Waren gekauft, verliert es seine Rechtsbedeutung als Anrecht auf Warenkonsum und wird wie ein eingelöster Gutschein zu „wertlosem" Geld (ohne Wertbezug)[40] im Rückfluss zu den ausgebenden Banken.

Letztlich ging es für die Aktion Dritter Weg bei der Gestaltung des Wirtschaftslebens darum, alles gesellschaftlich für die Befriedigung des menschlichen Bedarfs Notwendige bereitzustellen und alle hierfür notwendigen Aufgaben zu finanzieren.

---

[40] Der Begriff „wertlos" versteht sich als auf keine Wirtschaftswerte (mehr) bezogen, weder auf Fähigkeitswerte noch auf Konsumwerte – beide Rechtsbeziehungen sind mit dem Kaufakt abgegolten.

2.2 Von der Tauschwirtschaft zum integralen Wirtschaftssystem

Die Wirtschafts- und Finanzsysteme der Gegenwart sind an offensichtliche Grenzen gestoßen. Das internationale Finanzwesen ist für die Menschen weitestgehend undurchschaubar, die Umwelt wird nach wie vor enorm belastet und obwohl ausreichend Nahrungsmittel hergestellt werden, hungern weltweit mehr als eine Milliarde Menschen. Die Gründe hierfür sind vielfältig und liegen in Armut, fehlenden Eigentums- bzw. Nutzungsrechten für den Boden, unfairen Handelsbedingungen, Umweltzerstörung und zahllosen Bürgerkriegen.[41] Über 90 % der weltweiten Geldströme haben keine Beziehung zur Realwirtschaft und dienen ausschließlich spekulativen Zwecken.[42] Gleichzeitig werden enorme Summen in die Stabilisierung heutiger Gesellschaftssysteme investiert[43], ohne die Problemlagen an der Wurzel zu packen, die in der ausschließlichen Wirtschaftsorientierung an Profitstreben, statt an der Befriedigung von Konsumentenbedürfnissen liegen.

Aus diesem Grunde ist eine Beschäftigung mit den Grundlagen der Wirtschafts- und Finanzsysteme angezeigt, die mit den nachfolgenden Überlegungen erfolgen soll.

---

[41] Gerhard Kruip, „Welternährung und globale Gerechtigkeit: Vortragsexposé für Vortrag am 22.11.2011; im Themenschwerpunkt des Studium generale ‚Quest for Food – Wie Ernährung Leben bestimmt‘.". http://www.studgen.uni-mainz.de/1996.php (letzter Zugriff: 15. März 2014).

[42] Vgl. hierzu den Wirtschaftswissenschaftler Raimund Dietz in Raimund Dietz und Peter Krause, „Was Geld ist und was nicht: Interview mit Dr. Raimund Dietz." in *Mehr als Geld: Wirtschaft gestalten,* hrsg. von Peter Krause, 17–24, Flensburger Hefte 111 (Flensburg: Flensburger Hefte Verlag, 2011). S. 21. Siehe hierzu auch Raimund Dietz, *Geld und Schuld: Eine ökonomische Theorie der Gesellschaft* (Marburg: Metropolis, 2011).
Eine Information der schweizerischen Gewerkschaft UNIA geht sogar von einem diesbezüglichen Verhältnis 1,5 % : 98,5 % aus, wobei 2007 lediglich 52.000 Mrd. CHF auf die weltweite Realwirtschaft entfallen, während 3.400.000 Mrd. CHF der Gesamtsumme des Weltfinanzvolumens inkl. aller Kredite, Finanzprodukte, Devisenmärkte etc. entsprechen; Oliver Fahrni, cargo3, *Die Krise. Ihre Mechanik. Unsere Antworten.* (Bern: Unia, 2009). S. 11.

[43] Es wurden in der Eurozone sogenannte „Rettungsschirme" mit einem Gesamtvolumen von 1.576 Mrd. EUR in Folge der Finanzkrise 2007–2009 zur Rettung internationaler Banken vorgesehen. Wikipedia, „Euro-Rettungsschirm.". https://de.wikipedia.org/wiki/Euro-Rettungsschirm (letzter Zugriff: 27. Januar 2015).

2.2.1 Die Entwicklung des modernen Wirtschaftslebens

Innerhalb der Geschichte des Wirtschaftslebens können mindestens drei wesentliche Etappen unterschieden werden. Ausgangspunkt der Wirtschaftsentwicklung war die Selbstversorgerwirtschaft, in der sich Familien- und Stammesgemeinschaften grundsätzlich mit allem Notwendigen selbst versorgen mussten und in diesem Sinne autonome und autarke Wirtschaftseinheiten bildeten.

Diese frühe Erscheinungsform der Wirtschaftsordnung, die zugleich eine Vorform gesellschaftlicher Gemeinschaftsbildung überhaupt darstellte, wurde im Zuge einer sich langsam entwickelnden Differenzierung der Arbeitsprozesse (Arbeitsteilung) von der Warentauschwirtschaft abgelöst.

Wirtschaftliche Leistungen wurden innerhalb dieser weiteren Entwicklungsphase unter den verschiedenen Wirtschaftssubjekten aufgeteilt und Warenwerte gegen Warenwerte getauscht. Diese zweite Entwicklungsstufe fand nach deren Vereinfachung des Warentausches durch Wertäquivalente wie Gold und Silber erneut ihre Ablösung durch die Geldwirtschaft. Geld wurde zum universellen Tauschmittel, auf welches bezogen die Warenwerte leichter getauscht werden konnten.[44]

Die Wirtschaftswissenschaft beschreibt die heutige komplexe Wirtschaftsordnung des Industriezeitalters als noch immer grundsätzlich tauschwirtschaftlich organisiert.[45] Mit Geld kann man Waren, Arbeit, Kapital oder z.B. auch Gesellschaftsanteile an Unternehmen in Form von Aktien tauschen; mit Geld kann man buchstäblich alles kaufen. Geld kann sich durch Zins und Zinseszins selbst „vermehren", es kann in Produktionsmittel „umgetauscht" oder in Grund und Boden „investiert" werden. Obwohl sich – wie zu zeigen sein wird – die wirtschaftlichen Prozesse nicht mehr als Tauschprozesse beschreiben lassen, verhält man sich so, „als ob" tatsächlich immer noch Tauschver-

---

[44] „Vor der sog. Geldwirtschaft gab es eine Tauschwirtschaft, in der Waren beliebig ausgetauscht wurden, z.B. fünf Birnen gegen acht Äpfel. ... Aufgrund der vielen Vorteile, die das Geld beim Handel hat, unterscheidet man deshalb auch die Geldwirtschaft von der Tauschwirtschaft. In der menschlichen Entwicklung war der Übergang von der Tauschwirtschaft zur Geldwirtschaft wahrscheinlich fließend. Die ersten Formen des Geldes waren wahrscheinlich Stein-, Bronze- oder metallene Werkzeuge, die das Leben erleichterten (deshalb allgemein begehrt waren) und doch eine gewisse Haltbarkeit aufwiesen." Wikibooks, „Wirtschaft: Wesentliche Prinzipien der Wirtschaft und des Wirtschaftens.". http://de.wikibooks.org/wiki/Betriebswirtschaft/_Grundlagen/_Wirtschaft_und_Betriebswirtschaft (letzter Zugriff: 15. März 2014).

[45] Heinz Sauermann, *Einführung in die Volkswirtschaftslehre*, 2., durchges. Auflg. Die Wirtschaftswissenschaften Band I (Wiesbaden: Gabler, 1965). S. 54ff.

hältnisse zwischen autonomen Wirtschaftssubjekten existierten, die mit Hilfe des Tauschmittels Geld ausgeglichen und harmonisiert werden könnten.

2.2.2 Die Entstehung der Fähigkeitenwirtschaft

Anders als landläufig beschrieben, entstand bei genauerer Betrachtung mit dem Übergang der Wirtschaft von der Geldwirtschaft zu der hochkomplexen modernen Industrieform der Gegenwart ein Weltwirtschafts-Gesamtsystem, welches durch hochgradige Arbeitsteilung und kommunikative Vernetzung eine vollständig neue Qualität der Zusammenarbeit hervorgebracht hat.

Diese moderne Wirtschaftsstruktur zeichnet sich durch die hohe Interaktion jeder gesellschaftlichen Leistung mit jeder anderen aus. Unternehmerische Fähigkeiten, technisches Know-how, Erfindungen und Wissenschaftsergebnisse auch vergangener Generationen werden ständig weltweit angewandt.[46]

Damit haben sich die realen Wirtschaftsprozesse von der Tauschwirtschaft über die Geldwirtschaft zu einer neuen Wirtschaftsform gewandelt, die auf einer völlig neuen Qualität umfassenden Zusammenwirkens von Fähigkeiten beruht und deshalb auch als *Fähigkeitenwirtschaft* bezeichnet werden kann.[47] Diese Fähigkeitenwirtschaft ist durch eine hohe Vernetzung und Integration aller Leistungen geprägt, in der die entstandenen Waren das Ergebnis gesamtwirtschaftlicher Zusammenarbeit vieler Akteure ist, wobei die Fähigkeiten an verschiedensten Stellen des Wirtschaftsprozesses eingebracht werden.[48]

Die Aktion Dritter Weg bezog sich an dieser Stelle explizit auf die Überlegungen Rudolf Steiners, die dieser 1919 im Kontext seiner Idee der „Dreigliederung des sozialen Organismus" entwickelt hatte[49] und verband diese Ideen mit den Ausführungen Eugen Löbls, führendes Mitglied des Prager Frühlings 1968 und damaliger Direktor der Staatsbank in Bratislava.[50] Für Löbl hängt je-

---

46   Diese Beobachtung stützt sich auf Eugen Löbl, siehe dazu auch Aktion Dritter Weg, „Die Aktion Dritter Weg." in *Aufruf zur Alternative* (s. Anm. 6), Heft 1. S. 1ff.

47   „Es hat sich unsere Volkswirtschaftswissenschaft so entwickelt, daß sie nicht mitgemacht hat in ihren Anschauungen dasjenige, was sich vollzogen hat von der Tauschwirtschaft zu der Geldwirtschaft und zu der Fähigkeitenwirtschaft." Rudolf Steiner, *Nationalökonomischer Kurs: Vierzehn Vorträge, gehalten in Dornach vom 24. Juli bis 6. August 1922 für Studenten der Nationalökonomie.* Gesamtausgabe Bd. 340 (Dornach: Verlag der Rudolf Steiner-Nachlassverwaltung, 1965). S. 124.

48   Löbl, *Geistige Arbeit – die wahre Quelle des Reichtums.* S.159f.

49   Rudolf Steiner, *Die Kernpunkte der sozialen Frage in den Lebensnotwendigkeiten der Gegenwart und Zukunft,* 41.–80. Tausend (Stuttgart: Der Kommende Tag, 1920).

50   Eugen Löbl, *Wirtschaft am Wendepunkt: Wegweiser in eine soziale Zukunft ohne Inflation und Arbeitslosigkeit.* Perspektiven der Humanität 1 (Achberg, Köln: Achberger Verl.-Anst. [u.a.], 1975).

der wirtschaftliche Prozess und jeder industrielle Fertigungsvorgang von vielen verschiedenen Determinanten ab und ist in ganz besonderer Weise von angewandter Wissenschaft bestimmt. Es gilt in diesem Zusammenhang das von ihm konstatierte Phänomen der „Lukroaktivität"[51] der Wissenschaft. Nach Löbl bringt jede auf angewandter Wissenschaft basierende Wirtschaft Gewinn hervor, der aufgrund der permanenten Nutzenoptimierung moderner Produktion für den Konsumbereich höchsten wirtschaftlichen Nutzen ergibt, welcher allen Menschen zur Verfügung steht und deshalb einen prinzipiell sozialen Charakter trägt.[52]

2.2.3   Das integrale Wirtschaftssystem

Eugen Löbl unterscheidet drei verschiedene Entwicklungsstufen der Wirtschaftstätigkeit und Wirtschaftsproduktivität, wobei sich die erste Form dadurch auszeichnet, dass alle Produktion auf empirischem Denken und dem Einsatz einfacher Körperkraft beruht.[53]

Das zweite Entwicklungsstadium sieht Löbl darin, dass der Mensch zwar die Grenzen des empirischen Denkens noch nicht überschreitet, aber bereits durch maschinellen Einsatz Naturkräfte in Nutzkräfte umwandelt. Auch in dieser Entwicklungsphase überwiegt der Einsatz der menschlichen Arbeitskraft.

Die dritte Form wirtschaftlicher Produktivitätsentwicklung besteht für Löbl in der Umsetzung und ständigen Verbesserung des Niveaus wissenschaftlichen Denkens und dessen Anwendung auf die Produktionsprozesse. In dem Maße, in dem Wirtschaft auf angewandter Wissenschaft beruht und nicht länger durch empirische Erfahrungswerte allein geprägt ist, sinkt der Anteil der physischen Arbeit, wird der Einsatz der Produktivkräfte optimiert und es steigt der wirtschaftliche Ertrag. Der Wohlstand einer Volkswirtschaft hängt in diesem Sinne von dem intellektuellen Niveau und somit in zunehmendem Maße von der geistigen Arbeit ab. Die wissenschaftliche Rationalität, die das ganze Wirtschaftssystem gleichermaßen durchzieht, stellt die entscheidende Voraussetzung für die Entstehung einer neuen Wirtschaftsordnung dar.[54] Natürlich setzt der Einsatz von Wissenschaft ein ausgebautes System von Schulen, Universitäten und Forschungsinstituten voraus.

---

[51]   *lucrum* (lat.): Gewinn.
[52]   Vgl. Löbl, *Wirtschaft am Wendepunkt.* S. 227.
[53]   Löbl, *Geistige Arbeit – die wahre Quelle des Reichtums.* S. 108 und S. 208.
[54]   Löbl führt diesen Gesichtspunkt besonders deutlich aus: „Der Reichtum wächst im gleichen Verhältnis zum Anteil der geistigen und im ungleichen Verhältnis zum Anteil der physischen Arbeit." ebd. S. 129.

Neben dem Faktor angewandter Wissenschaft ist die Herstellung eines jeden Produktes ganz grundsätzlich in nahezu jedem Bereich von fast allen übrigen Produktionszweigen abhängig. So ist z. B. die Schuhproduktion vom Bergbau, von der Metallindustrie, der Werkzeugindustrie, insbesondere aber auch von der Chemischen Industrie abhängig. Außerdem bedarf die moderne Massengüterfertigung eines komplexen Transport-, Bank- und Verteilungsnetzes. Dieser von Löbl anhand der Schuhproduktion erläuterte Sachverhalt gilt für nahezu alle Fertigungszweige und zeigt, dass die wirtschaftlichen Einzelfunktionen der jeweiligen Produktionsvorgänge auf völlig neue Weise ineinander verschachtelt und hoch integriert sind.

Durch die beschriebenen Phänomene der fortschreitenden Industrialisierung ist die moderne Wirtschaft zu einem Gesamtsystem verschmolzen, welches dadurch charakterisiert ist, dass bei keiner der einzelnen Wirtschaftseinheiten eine selbstständig transformierende Rolle bei der Umsetzung von Natur- in Nutzkräfte beobachtet werden kann.[55] Damit ist das einzelne Unternehmen, wenn es heute auch rechtlich als selbstständig gilt und auf eigene Rechnung arbeiten kann, nicht mehr als vom Rest der Wirtschaft getrennte und damit autonome Einheit zu betrachten. Löbl bezeichnete diese Gestalt der modernen Weltwirtschaft, die auf umfassender Interaktion beruht, als *Integrales System*.[56]

Diese Überlegungen Eugen Löbls erfuhren eine interessante Ergänzung und Bestätigung durch eine rechtssoziologische Untersuchung von Franziskus M. Ott, der die Befristung des Eigentums im Kontext des Immaterialgüterrechtes auch auf das Eigentumsrecht an Produktionsmitteln ausdehnte und dieses durch das gesamtgesellschaftliche und globale Zusammenwirken aller Wirtschaftssubjekte beim Zustandekommen von Produktionsmitteln und Waren begründete.[57]

---

[55] Menschliche Arbeit besteht ihrem Wesen nach für Löbl in der Umwandlung natürlicher Kräfte in Nutzkräfte, wobei dieser von ihm als Transformation bezeichnete Vorgang von dem intellektuellen Niveau des menschlichen Denkens und damit von dem Grade faktisch angewandter Wissenschaft abhängt. Siehe hierzu „Arbeit als Transformationsprozess" in Löbl, *Wirtschaft am Wendepunkt*. S. 27ff.

[56] Ebd. S. 83.

[57] „Ein Unternehmer (gleichgültig ob Eigentümer oder nicht) erhält seine Eigenschaft als Unternehmer dadurch, dass er befähigt ist, gewisse unternehmerische Ideen zu verwirklichen. Weil aber die moderne Wirtschaftsweise auf globaler und technisierter Arbeitsteilung beruht, werden diese Ideen nicht in den leeren Raum hinein verwirklicht, sondern in den Rahmen der bereits verwirklichten Ideen der gesamten technisierten Industriewelt. Dieser Rahmen hat aber im 20. Jahrhundert einen weltförmigen Charakter angenommen, so dass jeder tätige Unternehmenr zugleich Teilhaber diese gesamten wirtschaftlich-technischen Intelligenz ist."

Nach Löbl vollzog die Entwicklung des Wirtschaftslebens damit einen fundamentalen Wandel. Die vorindustrielle Wirtschaftsform des 19. Jahrhunderts bestand aus einer Kooperation zwischen autonomen Wirtschaftseinheiten. Diese Kooperation galt nicht nur in gesamtwirtschaftlichem Sinne, sondern realisierte sich auch bei den verschiedenen Fertigungsstufen eines Produktes. Der Bauer verkaufte seine Häute an den Gerber, dieser verkaufte das bearbeitete Material als Leder an den Schuhmacher. Der Schuhmacher zuletzt fertigte die Schuhe und gab sie direkt an die Konsumenten weiter. Damit bestand die Schuhproduktion aus einer funktionalen Kooperation zwischen selbstständigen Einheiten, bei der lediglich Warenwerte getauscht wurden.[58]

Durch die Industrialisierung der Fertigungsprozesse kann heute jedoch nicht mehr von einer bloßen Kooperation selbstständiger Einheiten gesprochen werden. Moderne Produkte entstehen nur unter der Mitwirkung vieler Akteure innerhalb eines Produktionsbereiches ebenso wie auch unter Mitwirkung von Institutionen außerhalb des Produktionsbereiches, wie Schulen, Hochschulen, Banken oder Verteilungsnetze.[59] Moderne Fertigung ist damit auf das engste mit Institutionen und Funktionen innerhalb und außerhalb eines spezifischen Produktionsbereiches verbunden.[60]

Diese seinerzeit von Eugen Löbl beobachteten Phänomene umfassender Verbindung und Vernetzung jeder gesellschaftlichen Leistung mit jeder anderen wurden in den letzten 25 Jahren durch die Entwicklung der digitalen Technik und des Internets weiter verstärkt. Neben hochgradiger Arbeitsteiligkeit und dem Einzug der Wissenschaft in die moderne Wirtschaft führte besonders die fortschreitende Digitalisierung zu einer noch engeren Verbindung und Verschmelzung der gesellschaftlichen Leistungen. Unter Digitalisierung wird in diesem Zusammenhang der Prozess von der Erfassung und Aufbereitung bis hin zur Speicherung von analogen Informationen auf digitalen Speichermedien verstanden, welcher die Nutzung, Bearbeitung, Verteilung, Erschließung und Wiedergabe von Daten in elektronischen Datenverarbeitungssystemen und damit die kompletten Entwicklungs- und Produktionsmethoden der Ge-

---

Franziskus M. Ott, *Befristetes Eigentum als Resultat empirischer Rechtsanschauung* (Zürich: Juris Druck + Vlg, 1977); zugl.: Zürich, Univ., Diss., 1976. S. 116.

58 Vgl. Löbl, *Wirtschaft am Wendepunkt.* S. 35ff.

59 „Die Massenfertigung eines Produktes ist somit nicht das Resultat einfacher Kooperation zwischen den Produzenten. Sie ist im Gegenteil untrennbar mit Institutionen außerhalb des Produktionsbereiches – wie z. B. mit dem Schulwesen, dem Bankenwesen, dem Verteilungsnetz, der Geldpolitik usw. – verbunden." ebd. S. 36.

60 „In der Massenfertigung kommt die völlige Interdependenz einer großen Zahl von Subsystemen zum Ausdruck, daher ist sie nicht mehr das Ergebnis der Kooperation einzelner und autonomer Einheiten". ebd. S. 36f.

genwart vollständig veränderte. Digitale Daten können nicht nur schneller ver-
arbeitet werden und erlauben deutlich komplexere Aufgabenbewältigungen,
sie können insbesondere auch viel schneller durchsucht und recherchiert sowie
beliebig vervielfältigt werden. Information und Wissen steht in einem völlig
neuen Ausmaß abrufbar zur Verfügung.

In enger Verbindung mit Digitalisierung und elektronischer Kommunikation steht auch mit der Just-in-time-Produktion (JIT) ein Organisations-
verfahren zur bedarfsgenauen Einrichtung von Güteraustauschprozessen.
Hierbei wird über durchgängige Material- und Informationsflüsse entlang
der gesamten Wertschöpfungskette eine effiziente Bereitstellung aller Leistungen sichergestellt. Wichtig hierbei sind u. a. die elektronische Kommunikation in Produktion und Beschaffung, die Schaffung produkt- und techno-
logieorientierter Produktionseinheiten, Flussoptimierung und vor allem die
produktionssynchrone Beschaffung. Just-in-time-Produktion optimiert damit
die Produktionsabläufe der modernen Wirtschaft, reduziert die Lagerbestände
und das Umlaufvermögen und beeinflusst so die jeweilige Bilanzstruktur.[61]
Wirtschaftsprozesse werden damit noch weiter integriert und ineinander verschachtelt. Jede Leistung ist in noch größerem Maße von jeder anderen direkt
abhängig. Prozesse laufen nicht nur parallel, Just-in-time-Produktion erfordert
komplette Synchronisierung der Abläufe und unterstreicht die Wirksamkeit
des *Integralen Systems,* wie von Löbl beschrieben.

Die nicht zuletzt auch in der Just-in-time-Produktion verarbeiteten digi-
talisierten Datenmengen wurden durch das Internet nicht nur für die Wissenschaft und bestimmte wirtschaftliche Interessengruppen verfügbar, sondern es
entwickelte sich diese wachsende Informationsfülle sukzessive zu einer Art
öffentlich zugänglichem Gut für den Gebrauch von jedermann. Wissen erfuhr
tatsächlich eine Art „Demokratisierung" oder auch „Sozialisierung", Fach-
information nahezu jedweder Art ist nicht länger nur den gesellschaftlichen
Eliten verfügbar. Diese hochgradige Verfügbarkeit von Information für alle
Fertigungs- und Produktionsprozesse trägt ihrerseits zu einer fortschreitenden
Vernetztheit der Wirtschaft im Sinne des Integralen Systems bei.

Durch die komplette Online-Vernetzung der Produktionsprozesse selbst
wird der von Löbl beschriebene Sachverhalt um ein Vielfaches beschleunigt
und verdichtet und erfährt dadurch eine neue Dimension umfassender Integration.

---

[61] Springer Gabler Verlag (Hrsg.), „Gabler Wirtschaftslexikon: Stichwort ‚Just in Time (JIT)'.".
http://wirtschaftslexikon.gabler.de/Archiv/57306/just-in-time-jit-v9.html (letzter Zugriff:
9. Juli 2014).

Neben dem Aspekt der Verfügbarkeit riesiger Datenmengen wurde durch das Internet insbesondere auch die kommunikative Vernetzung von immer mehr Menschen innerhalb und außerhalb der Wirtschaftsprozesse befördert. Hierbei erfuhr die moderne Kommunikation eine radikale Veränderung in quantitativer ebenso wie in qualitativer Hinsicht. Während die quantitative Bewertung mit weltweit fast 3 Milliarden durch das Web miteinander nahezu kostenfrei verbundenen Usern unbestritten sein dürfte, gilt dies auch für die radikale Veränderung der qualitativen Dimension von Kommunikation. Trotz erheblicher Probleme hinsichtlich Datensicherheit, Überwachung und Internetkriminalität hat das Web eine neue Qualität in der Kommunikation der Menschen untereinander hervorgebracht. Durch die hohe Vernetzung sind die Menschen tatsächlich enger miteinander verbunden, als dies noch vor wenigen Jahren vorstellbar war. Informationen sind blitzschnell weitergegeben und erreichen auf Knopfdruck Abertausende von Adressaten. Dies hat für die Verbreitung technischen Wissens, wirtschaftlicher Information und wettbewerbsrelevanter Meldungen zur Stärkung oder auch Schwächung *(Shitstorm)*[62] von Marken und Produkten enorme Bedeutung. Dies hat ebenso große Bedeutung für die politische Kommunikation der Menschen untereinander, wie der im Dezember 2010 beginnende arabische Frühling eindrucksvoll gezeigt hat. Nicht zuletzt durch die sogenannten sozialen Medien wie Facebook und Twitter konnte die wirkungsvolle soziale Dynamik des Widerstandes gegen die Staatsgewalt überhaupt organisiert werden.

Ein weiterer Vorteil liegt in der kommunikationstechnisch optimierten und transparenten Begleitung und Dokumentation aller relevanten kulturellen, rechtlichen und wirtschaftlichen Prozesse.

Hierbei darf natürlich nicht vergessen werden, dass die enorme Datenfülle als solche noch keine neue Qualität zur Erscheinung bringt. Im Gegenteil, die riesige sich z. B. bei Google-Suchanfragen ergebende Fundstellen-Vielfalt zeigt deutlich auch die gegenteilige Funktion der neuzeitlichen Informationsöffentlichkeit, die in einer Art Wissensentropie zum Ausdruck kommt und ohne den bewussten selektiven Verstand des Menschen zwecklos ist. Oft verfügt man außerdem über keinerlei Gewissheit über die eigentliche Herkunft der Daten, die z. B. entweder von Aktivisten des Arabischen Frühlings selbst oder mit entsprechenden Absichten auch von Geheimdiensten zu Zwecken der Desinformation eingestellt worden sein können.

---

[62] Unter Shitstorm wird ein von vielen Webusern ausgelöster Protest- oder Entrüstungssturm hinsichtlich bestimmter Fehlverhaltenweisen und Problemlagen von Firmen, Marken und Produkten verstanden.

Dennoch schaffen die vielfältigen Austauschmöglichkeiten des Internets eine völlig neue Form gegenseitiger Bezogenheit und Abhängigkeit, welche den von Löbl konstatierten integralen Vernetzungsgrad weiter verstärkt. Durch diese Entwicklungen ist die Wirtschaft weiter zu einer hochgradig leistungsintegrierten *Fähigkeitenwirtschaft* geworden, welche in völlig neuer Form alle Leistungen mit allen anderen Leistungen verknüpft und verbindet. Diese Beschreibung der wirtschaftlichen Entwicklung entspricht nicht zuletzt demjenigen, was heute, und in noch radikalerer Form international gültig, unter Globalisierung zu verstehen ist.

Die Argumentation Löbls, in Verbindung mit dem von Steiner gebildeten Begriff der *Fähigkeitenwirtschaft,* wurde in der begrifflichen Form des *Integralen Systems* zu einem wichtigen Bestandteil der Ideenbildung der Aktion Dritter Weg.[63]

2.2.4 Von der Tauschwirtschaft zur Fähigkeitenwirtschaft

Aus den bislang entwickelten Überlegungen folgt, dass aufgrund der hohen Vernetzung jeder gesellschaftlichen Leistung mit jeder anderen die wirtschaftlichen Prozesse nicht mehr tauschwirtschaftlich beschrieben werden können, sondern ein hoch integriertes oder *integrales* Ganzes bilden. Eine genauere Betrachtung zeigt, dass sich die wirtschaftlichen Ströme innerhalb der integralen Gesamtleistung moderner Volkswirtschaften als ein polar gegliedertes Wechselspiel beschreiben lassen.

Auf der einen Seite kommt ein Strom von Waren und Dienstleistungen von den Unternehmen durch ein weitverzweigtes Verteilernetz zu den Konsumenten. Auf der anderen Seite strömen die Fähigkeiten der Menschen zu den Unternehmen, um dort die Warenströme zu erzeugen.

Es lässt sich nicht mehr überschauen, welche Fähigkeiten welchen genauen Anteil am Zustandekommen eines bestimmten Produktes hatten. Alle Kostenstellen eines Unternehmens, wie die Produzierenden, die Kraftfahrer, Packer, Planer, Direktoren, Rechtsberater, Buchhalter, Vertreter, Monteure,

---

[63] Vgl.: Aktion Dritter Weg, „Die Aktion Dritter Weg." in *Aufruf zur Alternative* (s. Anm. 6), Heft 1. S. 1ff. und Wilfried Heidt, „Es geht ums Ganze: Wirtschaftsökologie statt Plünderungsökonomie." in *Abschied vom Wachstumswahn: Ökologischer Humanismus als Alternative zur Plünderung des Planeten,* hrsg. von Wilfried Heidt, 17–73 (Achberg: Achberger Verlag, 1980). S. 51f. Heidt formuliert diesen Zusammenhang unter expliziter Bezugnahme auf Löbl wie folgt: „Das heutige Wirtschaftsleben ist seiner Qualität nach kein Gebilde mehr von mehr oder weniger autonomen, aber intensiv kooperierenden Einheiten. Man begreift die tatsächlichen Gegebenheiten nur richtig, wenn man sie als ein *Ganzes* ... versteht. Das Wirtschaftsleben ist heute das Feld der integralen menschlichen Zusammenarbeit."

Raumpfleger etc., tragen zum Zustandekommen des Endproduktes ihren Teil bei.[64] Der genaue wertmäßige Anteil des einzelnen arbeitenden Menschen lässt sich betriebswirtschaftlich jedoch nicht mehr genau feststellen.[65]

Nachdem sich die Wirtschaft von der reinen Selbstversorgerwirtschaft zum heutigen hochkomplexen Fremdversorgungssystem entwickelt hat, muss von einem ganz allgemeinen, in seiner Wirkung nicht mehr auf ein einzelnes Produkt beziehbaren Einbringen der menschlichen Fähigkeiten an den verschiedenen miteinander verbundenen Arbeitsstätten ausgegangen werden.

Hierbei von einfachen Tauschprozessen zu sprechen, ist, wie beschrieben, nicht mehr möglich, da sich die Fähigkeitenwirtschaft dadurch auszeichnet, dass jede Ware ein Ergebnis umfassender gesamtwirtschaftlicher Kooperation ist. An den verschiedensten Stellen innerhalb der modernen Wertschöpfungsketten werden die Fähigkeiten in den Wirtschaftsprozess eingebracht. Diese Betrachtungsweise fand nun innerhalb der Ideenbildung des Dritten Weges durch Wilhelm Schmundt ihre Ergänzung und weitere Begründung.[66]

Schmundts Überlegungen setzen bei der Analyse des Wirtschaftskreislaufs[67] an, der durch die herkömmliche Wirtschaftswissenschaft[68] als *„Tauschwirtschaft in der Form der Geldtauschwirtschaft"* beschrieben wird. Hierbei folgt Schmundt zunächst der klassischen Unterscheidung in die Primärbereiche der Produktion und der Konsumtion, zwischen denen sich der gesamte

---

64   Wilhelm Schmundt, *Der soziale Organismus in seiner Freiheitsgestalt,* 2., durchges. Aufl., fotomechan. Nachdr. Studienmaterial der Freien Hochschule für Geisteswissenschaft, Goetheanum (Dornach/Schweiz: Philosophisch-Anthroposophischer Verlag Goetheanum, 1977). S. 12f.

65   Löbl, *Wirtschaft am Wendepunkt.* S. 42f.

66   Schmundt, *Erkenntnisübungen zur Dreigliederung des sozialen Organismus.* S. 77ff.

67   Unter Wirtschaftskreislauf wird eine auf F. Quesnay zurückgehende grundlegende wirtschaftswissenschaftliche Modellvorstellung verstanden, mit deren Hilfe die Vielzahl der Tauschbeziehungen innerhalb einer Volkswirtschaft überschaubar gemacht werden soll. „Gleichartige Wirtschaftssubjekte wie private Haushalte (einschließlich private Organisationen ohne Erwerbszweck), Unternehmen, öffentliche Haushalte (Staat) sowie das Ausland werden zu Sektoren (auch Polen) zusammengefasst. Zwischen diesen Sektoren fließen Geld- und Güterströme, die sich in grafischer Form (Schaubild mit Richtungspfeilen), in einem Gleichungssystem, in einer Matrix oder in einem Kontenschema beschreiben lassen. Ausgangspunkt der Wirtschaftskreislauf-Betrachtungen sind die Beziehungen zwischen den Sektoren private Haushalte und Unternehmen. Zur Güterproduktion benötigen Unternehmen von den privaten Haushalten Faktorleistungen (Arbeit), für die im Gegenzug Faktoreinkommen (Erwerbseinkommen) fließen. Diese Einkommen werden wiederum für Konsumausgaben verwendet. Jedem Güterstrom steht also ein wertmäßig gleich großer Geldstrom gegenüber." Academic Universal-Lexikon, „Wirtschaftskreislauf.". http://universal_lexikon.deacademic. com/198758/Wirtschaftskreislauf (letzter Zugriff: 17.02.15).

68   Erich Schneider, *Einführung in die Wirtschaftstheorie: I. Teil – Theorie des Wirtschaftskreislaufs,* 8., durchges. Auflg. (Tübingen: J.C.B. Mohr/Paul Siebeck, 1960). S. 14.

Wirtschaftskreislauf und mit ihm auch der Geldkreislauf vollzieht. *„Die am Produktionsprozeß Beteiligten tauschen ihre Beiträge zu diesem Prozeß aus, gegen einen Anteil an dem aus dem Produktionsprozeß hervorgehenden Strom von Konsumgütern."*[69]

Nach Auffassung der herkömmlichen Wirtschaftswissenschaft besteht hier lediglich ein einziger einheitlicher Markt, auf dem die *„produktiven Dienste"* der Wirtschaftssubjekte gegen Konsumgüter und Dienste eingetauscht werden. Das Geld ändert an dieser Situation so wenig *„wie die Verwendung von Spielmarken am Wesen des Spiels"*.[70]

Mit dem Geld wird nun der zunächst einheitlich gedachte Markt in zwei Märkte aufgespalten: in den Markt für Produktionsmittel und in den Markt für Konsumgüter. *„Auf dem einen erwerben die Unternehmer die Nutzleistungen der Produktionsfaktoren* [also Arbeitskraft und Produktionsmittel; M. W. B.] *gegen das am Gütermarkt eingelöste Geld, auf dem anderen erstehen die Konsumenten gegen das am Produktionsmittelmarkt empfangene Geld Konsumgüter."*[71]

Es wird in dieser klassischen Interpretation des Wirtschaftskreislaufs kein substanzieller Unterschied zwischen den beiden Märkten und den dort vertretenen Akteuren gemacht. Haushalte und Unternehmen haben prinzipiell die gleiche Absicht: An dem einen Markt Geld einzunehmen, an dem anderen Güter und Dienstleistungen bzw. Arbeitskraft mit diesem Geld zu erwerben. Das Geld spielt in dieser herkömmlichen Interpretation des Wirtschaftskreislaufes lediglich die Rolle eines „Zahlungsmittel" genannten Tauschmittels, welches an beiden Märkten die gleiche Tauschfunktion ausübt.

Eine genauere Betrachtung des Sachverhaltes zeigt nun allerdings, dass die Intentionen der Unternehmen im Wirtschaftskreislauf unmöglich die gleichen sein können wie die der Haushalte. Es lässt sich vielmehr feststellen, dass sich die Interessen von Haushalt und Unternehmen polar gegenüber stehen. Die Haushalte haben das Interesse, Geld einzunehmen, um damit Waren kaufen zu können. Die Unternehmen haben das Interesse, Waren zu produzieren und auszugeben und – damit sich der Bedarf der Haushalte geltend machen kann und diese an die Waren kommen – Geld in Form von Einkommen an die Haushalte bzw. an die Beschäftigten auszugeben.[72]

---

[69]   Ebd. S. 14.
[70]   Georg Obst und Otto Hintner, *Geld-, Bank- und Börsenwesen: Eine gemeinverständliche Darstellung,* 35., vollst. neu bearb. u. stark erw. Aufl. (Stuttgart: Poeschel, 1963). S. 8.
[71]   Ebd. S. 8.
[72]   Schmundt, *Erkenntnisübungen zur Dreigliederung des sozialen Organismus.* S. 59.

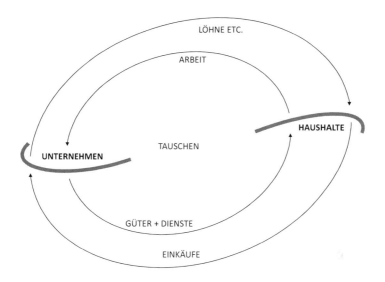

Abbildung 3: *Der Wirtschaftskreislauf herkömmlich beschrieben.*

Oberflächlich betrachtet könnte man zwar vermuten, dass jeder Mitarbeiter mit seiner individuellen Leistung einen gewissen Wirtschaftswert hervorbringt und diesen dann über seinen Lohn gegen Geld tauscht. Eine genauere Betrachtung allerdings zeigt, dass das Einkommen jedes Mitarbeiters als bereits im Voraus definierter Kostenfaktor in die Preise *aller* Waren einkalkuliert wird und damit Teil der Gesamtkalkulation *aller* Einkommen eines Unternehmens darstellt, die insgesamt über entsprechende Erlöse am Markt wieder eingenommen werden müssen. Damit wird kein einzelner Leistungsbeitrag beim Zustandekommen eines Produktes etwa gegen Geld eingetauscht.

Diese Überlegung gilt nicht nur hinsichtlich der Unternehmensebene, sondern auch hinsichtlich der Kalkulation einer ganzen Volkswirtschaft bzw. eines Währungsraumes. Das moderne Wirtschaftsgeschehen ist viel zu komplex und umfassend integriert und verwoben, als dass es in einzelne voneinander getrennte Tauschvorgänge zerlegt werden könnte, die mit irgendeinem nachvollziehbaren Maßstab gegeneinander aufgewogen werden könnten.[73] Dies bedeutet, dass es nicht möglich ist, Einkommen für Einkommen nachvollziehbar und gerecht, d. h. entsprechend „tauschbaren" Leistungsäquivalenzen aus dem Leistungskontinuum der Wirtschaft gegeneinander abzugrenzen und zu isolieren.

---

[73] Schmundt, *Der soziale Organismus in seiner Freiheitsgestalt.* S. 13.

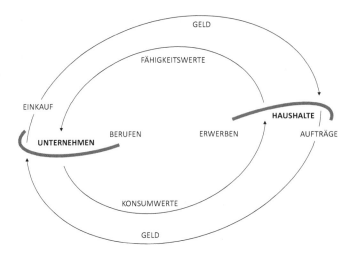

Abbildung 4: *Der Wirtschaftskreislauf mit gewandelten Begriffen beschrieben.*

Das Geld ist also nicht einfach ein Tauschmittel in Form eines Zahlungsmittels. Es bezieht sich auf der einen Seite auf Konsumgüter, hier ist es tatsächlich ein Tauschmittel, auf der anderen Seite auf die produktiven Dienste, zu welchen sich die Produzenten von den Haushalten verpflichten lassen, die – wie dargestellt – nicht mehr tauschwirtschaftlich beschrieben werden können.[74]

2.2.5 Die Grundprozesse des Verpflichtens und Berechtigens

Eine solche Verpflichtung der Unternehmen durch die Haushalte aus der Sicht der Unternehmen – die „Selbstverpflichung", seiner am Bedarf der Haushalte orientierten wirtschaftlichen Initiative nachzukommen – ergibt sich aus der einfachen Überlegung, dass nur die Verbraucher verbindliche Konsumanforderungen artikulieren können: Der einzig rationale Grund für die Produktion ist der Bedarf. Jede andere Wirtschaftsabsicht liegt weder im Interesse der Verbraucher noch im Interesse eines nachhaltigen Umgangs mit den verfügbaren

---

[74] Wie gezeigt wurde, funktioniert das Wirtschaftsgeschehen nicht mehr auf der Basis des Interagieres kleiner „haushaltlicher" Einheiten, die ihre „Produkte" in gegenseitigen Tausch bringen. Die Produktionswelt hat gegenüber der Konsumption durch die beschriebene Entwicklung der Wirtschaft hin zu einem integralen System eine eigene Sphäre ausgebildet, die sich ganz grundsätzlich von der Konsumsphäre unterscheidet. Letztere bewahrt den alten individualistisch-privaten Charakter der auf den Konsum orientierten Haushalte, erstere hat einen gemeinschaftlich-ganzheitlichen Charakter angenommen und sich so aus einer vormals einheitlichen Sphäre emanzipiert.

Ressourcen. Dies gilt besonders für die Produktion zum Zwecke des Profits und aus falsch verstandener unternehmerischer Freiheit, wodurch immer wieder neue Produkte auf den Markt geworfen und mit ausgefeilten Absatzstrategien vermarktet werden. Es gibt damit zwei fundamentale Wirtschaftsprozesse, die sich hinsichtlich ihres Charakters deutlich unterscheiden:

- die „(Selbst-)Verpflichtung" der wirtschaftlich Tätigen zur Übernahme eines bestimmten Leistungsbeitrages

- die „Berechtigung" zum Erwerb der produzierten Güter und Dienstleistungen[75]

Diese beiden Prozesse werden in modernen Gesellschaften durch das Geld vermittelt begleitet, wobei sich der Charakter des jeweiligen Vorgangs aus den polaren Prozessen des Produzierens und des Konsumierens bestimmt.

2.2.6 Produktions- und Konsumtionsbereich

Betrachten wir die fundamentalen Gestalt- und Funktionsprinzipien moderner Gesellschaftssysteme, so zeichnet sich jede Gesellschaft durch die beiden sich polar gegenüberstehenden Grundbereiche der Produktion und der Konsumtion aus. Wie bereits festgestellt, strömen von dem einen Bereich die Leistungen der Tätigen zu den Unternehmen[76], von dem anderen fließt ein Strom von Waren und Dienstleistungen zu den Konsumenten.[77]

Zum Konsumtionsbereich gehören alle privaten Haushalte sowie auch private Einrichtungen des wissenschaftlichen, kulturellen und religiösen Lebens. Zum Konsumtionsbereich können auch alle (klein-)wirtschaftlichen Akteure gezählt werden, welche als Handwerker, freiberuflich oder landwirtschaftlich Tätige, als Ärzte, Architekten oder Künstler arbeiten. Alle genannten Berufsgruppen, soweit sie nicht wiederum in großen Architekturbüros, Ärztehäusern und sonstigen größeren Organisationseinheiten zusammengeschlossen sind, können immer dann dem Konsumbereich zugerechnet werden, wenn sie mit

---

[75] „... geht das Geld-Einkommen, das der einzelne Unternehmer seinen Mitarbeitern und sich selbst gibt, in der Hand der Einkommensempfänger eine Synthese mit den Waren ein, die mit dem Gelde gekauft werden und die also nicht etwa sein eigenes Unternehmen, sondern ganz andere produziert haben." Schmundt, *Der soziale Organismus in seiner Freiheitsgestalt.* S. 13.

[76] „Jetzt sehen wir die Fruchtbarkeit des Begriffes ‚Fähigkeitswerte'. Denn was bedeutet das Geld in der Hand des Unternehmers, das er – sagen wir – als Kredit von einer (Geld aus dem ‚Nichts' schöpfenden) Bank erhält? Doch nichts anderes als das Recht (oder die Pflicht), Fähigkeitswerte zu den Produktionsstätten hinzuleiten." ebd. S. 13.

[77] Aktion Dritter Weg, „Die Aktion Dritter Weg." in *Aufruf zur Alternative* (s. Anm. 6), Heft 1. S. 5.

einer gewissen Selbstständigkeit und Autonomie handeln und ihre Produkte und Dienstleistungen gegen Konsumgeld eintauschen. Wirtschaftseinheiten also, die hinsichtlich ihrer Produktionsweise und Verbundenheit mit dem *Integralen System* eben nicht Teil des hochvernetzten Produktionsbereichs sind.

Zum Produktionsbereich gehören dagegen sämtliche größeren Arbeitsstätten. Hierunter werden alle wirtschaftlichen Zusammenschlüsse von Menschen verstanden, die innerhalb hochvernetzter Organisationen und Strukturen ihre Fähigkeiten in der Arbeit einsetzen. Die Summe dieser Arbeitszusammenschlüsse bildet den eigentlichen Produktionsbereich eines Wirtschaftsgebiets. Hierher gehören alle Unternehmen, die heute erwerbswirtschaftlich organisiert sind, sowie alle Betriebe und Institutionen, die heute auf Grund bestimmter Konventionen durch die öffentliche Hand finanziert und betrieben werden[78], bei denen aber ebenfalls Menschen zusammentreffen, um bestimmte von Verbrauchern nachgefragte Leistungen zu erbringen. Hierzu gehören deshalb auch Einrichtungen mit pädagogischen, karitativen, kulturellen, wissenschaftlichen und sonstigen heute als „öffentlich", „staatlich" oder „gemeinnützig" beschriebenen Aufgabenfeldern.

Für diese Betrachtung bleibt ohne Belang, welche Produkte die Arbeit im Einzelnen hervorbringt, ob es sich z. B. um geistige oder materielle Produkte handelt. So gehört beispielsweise eine Universität oder ein Krankenhaus im gleichen Sinne zu den Unternehmen und damit zu dem Produktionsbereich wie auch eine Schuhfabrik oder auch eine Unternehmensberatung. Auch bei einer Schule strömen die Fähigkeiten der verschiedenen Mitarbeiter (Lehrer, Verwaltungsangestellte, Hausmeister) an der jeweiligen Arbeitsstätte zusammen und erzeugen „Waren" im Sinne von Dienstleistungen für den Konsumbedarf, hier das Erziehen und Bilden der Kinder. Dass gemäß gesellschaftlichen Vereinbarungen und Konventionen die „Ware" Erziehung gleichsam „unter Preis" abgegeben wird, bleibt für diese Betrachtung ohne Bedeutung. Nachdem alle gesellschaftlich benötigten Güter und Dienste entsprechend finanziert werden müssen, inkl. dem Bildungsbereich und der öffentlichen Verwaltung mit ihren zahlreichen Dienstleistungsfunktionen, ist es erforderlich, alle hierfür erforderlichen Mittel auch gesellschaftlich und damit als Gemeinschaftsaufgabe aufzubringen. Der Gesamterlös aus allen Verkäufen am Konsumgütermarkt muss also alle öffentlichen und gemeinnützigen Belange, die gratis oder zumindest unter Preis abgegeben werden, mitfinanzieren. Es müssen folglich die

---

[78] Wilfried Heidt, „Es geht ums Ganze: Wirtschaftsökologie statt Plünderungsökonomie." in *Abschied vom Wachstumswahn* (s. Anm. 63). S. 66.

Kosten aller Leistungen in die Preise aller *verkaufbaren* Waren und Dienstleistungen einkalkuliert sein.

Unter den genannten Voraussetzungen kam die Aktion Dritter Weg zu einer neuen und andersartigen Beschreibung des Wirtschaftskreislaufes, als dieser herkömmlich von der Wirtschaftswissenschaft dargestellt wird:

Von den Produktionsstätten fließt der Waren- und Dienstleistungsstrom zu den Konsumenten, um dort den Bedarf zu befriedigen. Von den Haushalten fließt der Strom der Fähigkeiten zu den Unternehmen, diese Fähigkeiten werden in der Arbeit eingesetzt, es entsteht Mehrwert.[79] Diese Leistungen können sinnvollerweise als „Fähigkeitswerte"[80] bezeichnet werden, wobei darunter nicht die Fähigkeiten als solche, sondern die von ihnen geleistete Arbeit verstanden wird. Mit dieser Begriffsneubildung wird die Summe der gesellschaftlich aufgewendeten und zur Produktion geführten menschlichen Fähigkeiten verstanden, die, auf die Naturgrundlage angewendet, entsprechende Naturwerte oder besser „Konsumwerte" hervorbringen.

Diese Konsumwerte wiederum bezeichnen alles, was durch aufgewendete Arbeit hervorgebracht wird. Sie umfassen damit nicht nur dingliche Waren, sondern durchaus auch immaterielle Arbeitsergebnisse, wie z. B. Ideen, Konzepte, Pläne, Prozesssteuerungen und Organisationsentwicklungen etc.

Der Einsatz und Verbrauch von Fähigkeitswerten[81], der Auf- und Abbau von Konsumwerten sowie das Leiten dieser Werte zum Verbrauch waren nach dem Verständnis der Aktion Dritter Weg die elementaren Grundvorgänge des Wirtschaftslebens.[82]

Alle im Produktionsbereich des Wirtschaftslebens Tätigen erzeugen mit ihren Leistungen einen höchst differenzierten Strom an Konsumwerten, welcher im Netzwerk universeller Zusammenarbeit unter konsequenter Arbeits-

---

[79] Damit ist nicht ausgesagt, dass sich dieser volkswirtschaftliche Mehrwert notwendigerweise auch in der betriebswirtschaftlichen Betrachtung des Unternehmens auf der monetären Einnahmenseite niederschlägt.

[80] Wilhelm Schmundt, „Elementarlehre des sozialen Organismus." in *Sozial handeln aus der Erkenntnis des sozial Ganzen: Soziale Dreigliederung heute,* hrsg. von Reinhard Giese, 73–81 (Rabel: Reinhard Giese, 1980). S. 74.

[81] Die Tätigen bringen ihre Fähigkeiten zum Einsatz und erzeugen entsprechende Fähigkeitswerte, die am Ende der Arbeitszeit verbraucht sind. Für Schmundt verbraucht gesellschaftlich relevante Arbeit einen „Fähigkeitswert" und erzeugt gleichzeitig einen „Naturwert", wobei die Summe der verbrauchten Fähigkeitswerte (Leistungen) der Summe der Konsumgüter und Waren entspricht. Vgl. Schmundt, *Der soziale Organismus in seiner Freiheitsgestalt.* S. 11f. und 95.

[82] Aktion Dritter Weg, *Aktion Dritter Weg, – Aufbauinitiative –: Idee und praktischer Versuch, eine Alternative zu den in Ost und West bestehenden Gesellschaftssystemen zu verwirklichen* (Achberg, o. J., ca. 1978). S. 24.

teilung entsteht. Die Einzelleistung geht hierbei im Strom der Gesamtarbeit auf, die die eigentliche wirtschaftliche Realität und Normalität geworden ist.[83]

Der Grund, aus dem die Fähigkeiten in den Produktionsstätten zusammenfließen, liegt in den materiellen und immateriellen Bedürfnissen der Konsumenten. Sie letztlich *verpflichten* als „Arbeitgeber" und „Auftraggeber" die Unternehmen, Waren oder Dienstleistungen zu produzieren und bereitzustellen, sie sind gleichzeitig Produzierende und Konsumierende. Und genau so, wie auf der einen Seite der Strom der Fähigkeitswerte zu den Produktionsstätten fließt, so fließt auf der anderen Seite der Strom der Konsumwerte, der Waren und Dienstleistungen zu den Konsumenten. Eine präzise Untersuchung der wirtschaftlichen Realität erkennt die wirtschaftlichen Ströme innerhalb der integralen Gesamtleistung moderner Volkswirtschaften als ein polar gegliedertes Wechselspiel von Konsumwerten[84] einerseits und Fähigkeitswerten andererseits, welches an die Stelle von Tauschprozessen getreten ist.

2.2.7   Der Geldkreislauf als Rechtskreislauf

Mit diesen polaren Prozessen der Leistungsströme ist der Geldkreislauf verbunden, der sich in einem Verpflichtungsvorgang und einem Berechtigungsvorgang ausdrückt: Geld in der Hand der unternehmerisch Tätigen wird grundsätzlich als Kredit und als Verpflichtung verstanden, die Fähigkeiten aller Mitarbeiter eines Unternehmens in der Produktion einzusetzen.[85] Geld in der Hand der Mitarbeiter, welches diese als Einkommen erhalten haben, berechtigt sie zum Kauf von Waren und Dienstleistungen. Unter diesen Voraussetzungen lässt sich der Wirtschafts- und Geldkreislauf wie folgt beschreiben:

Die Unternehmen erhalten von den Banken mit entsprechenden Laufzeiten versehene Kredite. Die Bankkredite beziehen sich ausschließlich auf die Fähigkeiten der Menschen und dienen damit der Finanzierung von Einkommen. Dieses Geld versteht sich in der Hand der unternehmerisch Tätigen als Verpflichtung, die Fähigkeiten aller Mitarbeiter eines Unternehmens produktiv für die Produktion und die Lieferung von Gütern und Dienstleistungen ein-

---

[83] Vgl. Löbl, *Wirtschaft am Wendepunkt.* S. 37f.

[84] „Der Begriff ‚Waren' umfaßt hier alles, was die Unternehmen in der Arbeit schaffen; besser spricht man daher von ‚Waren und Dienstleistungen' oder kurz von ‚Konsumwerten'." Schmundt, *Erkenntnisübungen zur Dreigliederung des sozialen Organismus.* S. 65.

[85] „Diese Verpflichtung geschieht heute faktisch in der menschenunwürdigen, abhängig machenden, wahre Verantwortung und Selbstbestimmung des arbeitenden Menschen ausschaltenden Weise des Kaufens von Arbeitskraft." Aktion Dritter Weg, „Die Aktion Dritter Weg." in *Aufruf zur Alternative* (s. Anm. 6), Heft 1. S. 6.

zusetzen.[86] Dies bedeutet nicht nur die Verpflichtung der Unternehmen, entsprechend fähige Mitarbeiter zur Umsetzung der eingegangenen Leistungsverpflichtungen zu gewinnen, sondern vor allem auch dafür zu sorgen, dass Menschen, die über entsprechende Fähigkeiten verfügen, diese auch wirklich einsetzen.

Diese Verpflichtung gilt nicht nur wegen der rechtlichen Notwendigkeit zur Rückzahlung der Kredite, sondern vor allem auch deswegen, weil der Anstoß zur Produktion letztlich von den Bedürfnissen der Konsumenten ausgeht[87], im Sinne einer faktischen Auftragserteilung der Haushalte an die Produzenten, die zum Leben notwendigen Güter und Dienstleistungen bereitzustellen. Sie gilt in diesem Sinne nicht zuletzt auch als Selbstverpflichtung aller Beteiligten, weil die Produzenten zugleich Konsumenten sind.

Das Geld erfüllt hierbei nicht die Aufgabe eines Tauschmittels, sondern es begründet im Produktionsbereich die Verpflichtung zum Einsatz der Fähigkeiten und zur Rückzahlung der Kredite an die ausgebenden Banken. Geld ist weder Ware noch Tauschmittel, sondern seiner Funktion gemäß beschrieben, ein reines Rechtsdokument, welches die jeweiligen wirtschaftlichen Prozesse entsprechend begleitet. Der wichtigste Aspekt dieser neuen Betrachtungsweise liegt in der Tatsache, dass im Produktionsbereich Kredite ausschließlich für die Finanzierung von Einkommen ausgegeben werden. Nur hierfür sind Gelder erforderlich und nur für diesen Zweck und mit der Verpflichtung zum Einsatz der Fähigkeiten werden die Gelder von den Banken an die Unternehmen ausgehändigt. Produktionsmittel können genau deshalb nicht mit diesen auf Fähigkeiten bezogenen Krediten gekauft werden. Diese entstehen durch den Einsatz menschlicher Fähigkeiten, welche natürlich wieder über entsprechende Einkommen finanziert werden müssen. Insofern sind auch die für die Herstellung von Produktionsmitteln erforderlichen Kredite stets Fähigkeitskredite zur Finanzierung von Einkommen.

---

86 „Und nicht mehr wird man die Kreditverhältnisse abhängig machen können davon, ob Geld vorhanden ist oder nicht, oder ob Geld so und so riskiert wird, sondern die Kreditverhältnisse werden abhängig davon sein, ob Menschen vorhanden sind, die tüchtig dazu sind, das Eine oder das Andere wirklich in Szene zu setzen, das Eine oder das Andere hervorzubringen. Kredit wird haben die menschliche Tüchtigkeit. Und indem die menschliche Tüchtigkeit die Grenze abgibt, wie weit man Kredit gewährt, wird dieser Kredit nicht gewährt werden können über diese menschliche Tüchtigkeit hinaus." Rudolf Steiner, *Soziale Zukunft: Sechs Vorträge mit Fragenbeantwortung; gehalten in Zürich vom 24.–30. Oktober 1919* (Bern: Troxler, 1950). S. 63.

87 Aktion Dritter Weg, „Die Aktion Dritter Weg." in *Aufruf zur Alternative* (s. Anm. 6), Heft 1. S. 6.

Grund und Boden – wie zu zeigen sein wird – ist der Sache nach ohnehin unverkäufliches Gut der gesamten Menschheit und kann deshalb ebenfalls nicht mit fähigkeitsbezogenen Krediten gekauft werden.

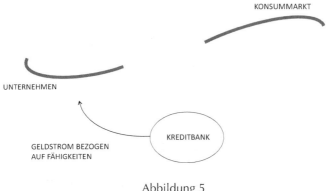

Abbildung 5

Betrachten wir das Geld auf seinem weiteren Weg durch die Wirtschaft, dann besteht der nächste wichtige Abschnitt des Geldkreislaufes in dem Vorgang der Einkommensvergabe der Unternehmen an die Mitarbeiter. Damit die Mitarbeiter ihre Fähigkeiten an den verschiedenen Arbeitsstätten zum Einsatz bringen können, benötigen sie ein entsprechendes Einkommen. Konsequenterweise müssen die Kosten aller Einkommen in die Preise aller Waren einkalkuliert werden.

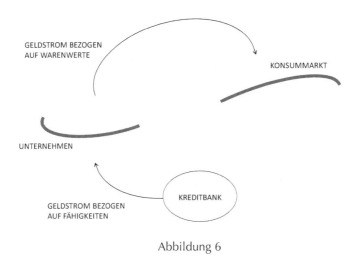

Abbildung 6

Indem das Geld durch die Unternehmen in Form von Einkommen an die Konsumenten ausbezahlt wird, ändert es seine Rechtsbedeutung und wird zum Konsumgeld, es ist jetzt nicht mehr auf die Verpflichtung zum Einsatz der Fähigkeiten, sondern auf konkrete Konsumwerte bezogen. Insofern bildet das Geld jetzt eine rechtsgültige Anweisung auf den Bezug von Waren und Dienstleistungen und ist auch hier, selbst wenn gegen diese Rechtsanweisung wertäquivalent Ware eingehandelt werden kann, ein Rechtsdokument, eine Anweisung auf Konsumwaren.[88] Wie auch immer das Geld auftritt, als Giralgeld, Banknoten oder Münzgeld, es ist auch an dieser Stelle keine Ware, sondern wiederum ein Rechtsdokument.

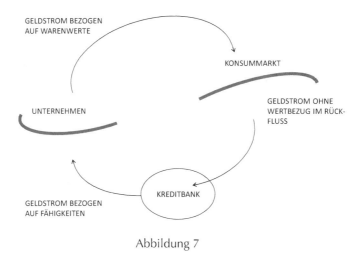

Abbildung 7

Trifft schließlich das Geld im Vollzug des Kaufaktes mit der Ware zusammen, so verliert es die Rechtsbedeutung eines Anrechts auf Warenbezug. Beim Verkauf der Waren an die Konsumenten kommt der Geldstrom zurück in die Hand der Unternehmen und ist mit keinem Wirtschaftswert mehr verbunden. Es hat das Geld seine Rechtsbedeutung des Anrechts auf Warenbezug konkret eingelöst und hat damit den bisherigen Wertbezug verloren. Die „wertlosen" Rechtsdokumente müssen zur Ablösung der erhaltenen Kredite zu den ausgebenden Banken zurückfließen. Geschieht dies nicht und werden am Warenmarkt eingehende Gelder z. B. in Grund und Boden investiert, führt dies zu Problemen wie

---

88   Aktion Dritter Weg, *Aktion Dritter Weg, – Aufbauinitiative –*. S. 25.

z. B. die durch Spekulation angetriebene Verteuerung von Grund und Boden in allen modernen Großstädten.[89]

Wenn, dem Gedanken folgend, alles von den Unternehmen am Konsummarkt eingenommene Geld zu wertlosem Geld im Rückfluss wird, hat der gesamte kaufmännische Bereich der Unternehmen lediglich damit zu tun, alles Geld als Rechtsdokument, welches seine Aufgaben erfüllt hat, aus dem Wirtschaftsleben herauszuziehen und an die ausgebenden Kreditbanken zurückzuleiten.

Die Anlage der Gelder in Grund und Boden, Immobilien, Wertpapiere oder Maschinen ist wirtschaftlich unsinnig geworden, das Verleihen derselben an andere Unternehmen, z. B. in Form des Erwerbs von Obligationen und Anleihen ebenfalls. Diese Spekulationen sind den Anforderungen und Strukturen der Wirtschaft wesensfremde Prozesse, die dem alleinigen Zweck der Wirtschaft, der optimalen Befriedigung der Bedürfnisse bei minimalem Ressourceneinsatz, diametral entgegenstehen. Damit das Geld erneut in den Wirtschaftskreislauf eintreten kann, bedarf es eines nächsten originären Rechtsaktes. Dieser erneute Rechtsakt, der von den damit beauftragten Zentral- und Kreditbanken, bzw. von diesen dazu bevollmächtigten Organen, eingeleitet werden muss, kann sich wiederum nur auf die erneute Verpflichtung zum Einsatz von Fähigkeiten in der beschriebenen Form beziehen.

2.2.8   Geldschöpfung und Wertschöpfung

Die wirtschaftspolitische Konsequenz aus diesen Überlegungen besteht nun darin, in Zukunft konsequent die Geldschöpfung an der Wertschöpfung zu orientieren. Dies bedeutet, immer genau so viel Geld zu emittieren, wie Fähigkeitswerte zum Einsatz gebracht werden. Die Höhe der ausgehändigten Kredite ergibt sich jeweils aus der Summe der von den Unternehmen angeforderten Gelder zur Bezahlung von Einkommen, deren Summe den jeweiligen Personalkosten entspricht. Damit ist die Höhe der Zahlungen der Banken an die Unternehmen hinreichend definiert, wie ausgeführt dienen die Kredite exklusiv zur Finanzierung der Einkommen. Das Banksystem hat die Aufgabe, die Vergabe von Produktions- oder Fähigkeitskrediten gesamtgesellschaftlich durch Schöpfung zu ermöglichen und die Geldströme zu koordinieren. Die

---

[89] Rudolf Steiner spricht im entsprechenden Kontext von einem Kapitalstau, der sich innerhalb des Kreislaufprozesses ergibt. Dieser Stau ergab sich dadurch, dass an sich wertloses Geld in Grund und Boden investiert werden kann. Die Aktion Dritter Weg greift diese Interpretation Steiners auf und betrachtet alle Einnahmen der Unternehmen als Kapital ohne Wertbeziehung im Rückfluss. Siehe hierzu Steiner, *Nationalökonomischer Kurs.* S. 176.

Kreditbanken werden dazu verpflichtet, Geld an initiative Unternehmen herauszugeben, stets bezogen auf die Fähigkeitswerte, die dort eingesetzt werden sollen. Die Deckung des jeweils neu geschöpften Geldes erfolgt durch die Fähigkeiten und die damit erzeugten produktiven Leistungen der wirtschaftlich Tätigen, die Vergabe erfolgt in Abstimmung mit entsprechenden Kuratorien, Gremien und Assoziationen, über die noch zu sprechen sein wird.[90]

Die Bereitstellung der auf Fähigkeiten bezogenen Produktionskredite ist damit keine an kommerziellem Gewinn orientierte Leistung, die in Folge zu Bereicherung durch Zinsbezug führt, sondern eine dem öffentlichen Wohl dienende gemeinnützige Dienstleistungsaufgabe des Bankenwesens. „Das Geld muss dienen und nicht regieren!"[91]

Nachdem der Sinn und Zweck der Wirtschaft nur darin bestehen kann, alle Bedürfnisse der Verbraucher zu befriedigen, müssen entsprechende Wege gefunden werden, alle mit der Bereitstellung der erforderlichen Waren und Dienstleistungen verbundenen Kosten auf geeignetem Wege zu finanzieren, gleichgültig, ob diese in erwerbswirtschaftlich operierenden oder gemeinwirtschaftlich orientierten Unternehmen entstehen. Dies bedeutet, dass, solange es aus gesellschaftlichen Übereinkünften, Konventionen und Traditionen eine Unterscheidung in erwerbswirtschaftlich und gemeinwirtschaftlich ausgerichtete Unternehmen gibt, aus den Überschüssen der erwerbswirtschaftlich tätigen Unternehmen – wie z. B. Automobilhersteller – die Unterschüsse (Defizite) der öffentlichen und heute steuerfinanzierten Unternehmen – wie z. B. Schulen und Hochschulen – ebenso wie alle sonstigen gemeinnützigen Institutionen und Arbeitsbereiche finanziert werden müssen.[92] Der in die Warenpreise einkalkulierte Aufschlag, der über die Deckung der ausgegebenen

---

90   Vgl. Kapitel 2.3.1 „Assoziationen und beratende Kuratorien".

91   Bergoglio, Jorge Mario (Franziskus), *Apostolisches Schreiben EVANGELII GAUDIUM des Heiligen Vaters Papst Franziskus: an die Bischöfe, an die Priester und Diakone, an die Personen geweihten Lebens und an die christgläubigen Laien*. Verlautbarungen des Apostolischen Stuhls 194 (Bonn: Libreria Editrice Vaticana, 2013); über die Verkündigung des Evangeliums in der Welt von heute. S. 48/Absatz 58.

92   „Es sind Volksschulen, Gymnasien, Universitäten keine Erwerbsunternehmen. Sie sind aber auch keine Konsumenten-Institutionen wie etwa die Kirchen. Da nun unsere Gedankenwelt den eigentlichen Begriff des ‚Unternehmens' noch nicht hinlänglich gefasst hat, bleibt nichts anderes als das Verstaatlichen der Schulen. Es teilt das Schulwesen dieses Los mit allen sogenannten gemeinwirtschaftlichen Unternehmen: Post, Eisenbahn, Wasserstrassen-, Forst-, Straßenverwaltung usw. Die Folge dieser Sache hat J. K. Galbraith eindrucksvoll beschrieben (‚Gesellschaft im Überfluss'): das Gleichgewicht zwischen Erwerbswirtschaft und Gemeinwirtschaft gerät immer mehr aus den Fugen. Die Ansicht, dass etwa Automobilfabriken die Stätten wahrer Wirtschaftlichkeit sind und das Heil von ihrem Wachstum abhängt, dass dagegen die Straßenbetriebe der öffentlichen Hand als unwirtschaftlich gelten und daher hinter dem allgemeinen Fortschritt und seinen Bedürfnissen Zurückbleiben, führt nachgerade die

Einkommenszahlungen hinausgeht, wird als „Überschuss" entsprechend erwerbswirtschaftlich organisierter Unternehmen zur Abdeckung von Unterschüssen nicht erwerbswirtschaftlich organisierter Betriebe und Einrichtungen eingesetzt. Die Kosten der „Unterschussbetriebe" müssen in die (Preis-)Kalkulation der Betriebe mit Überschusscharakter eingerechnet werden, wie dies – wenn auch unter anderen Vorzeichen – bereits heute durch alle möglichen auf die Preise aufgeschlagenen Steuern und Abgaben der Fall ist. Wenn allerdings alle Unternehmen den eingesetzten Fähigkeitswerten entsprechende Preise am Markt erzielen könnten, würde nichts ausgeglichen werden müssen. Im Kern handelt es sich also um das Ausgleichen von Kosten, solange bestimmte Unternehmenstypen ihre Dienstleistungen gratis oder unter Preis abgeben, müssen folgerichtig Überschüsse in die Preisbildung der *„verkaufbaren"* Waren und Dienstleistungen einkalkuliert werden und über entsprechende Einrichtungen, hier *Assoziationsbanken*[93] genannt, an „Unterschussbetriebe" weitergeleitet werden, um so für einen ausgeglichenen Gesamthaushalt zu sorgen.[94]

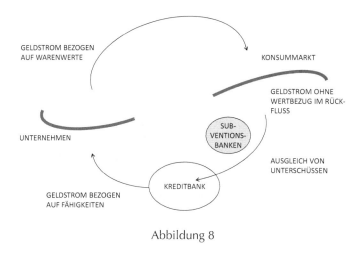

Abbildung 8

Wohlstandsgesellschaft in einen chaotischen Zustand." Schmundt, *Der soziale Organismus in seiner Freiheitsgestalt.* S. 15.

93 Wilhelm Schmundt, *Zeitgemäße Wirtschaftsgesetze:* Über die Rechtsgrundlagen einer nachkapitalistischen, freien Unternehmensordnung, Entwurf einer Einführung, 2. Aufl., erweitert um Bemerkungen zur Geldordnung (Achberg: Achberger Verlag, 1980). S. 20.

94 „Es muss doch erreicht werden, dass die Einnahmen jedes Unternehmens seine Ausgaben decken, dass also der Rückfluss der ausgegebenen Gelder eines Unternehmens, das (wie eine Strassenverwaltung oder eine Schule) seine Waren ‚kostenlos' abgeben soll, durch die entsprechend höher kalkulierten Warenpreise anderer Unternehmen bewirkt wird." Schmundt, *Der soziale Organismus in seiner Freiheitsgestalt.* S. 33.

Folgerichtig fließen alle Gelder, die am Warenmarkt eingenommen wurden, an die ausgebenden Banken zurück. Entsprechend kalkulierte „Gewinne" als Mehrerträge, die über die aufgenommenen Produktions- oder Fähigkeitenkredite hinausgehen, werden zum Ausgleich von Unterschüssen an anderer Stelle verwendet.[95] Alles am Warenmarkt eingenommene Geld ist Geld ohne Bezug zu einem Wirtschaftswert[96] und steht dem einnehmenden Unternehmen nur zum Zwecke der Ablösung seiner Produktionskredite zur Verfügung.

2.2.9 Produktionsmittel können nicht gekauft werden

Entgegen diesen Ausführungen können heute wie selbstverständlich mit dem am Warenmarkt eingenommenen Geld Grund und Boden sowie z. B. auch Produktionsmittel erworben werden. Abgesehen von den bereits dargestellten Argumenten zum Rechtscharakter des am Warenmarkt eingenommenen Geldes ist der private Erwerb z. B. von Produktionsmitteln auch deswegen widersinnig, weil diese der Sache nach gar nicht in Privateigentum übergehen können, da im Produktionsbereich nicht mit (Konsum-)Geld eingekauft und damit Privateigentum erworben werden kann. Produktionsmittel verdanken ihre Entstehung dem Einsatz von Fähigkeiten auf Grundlage von auf Fähigkeitswerten bezogenen Krediten.

Bezeichnen wir im Rahmen der hier dargestellten Überlegungen die Synthese von rechtsgültiger Anweisung und Wirtschaftswert als Kapital, so kann im Folgenden von einem Kapital der Fähigkeitswerte (Unternehmerkapital) und von einem Kapital der Konsumwaren gesprochen werden (Konsumkapital).

Unternehmerkapital ist seinem Wesen nach immer auf Fähigkeitswerte bezogen, es kann zwar zur Herstellung von Produktionsmitteln über die Finanzierung von Einkommen verwendet werden, nicht aber zu dem Kauf derselben. Weil das von den Banken ausgehändigte Geld keinerlei Verbindung mit irgendwelchen Sachwerten eingeht, ist es unmöglich, den Begriff des Unter-

---

[95]   „In einem sich demokratisierenden und effektivierenden System sollte die Geldumverteilung von den Unternehmen mit Gewinn auf jene mit Verlust durch eine besondere eigenständige Bank erfolgen – durch eine dritte Art von Banken neben Notenbank und Geschäftsbanken. Sie wird im folgenden Subventionsbank genannt. (Ein ähnliches Modell mit gleichem Namen wird vorgestellt bei W. Schmundt, Revolution und Evolution, S. 156ff.; ders., Zeitgemäße Wirtschaftsgesetze, S. 25f.)" Joseph Huber, *Technokratie oder Menschlichkeit: Zur Theorie einer humanen und demokratischen Systementwicklung*. Perspektiven der Humanität 6 (Achberg: Achberger Verlag, 1978); Zugl.: Berlin, FU, Diss., 1976. S. 157.

[96]   Als einzige Wirtschaftswerte haben wir die Fähigkeitswerte und die damit erzeugten Konsumwerte erkannt. Nach Kauf der Konsumwerte hat das Geld keinen Bezug mehr zu einem dieser Werte.

nehmerkapitals auf Produktionsmittel anzuwenden. Produktionsmittel können also im Produktionsbereich nicht als persönliches Eigentum erworben werden. Aus dem gleichen Begründungszusammenhang können auch keine auf Produktionsmittel und Fabrikanlagen bezogene Wertpapiere in Form von Aktien und Obligationen ausgegeben und an den Börsen gehandelt werden.[97] Privateigentum kann folgerichtig immer nur dort gebildet werden, wo Waren gekauft oder im Tauschprozess erworben werden, wie dies eben im Bereich der Konsumsphäre möglich ist.

Produktionsmittel wie Werkzeuge, Maschinen oder Fabrikanlagen können also nicht mit Konsumgeld, das auf Konsumwerte bezogen ist, gekauft und für den Privatbesitz erworben werden. Sie werden vielmehr durch die Unternehmen mit entsprechendem Bedarf bei den Produzenten solcher Güter „bestellt" und mit entsprechenden *Investitionskrediten* der *Investitionsbanken* – ein Tätigkeitsbereich der zukünftigen Assoziationsbanken (s. u.) – finanziert.[98] Die Tilgung dieser Investitionskredite erfolgt, wie heute auch, über entsprechende Aufschläge auf die Preise, deren Äquivalent beim Rückfluss des Geldes, in diesem Falle an die Investitionsbanken, rücktransferiert wird.

Nachdem die Tilgung für diese Investitionskredite in die Preise der Waren ebenfalls einkalkuliert wird, erfordert der gesellschaftlich notwendige Gesamtbilanzausgleich[99], also der Vorgang des Ausgleichens aller Überschüsse mit allen Unterschüssen, aller Unternehmen eines Wirtschaftsraumes einen geeigneten Ausgleichsprozess, welcher durch ein System entsprechender Investitionsbanken finanziert werden muss.[100] Für die konkrete Finanzierung von Investitionen sind entsprechende Vereinbarungen mit diesen Investitionsbanken zu treffen, deren zentrale Aufgabe darin liegt, eben Produktionsmittel, Fabrikanlagen, Einrichtungen etc. (vor-)zufinanzieren.[101]

---

[97] Schmundt, *Erkenntnisübungen zur Dreigliederung des sozialen Organismus.* S. 203.

[98] Wilhelm Schmundt, „Der Geldkreislauf als Organsystem des sozialen Organismus." in *Wesen und Funktion des Geldes: Zahlen, Leihen und Schenken im volkswirtschaftlichen Prozess,* hrsg. von Stefan Leber, 71–79, Sozialwissenschaftliches Forum Bd. 3 (Stuttgart: Verl. Freies Geistesleben, 1989). S. 72 und S. 76. Siehe hierzu auch Schmundt, *Der soziale Organismus in seiner Freiheitsgestalt.* S. 105, S. 111, S. 82f.

[99] An die Stelle des Profitprinzips „… tritt der assoziative Ausgleich zwischen den Unternehmen und Arbeitsfeldern, die mit Überschüssen und solchen, die mit Unterschüssen arbeiten …" Aktion Dritter Weg, „Die Aktion Dritter Weg." in *Aufruf zur Alternative* (s. Anm. 6), Heft 1. S. 8.

[100] Schmundt, *Der soziale Organismus in seiner Freiheitsgestalt.* S. 29. „Die Investitionsbank muss es dem Unternehmen zuführen, damit es den entsprechenden Kredit bei der Kreditbank ablösen kann."

[101] Ebd. S. 29.

Die Herstellung z. B. einer Werkzeugmaschine durch den Investitionsgüterproduzenten erfolgt über einen – auf Fähigkeitswerte bezogenen – (kurzfristigen) Produktionskredit, den der Produzent von der Kreditbank erhält. Der Abnehmer der Werkzeugmaschine „bezahlt" mit am Markt eingenommenem Geld den Produzenten. Da die Kosten für die Maschine aber nicht sofort, sondern nur über einen Abschreibungszeitraum gestreckt auf die Produktpreise der Konsumwaren aufgeschlagen werden können, springt die Investitionsbank ein, um diese zeitliche Lücke auszugleichen. Der Bezieher erhält einen Investitionskredit, der seinem Wesen nach letztlich wiederum nur einen auf Fähigkeiten bezogenen Kredit darstellt, weil mit diesem der Produktionskredit des Vorlieferanten getilgt wurde, den dieser wiederum ausschließlich für Mitarbeitereinkommen verwendet hatte.

Fähigkeiten werden damit grundsätzlich immer über Produktionskredite eingesetzt. Dies gilt sowohl für Konsumwarenhersteller, wie auch für Investitionsgüterhersteller, da gibt es keinerlei Unterschiede. Die Investitionsbanken sorgen beim Investitionsgüterhersteller für die rechtzeitige Ablösung deren Kredite durch Kreditvergabe an den Produktionsmittelbezieher und erhalten von diesem später Anteile von den am Markt erzielten Preisen der Konsumwarenhersteller zum Ausgleich des Investitionskredites zurück. Der eigentliche Einsatz aber der Fähigkeiten erfolgt immer über dieselbe Kreditart: den Produktionskredit als Verpflichtung zum Einsatz von Fähigkeiten.

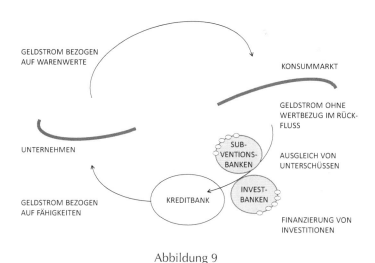

Abbildung 9

Entsprechend strukturierte und besetzte Organe des Wirtschaftslebens, auf die später als *Assoziationen* noch Bezug genommen werden soll, werden an dieser Stelle die Aufgabe der Begleitung solcher Investitionsvorhaben übernehmen, um die Notwendigkeit dieser Projekte zum Wohle der Konsumenten festzustellen, zu dokumentieren und zu legitimieren.

Das Subventions- und Investitionsbanksystem wird im Kontext der Ausführungen von Schmundt gemeinsam als „Assoziationsbankensystem" beschrieben[102], welches entsprechende Subventionen und Investitionen steuert und gesamtgesellschaftlich ausgleicht.

2.2.10 Das Geld ist ein Rechtselement und keine Wirtschaftsware

Die Rechtsprozesse des Verpflichtens und Berechtigens werden, wie dargestellt, durch das Geld vermittelt. Der entscheidende Gesichtspunkt des hier entwickelten Geldbegriffs ist nun, dass wir es bei den Geldprozessen nicht mit wirtschaftlichen Vorgängen, sondern mit Prozessen des Rechtslebens zu tun haben.

Versteht man das Geld in der beschriebenen Form als Rechtselement, so gliedert es sich als Teil des Rechtslebens aus dem Wirtschaftsleben heraus.[103] Geldprozesse können dann nicht mehr als Wirtschaftsvorgänge betrachtet und behandelt werden, sondern begleiten diese steuernd und strukturierend. In welcher Form das Geld auch auftritt, ob als Giralgeld, in Form von Banknoten oder als Münzgeld, es war nach Auffassung der Aktion Dritter Weg keine Ware, sondern ausschließlich ein Rechtsdokument.[104]

---

102 Schmundt, *Zeitgemäße Wirtschaftsgesetze*. S. 68.
103 „In der Hand der Unternehmen ist Geld = *Produktionskapital* ein Rechtsdokument. Es *verpflichtet* die Unternehmen zum Einsatz der Fähigkeiten ihrer Mitarbeiter in der Arbeit. Kommt das Geld als Einkommen in die Verfügungsberechtigung der Tätigen, ändert es seine Rechtsbedeutung. Als *Konsumkapital berechtigt* es die Verbraucher zum Erwerb der Konsumwerte. Damit fließt das Geld zum Produktionsbereich zurück und ändert ein letztes Mal seine Bedeutung. Jetzt ist es *Geld ohne Beziehung zu einem Wirtschaftswert.* Als solches berechtigt es die Unternehmen, an die es gelangt, zu nichts. Es werden damit die Kredite abgelöst, die Konten der Unternehmen bei den Kreditbanken ausgeglichen. Da viele Unternehmen – wie beispielsweise Schulen und Universitäten – für ihre Leistungen keine Preise verlangen, muß der Kontenausgleich der Unternehmen untereinander, insofern die einen Überschüsse und die anderen Unterschüsse haben, in Verbindung mit Assoziationsbanken vorgenommen werden." Joseph Beuys, „Aufruf zur Alternative: Erstveröffentlichung in der Frankfurter Rundschau vom 23.12.1978." in *Aufruf zur Alternative* (s. Anm. 27), Heft 3. S. 8f.
104 Vgl. Wilfried Heidt, „Es geht ums Ganze: Wirtschaftsökologie statt Plünderungsökonomie." in *Abschied vom Wachstumswahn* (s. Anm. 63). S. 66.

2.2.11 Konsequenzen für den Profit-, Zins- und Eigentumsbegriff

An Stelle einfacher Tauschprozesse ergibt sich aus dem bislang Dargestellten ein mehrfach gegliederter Kreislauf des Geldes, welches, sachgemäß beschrieben, in jedem neuen Durchlaufstadium eine neue Rechtsbedeutung annimmt.

Dennoch können die Unternehmen heute unter den geltenden Rechtsstrukturen, dem am Konsumwarenmarkt, oder für Vorprodukte und Investitionsgüter, eingenommenen Geld aus eigener Machtvollkommenheit neue Rechtskraft verleihen. Nach dem herrschenden Geldbegriff, der das Geld als universelles Tauschmittel sieht, wird das objektiv mit keinem Wirtschaftswert verbundene Geld, das beim Verkauf der Konsumwerte in die Hand der Unternehmen zurückfließt, so gehandhabt, „als ob" es das Äquivalent einer unvergänglichen Ware sei und selbst eine unvergängliche Ware darstellen würde.

Das am Warenmarkt eingenommene Geld kann heute *eigenmächtig* nach Belieben gegen Arbeit getauscht, ebenso können damit Produktionsmittel sowie Grund und Boden erworben werden. Außerdem kann dieses Geld als Profit von den jeweiligen Eigentümern angeeignet werden[105], ohne einer Neubewertung durch das Kreditbanksystem unterworfen zu sein. Es wird das am Warenmarkt eingenommene Geld und hierbei insbesondere der Aufschlag auf die Kosten (Gewinn) wie „individuell erworben" und „verdient" gehandhabt, obwohl an allen mit der Wertschöpfung verbundenen Prozessen das gesamte *Integrale System* gemeinschaftlich beteiligt war. Darüber hinaus sind – wie ausgeführt – auch die gesamten kulturellen und wissenschaftlichen Leistungen heutiger und vorangegangener Generationen eingeflossen. Die geltenden Rechtsordnungen bilden also offensichtlich nicht die realen Verhältnisse gesellschaftlicher Wertschöpfung ab.

Aus diesem Grunde ist die sachgemäße Neubeschreibung der Grundprozesse des Wirtschaftskreislaufes von großer Bedeutung für die zukünftige Gestaltung der wirtschaftlichen Prozesse. Denn mit dem dargestellten wirklichkeitsgemäßen Kreislaufverständnis des Geldes haben sich die mit Zins und Zinseszins, der Lohnfrage, dem Profitprinzip ebenso wie dem Eigentum verbundenen Probleme von selbst aufgelöst, sie sind aus dem Wirtschaftskreislauf verschwunden.

Mit dem Wegfall von Zins und Zinseszins, ebenso wie dem privaten Eigentum an Produktionsmitteln und Produktionsstätten, wird der Weg für ein freiheitliches Wirtschaftssystem geebnet, in dem alle Tätigen aus ihrer eigenen

---

[105] Aktion Dritter Weg, „Die Aktion Dritter Weg." in *Aufruf zur Alternative* (s. Anm. 6), Heft 1. S. 5.

Erkenntnis und Verantwortung heraus handeln können. Dies gilt insbesondere auch deswegen, weil unter den bestehenden Rechtsbedingungen stets wirtschaftsfremde Intentionen wie z. B. das Gewinninteresse von Aktionären oder das Zinsinteresse von Banken zu faktischer Fremdbestimmung im wirtschaftlichen Alltag führen.[106] Wie die Praxis zeigt, sind in der Regel weder maximale Gewinnansprüche der Aktionäre noch horrende Zinsforderungen der Banken mit dem eigentlichen Wirtschaftszweck, der Befriedigung vorhandenen Bedarfs zu vernünftigen Kosten, vereinbar. Erst mit der Befreiung von wirtschaftsfremden Ansprüchen, Vorgaben und Maßregeln kann unternehmerisch frei und aus eigener Erkenntnis und Verantwortung gehandelt werden und so also wirklich von freiem Unternehmertum gesprochen werden.

2.2.12 Das Verschwinden des Profitprinzips

Wenn die Kreditvergabe mit der Maßgabe der Verpflichtung zum Einsatz der Fähigkeiten erfolgt und ausschließlich auf diese bezogen ist, kann die originäre Bankfunktion nicht mehr als gewinnorientierte Wirtschaftstätigkeit verstanden, sondern muss als dem Gemeinwohl dienende Service-Funktion betrachtet werden. Hier werden Fähigkeitswerte mit Geldströmen verbunden, hier wird das von einer Zentralbank geschöpfte Geld in der bestmöglichen Weise für die Erfordernisse der Realwirtschaft und ohne wirtschaftliche Eigeninteressen bereitgestellt und verwaltet. Das Profitprinzip ist aus dem Horizont des Bankgeschäftes verschwunden.

Gleiches gilt für die Unternehmen: Sie verfolgen der Sache nach den alleinigen Zweck der Befriedigung der menschlichen Bedürfnisse.[107]

---

[106] „Und was passiert mit den Börsengeschäften, der Bodenspekulation, dem Zinswucher, der Inflation? Sie verschwinden ebenso wie die Geißel der Arbeitslosigkeit. Die Aktienwelt entschläft über Nacht, ohne daß auch nur ein Zahnrad deswegen nicht mehr laufen würde. Und die Aktionäre, die Spekulanten, die Großgrundbesitzer? Werden sie ihre heiligen Reichtümer der Menschheit auf dem Opferaltar der anhebenden neuen Zeit darreichen? Wir werden sehen. Jedenfalls wird jeder seinen Platz im sozialen Leben finden, wo er seine Fähigkeiten frei, produktiv und sinnvoll für das Ganze einsetzen kann." Joseph Beuys, „Aufruf zur Alternative: Erstveröffentlichung in der Frankfurter Rundschau vom 23.12.1978." in *Aufruf zur Alternative* (s. Anm. 27), Heft 3. S. 9.

[107] Entgegen dieser Beschreibung der Wirtschaftsfunktionen wird landläufig allerdings immer noch davon ausgegangen, dass wirtschaftliche Tätigkeit ausschließlich aus Gewinninteresse stattfindet. Unternehmer, so wird geargwöhnt, würden sonst kaum Geld und Fähigkeiten zum Einsatz bringen, wenn kein Gewinn als Belohnung des eigenen Engagements winken würde. Interessant ist in diesem Zusammenhang eine Argumentation, wie diese von der Wirtschaftskammer Österreichs im Kontext der Auseinandersetzung mit der Gemeinwohlökonomie ins Feld geführt wurde: „So hat sich z. B. gezeigt, dass mit der Unterdrückung von Erwerbs- und Gewinninteressen auch die Bereitschaft zu Leistungssteigerungen aus eigenem Antrieb ra-

Wie bereits dargestellt dienen zukünftig entsprechende Überschüsse dem Ausgleich von Unterschüssen. Einkalkulierte Mehreinnahmen am Warenmarkt, die über die bezogenen Fähigkeitskredite hinausgehen, sind nicht-privatisierbarer Profit. Sie dienen als finanzielle Ausgleichsmasse zur Finanzierung von Investitionen und zur Deckung von Unterschüssen jener Unternehmen, deren Leistungen aufgrund gesellschaftlicher Vereinbarungen oder assoziativer Absprachen ohne oder zu einem nicht-kostendeckenden Preis abgegeben wurden.

Nachdem die Erlöse am Warenmarkt nicht privatisiert und abgeschöpft oder z. B. in Grund und Boden, Fabrikanlagen oder Produktionsmittel investiert werden können[108], entfällt die klassische Form der Aneignung des Mehrwertes und damit das Gewinninteresse als zentrale Wirtschaftsabsicht.

Die am Warenmarkt erzielten Erträge und kalkulierten Überschüsse als Gewinn und abschöpfbaren Profit zu betrachten heißt, die Wirklichkeit wirtschaftlicher Wertschöpfung auf den Kopf zu stellen. Die Erwirtschaftung von Gewinnen als zentrale Wirtschaftsabsicht zu verstehen, ohne die keine ökonomische Initiative vorstellbar wäre, ist komplett widersinnig. Denn werden die wirtschaftlichen Abläufe sachgemäß beschrieben, dann gibt es wegen der innerhalb des Integralen Systems gegebenen gegenseitigen Vernetztheit und Verbundenheit aller Leistungen keine wirkliche Berechtigung für die private Aneignung gemeinschaftlich erwirtschafteter Werte.

---

pide abnimmt, weil sich eine freiwillige Leistungssteigerung für den Einzelnen nicht auszahlt. Aus diesem Grund unterbleiben dann oft auch Anstrengungen zur qualitativen Verbesserung von Gütern und Dienstleistungen". Karin Steigenberger, *Gemeinwohlökonomie am Prüfstand: Eine umfassende und kritische Analyse.* Dossier Wirtschaftspolitik (Wien: Wirtschaftskammer Österreich, 2013/8, 27. August 2013). S. 21. Begleitet wird eine solche Argumentation oft mit der Nennung der „historischen Erfahrung" in sog. realsozialistischen Gesellschaften. Vergessen wird dabei, dass dort jedoch der Freiheitswille des Menschen, dem ein Handeln aus freier Initiative möglich sein muss, missachtet wurde, indem die Wirtschaft zentral vom Staat gelenkt war.

[108] In den Mittelpunkt ist wieder die originäre Wirtschaftsabsicht gerückt: die Deckung des Bedarfs der Konsumenten, wie Beuys dies treffend formuliert: „Was den Konsumbereich betrifft, stellt sich die Sache so dar, daß sich die Produktion nach dem Bedarf der Verbraucher richten wird. Keine Profit- und Eigentumsinteressen stehen diesem einzig sachgemäßen Wirtschaftsziel hemmend oder ablenkend im Wege. Die mit dem integralen System schon elementar verwirklichte Brüderlichkeit – ‚Arbeit ist prinzipiell Arbeit für andere geworden' – kann ungehindert zur Entfaltung kommen." Joseph Beuys, „Aufruf zur Alternative: Erstveröffentlichung in der Frankfurter Rundschau vom 23.12.1978." in *Aufruf zur Alternative* (s. Anm. 27), Heft 3. S. 9.

59

2.2.13 Zins und Zinseszins werden sinnlos

Ebenso wie das Profitprinzip als zentraler Motor des Wirtschaftslebens ausfallen wird, verschwindet auch das Zinswesen innerhalb zukünftiger Wirtschaftsordnungen. Die Bereitstellung von Krediten ist kein gewinnträchtiges Geschäftsmodell, sondern eine Service-Aufgabe der Banken, die mit entsprechenden Bearbeitungsgebühren abzugelten wäre, anstelle des Zinses und Zinseszinses als Vergütung für diese Dienstleistungsfunktion.

Wir kehren an dieser Stelle noch einmal zu den methodischen Grundlagen dieser Ausführungen zurück, wie diese unter 1.3. eingeführt wurden. Es wurde darauf verwiesen, wie bestimmte Axiome als Grundannahmen prinzipiell weder von der Wissenschaft noch von den Medien in Frage gestellt werden, u. U. jedoch massive Auswirkungen auf die Wohlfahrt einer Gesellschaft haben können. Dies gilt in ganz besonderer Weise für den Zins und Zinseszins.[109] Dieser wird weltweit als die legitimste und vernünftigste Sache der Welt behandelt und nicht in Frage gestellt. Zins und Zinseszins sind quasi „alternativlos".

Werden allerdings Zins und Zinseszins grundsätzlich in Frage gestellt und gerade nicht als alternativlos betrachtet, ergeben sich völlig neue Denk- und Handlungsoptionen: Wie ausgeführt stellen die Banken das notwendige Geld als Dienstleister zur Verfügung und erfüllen damit eine wichtige gemeinwohlorientierte Aufgabe. Das Verleihen von Geld gegen Zinsen im Produktionsbereich ist ein den wirtschaftlichen Erfordernissen wesensfremder Prozess. Der Zins als solcher ist in der Produktionswelt sinnwidrig geworden und erfüllt keinen notwendigen, dem Gemeinwohl und dem individuellen Konsumenteninteresse dienenden Zweck, an dem sich einzig und allein wirtschaftliche Gestaltung zu orientieren hat. Alle mit Zins und Zinseszins verbundenen Probleme, die mit dem Zwang der Erwirtschaftung einer entsprechenden Rendite aus dem Verleihen von Geld entstehen, sind im Bereich der Produktionswelt hinfällig geworden. Banken machen aus Sicht der Aktion Dritter Weg für sich selbst keine Geldgeschäfte z. B. durch das Verleihen von Geld gegen Zinseinnahmen. Sie erhalten – wie andere Betriebe auch – entsprechende auf Fähigkeiten bzw. Fähigkeitswerte bezogene Kredite, welche über entsprechende Bearbeitungsgebühren refinanziert werden können. Geld ist hier prinzipiell auch nicht als Ware bestimmt, mit ihm können der Sache nach keine Geschäfte durch Verleih und temporäre Vermehrungsverfahren wie Leer-, Hebel- oder sonstige Transaktionen getätigt werden. Geld ist deshalb auch kein Spekulationsobjekt, sondern ein Rechtselement.

---

[109] Kreiß, *Profitwahn*. S. 114.

Werden in der genannten Form die wirtschaftlichen Grundprozesse zu Ende gedacht, können enorme volkswirtschaftliche Vorteile eingespielt werden, weil die außerordentlich hohen Zins- und Zinseszinsbelastungen die realen Kosten für nahezu alle wirtschaftlichen Leistungen enorm verzerren.

So liegt der errechnete Zinsanteil aller Konsumausgaben in den Jahren 2006–2008 bei 38,1 %[110], verstanden als Zins-Abgabenquote der Haushalte an die Eigentümer von Grund und Boden, Unternehmensanteilen, Geldvermögen etc. Dies ist bezogen auf die Konsumausgaben der privaten Haushalte in Höhe von 1.361 Mrd. EUR ein absurd hoher Betrag, der mit dem Wegfall von Zins und Zinseszins zu erheblichen Erleichterungen bei Einkommens-Einnahmen und Konsum-Ausgaben führen könnte.

2.2.14 Eigentum an Produktionsmitteln sowie Privatbesitz an Grund und Boden entfällt

Nachdem die Einnahmen eines Unternehmens prinzipiell nicht privatisierbar sind und damit nicht in persönliches Eigentum übergehen können, weil es sich bei diesen Einnahmen um *Geld ohne Wertbezug*[111] handelt, entfällt neben der Möglichkeit der privaten Aneignung von Maschinen und Anlagen auch der private Erwerb von Grundstücken, Gebäuden und Rohstoffen.[112] Wie dargestellt beziehen sich die an Unternehmen vergebenen Kredite auf Fähigkeitswerte und damit auf den Einsatz der Fähigkeiten der im Wirtschaftsleben Tätigen. Diese Kredite werden mit der Verpflichtung zum Einsatz der Fähigkeiten in Form von Einkommen an die Beschäftigten ausbezahlt. Nur diesem Zweck dienen die Produktionskredite, die der Sache nach deshalb nicht in Grund und Boden investiert werden können. Gleiches gilt für die Einnahmen der Unternehmen am Waren- und Konsumgütermarkt. Damit entfallen beide verfügbaren Quellen für Finanzmittel zum Erwerb von Grund und Boden (Fähigkeitskredite und Einnahmen am Waren- und Konsumgütermarkt).

---

[110] Sachverständigenrat zur Begutachtung der gesamtwirtschaftlichen Entwicklung, *Verantwortung für Europa wahrnehmen: Jahresgutachten 2011/12* (Wiesbaden: Statistisches Bundesamt, 2011). S. 377ff.

[111] Also Geld ohne Bezug zu einem der beiden – einzigen – Wirtschaftswerte (Fähigkeitswerte, Konsumwerte).

[112] „Produktivkapital ist ein Synonym zu Realkapital. Als Realkapital werden betriebliche Vermögenswerte wie Maschinen, Anlagen, Grundstücke, Gebäude etc. bezeichnet. ... In der Bilanz eines Unternehmens wird das Produktivkapital weitgehend im Anlagevermögen ausgewiesen." creditolo, „Produktivkapital.". http://www.creditolo.de/kreditlexikon/produktivkapital.html (letzter Zugriff: 6. März 2014).

Ähnliches gilt auch für den Erwerb und die Beschaffung von Rohstoffen, die heute üblicherweise ebenfalls über Kredite finanziert werden. Entgegen der heutigen Praxis, entsprechende Rohstoffe von den jeweiligen Eigentümern durch Kauf z. B. an Rohstoffbörsen zu erwerben, erfordert eine sachgemäße Beurteilung eine andere Vorgehensweise: Aus der Logik des bislang Dargestellten folgt, dass auch bei der Beschaffung von Rohstoffen Kredite nur für die Einkommen bereitgestellt werden können, die für die Förderung und Aufbereitung z. B. von Metallen und „Seltenen Erden" anfallen. Für die Entnahme der Rohstoffe selbst, im Sinne von Schürfrechten und Ähnlichem, werden für alle Bodenschätze neue Gestaltungsregeln zu entwickeln sein. Alle Rohstoffe werden z. B. sinnvollerweise in Zukunft analog Grund und Boden, Luft und Wasser als *Gemeingüter* verstanden und entsprechend gehandhabt. Über die mit der Gewinnung und Bereitstellung von Rohstoffen verbundenen Regelungen und Abgaben wird in geeigneter Form durch entsprechende Selbstverwaltungsgremien der Wirtschaft sowie auf parlamentarischem oder direktdemokratischem Wege entschieden werden. Hierbei wird es darum gehen, in Zukunft entsprechende Entnahme- und Verwertungsrechte zu definieren, die Bedingungen für die Entnahme von Rohstoffen festzulegen und gegebenenfalls auch mit Abgaben zu belegen.[113] Dies gilt natürlich in besonderem Maße, wenn es um die Verteilung knapper Ressourcen geht, die in größerem Umfang gebraucht werden, wie dies z. B. heute im Bereich der „Seltenen Erden" der Fall ist.

2.3 Kommunikation, Kooperation und Assoziation

Die bisherige Darstellung der Ideenbildung der Aktion Dritter Weg bestand im Wesentlichen in der Beschreibung wirtschaftlicher Abläufe und der sie begleitenden Geldprozesse mit neuen Begriffen. Auf diese Weise wurde versucht, dem Ansatz der Aktion folgend, die wirtschaftliche Realität unabhängig von bestimmten Intentionen, Voraussetzungen, Befindlichkeiten und Eigeninteressen möglichst vorurteilsfrei zu charakterisieren. Die Beschreibung der wirtschaftlichen Gegebenheiten ergab ein gänzlich anderes Bild der realen gesellschaftlichen Verhältnisse, als diese – durch entsprechende Rechtsordnungen sanktioniert – heute noch gehandhabt werden. Folgt man der hier entwickelten Beschreibung des Wirtschaftslebens und des Geldkreislaufes, wird das Profit-

---

[113] Diesem Themenkomplex wäre eine eigene Publikation zu widmen, eine weiter gehende Darstellung ist im Kontext der Ideenbildung der Aktion Dritter Weg allerdings nicht erforderlich.

interesse und die persönliche Bereicherung als zentrale Wirtschaftsabsicht hinfällig.

Entfällt nun allerdings das Motiv der Maximierung des eigenen Profits als wesentlichem Steuerungsmechanismus für wirtschaftliches Handeln, müssen andere Parameter als der private Egoismus an dessen Stelle treten. Es gilt der Maximierung des persönlichen Eigennutzes jedes einzelnen Wirtschaftssubjektes, wie Adam Smith[114] dies als beste Organisationsform zur Optimierung des Nutzens Aller betrachtete, neue Gestaltungsparameter entgegenzustellen, die das Was, Wie, Wo und Wieviel der Produktion sachgemäß ermitteln und organisieren.

An die Stelle sogenannter „Marktmechanismen", welche auf der Grundlage von Angebot und Nachfrage sowie Wettbewerb, Preiskampf, Verdrängung und Überproduktion das Wirtschaftsleben beherrschen, werden neue Gestaltprinzipien treten.[115] Hier gilt es anstelle der immer wieder neuen Schaffung von Märkten, auf denen der Absatz über entsprechende Marketing-Kampagnen sichergestellt wird, neue Wahrnehmungsorgane sowie Planungs- und Beratungsinstanzen zu schaffen, die eine möglichst effiziente Versorgung der Verbraucher mit allen erforderlichen Gütern und Diensten ermöglichen.

Bei dieser zukünftig erforderlichen Gestaltung der Wirtschaftskreisläufe spielen die bereits erwähnten *Assoziationen* und beratenden Kuratorien eine wichtige Rolle, die die Wirtschaftsprozesse beratend, moderierend, ausgleichend und mitentscheidend begleiten.[116]

---

[114] „Kein einzelner Marktteilnehmer strebt direkt danach das Volkseinkommen zu maximieren; jeder will nur seinen Güterbedarf decken. Und doch führe der Marktmechanismus durch seine unsichtbare Hand zum volkswirtschaftlichen Optimum. Das eigennützige Streben der wirtschaftenden Menschen oder Unternehmen trage im ‚System der natürlichen Freiheit' zum Wohl der gesamten Gesellschaft bei." Wikipedia, „Unsichtbare Hand.". http://de.wikipedia. org/wiki/Unsichtbare_Hand (letzter Zugriff: 15. Februar 2014). Siehe dazu Viertes Buch ‚Die Systeme der politischen Ökonomie' in Adam Smith, *Reichtum der Nationen*. Hauptwerke der großen Denker (Paderborn: Voltmedia, 2005). S. 430–709.

[115] In der PricewaterhouseCoopers-Studie „Autofacts" vom Februar 2012 heißt es hierzu: „Der sinkende PKW-Absatz lässt auch das Problem der Überkapazitäten in der europäischen Automobilindustrie wieder in den Fokus rücken. Nach Berechnungen der Automobilexperten dürfte 2012 die Auslastung der Werke im Durchschnitt auf 69 % bis 74 % fallen." Zitiert nach Kreiß, *Profitwahn*. S. 85.

[116] „Der Produktionsbereich gliedert sich also in drei relativ selbständige Systeme: das System der Kuratorien, das System der Arbeitskollektive und ihrer Assoziationen, das System der Rechte-vereinbarenden Gremien." Schmundt, *Zeitgemäße Wirtschaftsgesetze*. S. 38.

2.3.1 Assoziationen und beratende Kuratorien

Unter Assoziationen und beratenden Kuratorien wurden im Kontext der Aktion Dritter Weg zukünftige Organisationsformen verstanden, die anstelle bisheriger „Marktmechanismen", „unsichtbarer Hände" und willkürlicher Überschussproduktion für die Disposition und Planung der Warenproduktion hinsichtlich Quantität und Qualität zuständig sind.[117] Assoziationen sind damit Organe, die in unterschiedlicher Art und Weise gemäß der jeweiligen Fragestellung mit der jeweils adäquaten Besetzung, Größe, Zuordnung zu Branchen oder Themen etc. gebildet werden. Assoziationen verstehen sich als Wahrnehmungsinstitutionen, Planungsinstrumente und Qualitätssicherungsinstanzen ebenso wie bei Bedarf auch als Entscheidungsgremien und Kontrolleinrichtungen. Sie werden sich auf regionalen, überregionalen, landes- und bundesweiten Ebenen aufgabenspezifisch zusammenschließen, um den jeweils erforderlichen Sachverstand zu versammeln. Dies, damit möglichst alle Anforderungen der Konsumenten hinsichtlich materieller und immaterieller Bedürfnisse berücksichtigt und die dafür erforderlichen Herstellungsprozesse ressourcenschonend und zielorientiert ausgerichtet werden.[118]

Auch die personelle Besetzung dieser Planungsorgane wird sinnvollerweise weitgehend aufgabenspezifisch zu handhaben sein. Assoziationen können fallweise mit Vertretern bestimmter Branchen, Konsumenten, Forschungs- und Beratungsinstitutionen, ebenso wie mit Repräsentanten der Bankenwelt besetzt werden. Assoziationen sind damit Zusammenschlüsse von Unternehmen, Banken, Verbraucherorganisationen und Wissenschaftseinrichtungen oder Einzelpersönlichkeiten aus diesen Bereichen, die auf geeignetem Wege die wesentlichen Entscheidungen des Wirtschaftslebens vorbereiten und um-

---

[117] „Vernünftig kann nur eine Wirtschaftsordnung sein, in welcher aus dem Prinzip der Arbeitsteilung als selbstverständlich das Prinzip der Zusammenfassung, Koordinierung, Assoziierung der geteilten Arbeitsprozesse als Ordnungsprinzip folgt. Die Arbeitsteilung allein wäre bar jeder Vernunft." Hans Georg Schweppenhäuser, „Neue Wirtschaftsordnung: Skizze der Assoziationen." in *Der Mensch in der Gesellschaft: Die Dreigliederung des sozialen Organismus als Urbild und Aufgabe,* hrsg. von Stefan Leber, 172–180, Beiträge zur Anthroposophie 2 (Stuttgart: Verl. Freies Geistesleben, 1977). S. 177.

[118] H. G. Schweppenhäuser führt hierzu aus: „Dadurch begrenzt das assoziative Prinzip die Einzeltendenzen im Interesse des Ganzen. Es arrangiert sich im Grunde jetzt von selbst: Was als Ergebnis des wirtschaftlichen Kampfes wie ein Wunder erträumt wurde, aber in das wirtschaftliche Chaos führen mußte, ordnet sich nun erst wirklich, und zwar nicht durch die Freiheit und den Markt, sondern gerade durch das gegenteilige Prinzip, die universelle Kooperation, die Zusammenarbeit." ebd. S. 173.

setzen und dabei auch die rechtlichen Rahmenbedingungen wie z. B. die Arbeits-, Einkommens- und Umweltgesetzgebungen einbeziehen.[119]

Hierbei ist ein wichtiges Funktionsprinzip dieser Gremien von Bedeutung, welches sich aus dem freien Zusammenwirken verschiedener Interessen, Standpunkte und Kompetenzen ergibt. Dadurch, dass Menschen mit verschiedenen Kompetenzen und Erfahrungen – ohne persönliche Bereicherungsabsicht – ein gemeinsames Problem bearbeiten, werden einseitige Einzelurteile vermieden und qualitativ *bessere* Entscheidungen durch unterschiedliche Standpunkte und breitere Beurteilung generiert. Breit verankerter Sachverstand und intensive gemeinsame Beratung und Abwägung von Vor- und Nachteilen bestimmter Handlungsoptionen werden sinnvolle gemeinsame Beschlüsse der Assoziationen ermöglichen.[120] Hierbei geht es um die Anwendung von Abstimmungsverfahren, welche die gemeinsam zu entscheidenden Sachverhalte demokratisch legitimieren, die unternehmerisch Tätigen aber nicht bürokratisch einengen sollen und dürfen.

Die Komplexität und die gegenseitige Abhängigkeit aller Faktoren des modernen Wirtschaftslebens sind so hoch, dass sie von einem einzelnen Bewusstsein nicht in ihrer Gänze überschaut und sachgemäß beurteilt werden können. Deshalb bedarf es des gedanklichen Austausches und des gemeinsamen Gesprächs, in denen durch das gegenseitige Abschleifen subjektiver Gesichtspunkte echte Urteilsgrundlagen gebildet und unternehmerische Einzelwillkür ausgeschaltet werden kann.[121]

---

[119] Benediktus Hardorp, Wirtschaftsprüfer und intimer Kenner der Steinerschen Soziallehre beschreibt Assoziationen als bewusstseinsbildende soziale Organe, die es ermöglichen, „die wirtschaftlichen Grundlagen einer gegebenen sozialen Situation erkenntnismäßig so zu überschauen, daß Sachgegebenheiten und Gestaltungsmöglichkeiten dieser Situation ihnen zu freiem Entschlußfassen deutlich werden." Benediktus Hardorp, „Elemente einer Neubestimmung des Geldes und ihre Bedeutung für die Finanzwirtschaft der Unternehmung." (Inaugural-Dissertation, Albert-Ludwig-Universität, 1958), S. 282.

[120] Vgl. hierzu auch Udo Hermannstörfer:„Eine Ganzheit lässt sich im Sozialen nur bilden, wenn die verschiedenen Erfahrungsträger sich assoziativ im Gespräch zusammenfinden, wenn ihre Teilwirklichkeiten zusammenkommen und so ein soziales Bildurteil bei den Beteiligten entsteht und lebt. … Erst durch assoziative Beratungen kommt der einzelne in die Situation auch auf dem sozialen Felde den Zustand seiner Menschenwürde herzustellen, nämlich aus Erkenntnis zu handeln." Udo Herrmannstorfer, „Assoziatives Wirtschaften – die Suche nach sozialer Gerechtigkeit." in *Die wirtschaftlichen Assoziationen: Beiträge zur Brüderlichkeit im Wirtschaftsleben,* hrsg. von Stefan Leber, 57–100, Sozialwissenschaftliches Forum 2 (Stuttgart: Verlag Freies Geistesleben, 1987). S. 82.

[121] „Für den komplexen Zusammenhang unserer arbeitsteiligen Produktion bedeutet dies, daß der einzelne oder auch das einzelne Unternehmen aus sich heraus nur sehr schwer die Gesichtspunkte zu finden vermag, durch welche die jeweilige Aufgabe, etwas für die Bedürfnisse anderer hervorzubringen, in der bestmöglichen Weise erfüllt werden kann. Daher ist es nötig, dem Gesellschaftskörper ein neues Funktionssystem einzugliedern: das System

Zu den Aufgaben der Assoziationen und beratenden Kuratorien können damit folgende Arbeitsfelder zählen:

a. Feststellung des Bedarfs:

Zu den wohl wichtigsten Aufgaben der Assoziationen zählt die Ermittlung und Beurteilung des Bedarfs, genauer der Klärung der Frage, in welcher Menge und Qualität, an welchem Ort, welche Produkte und Dienstleistungen bereitgestellt werden sollen. Darüber hinaus könnte den Assoziationen auch die Aufgabe zufallen, herauszufinden, ob eventuell ungedeckte Bedürfnisse vorliegen oder notwendige Arbeitsfelder brachliegen.[122] Bei der Feststellung des Bedarfs, ebenso wie z. B. bei der Frage der konkreten Preisbildung (siehe d.), gilt es, die Konsumenten konsequent einzubeziehen.

b. Feststellung von Investitionsanforderungen:

Eine weitere wichtige Verantwortung der Assoziationen könnte z. B. auch in der Begleitung von Investitionsvorhaben liegen. Vorhaben, die über einen gewissen Schwellenwert hinausgehen, könnten grundsätzlich auf sachliche Richtigkeit und Notwendigkeit sowie auf Alternativen hin untersucht und entsprechend von den Assoziationen bewertet werden. Dies würde nicht zuletzt auch auf Grundlage von demokratischen Grundsatzentscheidungen über die allgemeine Ausrichtung der verschiedenen Wirtschaftsfelder erfolgen. Dies in klarem Gegensatz zu der heutigen, mit großen Risiken verbundenen Praxis, bei der auf Grund des Profitinteresses hohe Investitionen in Fabrikanlagen, Verkaufsflächen oder Produktentwicklungen getätigt werden. Dies, obwohl deren Rentabilität im Sinne eines tatsächlich vorhandenen Absatzmarktes durch realen Bedarf der Konsumenten oftmals in keiner Weise gesichert ist. An die Stelle dieser Marktwillkür werden Entscheidungen, die den Einsatz beträchtlicher gesellschaftlicher Ressourcen betreffen, durch gemeinsam generierten Sachverstand z. B. auch über die Assoziationen getroffen werden können.

---

beratender Kuratorien, ein authentisches Rätesystem als ständige Inspirationsquelle." Joseph Beuys, „Aufruf zur Alternative: Erstveröffentlichung in der Frankfurter Rundschau vom 23.12.1978." in *Aufruf zur Alternative* (s. Anm. 27), Heft 3. S. 10.

122 Ulrich Rösch, „Begriff und Lebensformen der Assoziation: Vortrag bei der Zusammenkunft der sozialwissenschaftlichen Sektion am Goetheanum in Dornach vom 16.–18. Mai 1980." *Beiträge zur Dreigliederung des sozialen Organismus* 22. Jg., Nr. 34 (1981): S. 17–26. und Ulrich Rösch, *Begriff und Lebensformen der Assoziationen: Rudolf Steiners Intentionen für den ‚Kommenden Tag'* (Dornach/Schweiz, 12.–14.06.1981; unveröffentl. Manuskript).

c. Feststellung von Umweltkonformität:
Eine wichtige Aufgabe kann den Assoziationen bei der zukünftigen ökologischen und ressourcenschonenden Ausrichtung der Produktion zufallen. Da Wirtschaft nicht mehr nach dem Profitprinzip ausgerichtet sein wird, können diese Belange durch Eigeninitiative der Wirtschaft über den heute gesetzlich vorgegebenen Rahmen hinaus weiter optimiert werden.

d. Mitwirkung bei Aufgaben der Preisgestaltung:
Wie bereits erwähnt, könnte sich auch die Befassung der Assoziationen mit dem Thema der Preisbildung als sinnvoll erweisen. Unter den hier gewählten Voraussetzungen bilden sich die Preise aus mindestens drei Parametern:
(I.) den Gestehungskosten von Produkten und Diensten im Sinne von Material, Vorprodukten, Maschinen und Anlagen bzw. den Kosten zur Abdeckung von Produktionskrediten,
(II.) den erforderlichen Aufschlägen zur Finanzierung von Gemeinschaftsaufgaben, wie dies heute durch die Mehrwertsteuer und andere Steuerarten und Abgaben geschieht sowie
(III.) aus dem Faktor der faktischen Zumutbarkeit, also der Frage, wie viel die Konsumenten für ein bestimmtes Produkt voraussichtlich zu zahlen bereit sind.
Selbst wenn für die Parameter (I) und (II) relativ objektiv messbare Faktoren für die Preisfindung herangezogen werden können, stellt immer noch die Ermittlung der faktischen Zumutbarkeit hinsichtlich der konkreten Preishöhe für bestimmte Produkte eine gewisse Herausforderung dar. Diese könnte über entsprechende Zusammenschlüsse von Herstellern und Verbrauchern bzw. deren Vertretungen problemlos bewältigt werden. Auf Grundlage neu geregelter Geldprozesse, die eine private Bereicherungsabsicht als Wirtschaftsmotiv ausschließen, gilt es, alternative Orientierungspunkte für die Bildung von Preisen zu finden, die im Wesentlichen darin bestehen, über die Warenpreise die Rückzahlung der Fähigkeitskredite abzudecken und zugleich die erforderlichen Kosten der Unterschussunternehmen anteilig zu tragen. So könnten z.B. Produkte, die mit besonderen Umweltbelastungen oder sonstigen hohen Aufwendungen verbunden sind, höhere Preise abbilden und damit über entsprechende *Gemeinwohlabgaben* oder all-

gemeine Steuern hinausgehende Beiträge zur Finanzierung von Unterschussbetrieben leisten.[123]

e. Feststellung von Subventionserfordernissen:
Sinnvollerweise könnte die Aufgabe der Assoziationen auch in der Begleitung der Subventionsprozesse in Form des Unterschussausgleichs
liegen und damit der Steuerung der Ausgleichsprozesse zwischen
Überschuss- und Unterschussbetrieben.

f. Grenzen assoziativen Wirkens:
Selbstverständlich sind den assoziativen Gestaltungsräumen auch
Grenzen durch demokratische Grundsatzentscheidungen der Gesellschaft vorgegeben. So lässt sich z. B. die Frage des Ausgleichs von
Unterschüssen immer auch als gesamtgesellschaftliche Demokratie-
frage stellen: Soll eine bestimmte Leistung kostenfrei oder bezahlt
erbracht werden (Schulgeld, Autobahnmaut, Winterdienst)? Soll eine
bestimmte Leistung überhaupt noch erbracht werden oder sollte sie
z. B. aus Gründen starker Umweltbelastung über geeignete demokratische Entscheidungswege unterbunden oder zumindest mit besonderen
Aufschlägen versehen werden? Vernünftigerweise sollte immer zuerst
die wirtschaftliche Ebene mit Fragestellungen aktueller Gestaltungs-
aufgaben befasst werden, bevor gesetzgeberische Initiativen ergriffen
werden. Solange Konsumenten und Produzenten sachgemäße bilate-
rale Entscheidungen einvernehmlich treffen können, sollte dies auch
möglich sein und aufwendigen demokratischen Verfahren vorgezogen
werden.

---

[123] Götz W. Werner spricht in diesem Kontext von entsprechend auf die Konsumgüter aufzu-
schlagenden *Konsumsteuern,* die abhängig von entsprechenden sozialen, ökologischen und
sonstigen Parametern wie Luxusorientierung, Umweltverträglichkeit etc. variieren können;
Götz W. Werner, *Einkommen für alle* (Köln: Kiepenheuer & Witsch, 2007). S. 145ff. Siehe
hierzu auch Ludwig Paul Häußner und André Presse, „Grundeinkommen und Konsumsteuer." in *Grundeinkommen und Konsumsteuer – Impulse für ‚Unternimm die Zukunft': Tagungsband zum Karlsruher Symposium Grundeinkommen: bedingungslos [23.–24. Feburar
2006 Universität Karlsruhe],* hrsg. von Götz W. Werner und André Presse, 80–95, Schriften
des Interfakultativen Instituts für Entrepreneurship (IEP) der Universität Karlsruhe (TH)
15 (Karlsruhe: Universitätsverlag, 2007). und Benediktus Hardorp, „Ein Initiative weckendes Steuerrecht." in *Grundeinkommen und Konsumsteuer – Impulse für ‚Unternimm
die Zukunft': Tagungsband zum Karlsruher Symposium Grundeinkommen: bedingungslos
[23.–24. Feburar 2006 Universität Karlsruhe],* hrsg. von Götz W. Werner und André Presse,
96–114, Schriften des Interfakultativen Instituts für Entrepreneurship (IEP) der Universität
Karlsruhe (TH) 15 (Karlsruhe: Universitätsverlag, 2007).

g. Assoziation statt Planwirtschaft:
Die hier vorgestellten Assoziationen insbesondere auch im Kontext eines demokratisch gesetzten Wirkungs- und Entscheidungsrahmens, sollten nicht mit den Mechanismen der Planwirtschaft verwechselt werden, wie diese innerhalb staatssozialistisch geprägter Gesellschaftssysteme umgesetzt wurden. Während hier die private Willkür durch staatsbürokratischen Zentralismus ersetzt und komplett an den Bedürfnissen der Menschen vorbei produziert wurde, handelt es sich bei den Assoziationen gerade nicht um zentrale Planungsvorgaben staatlicher Instanzen, sondern um direkte Befassung und Einbindung der durch die von den wirtschaftlichen Prozessen konkret Betroffenen.

Zusammengefasst stellt sich die moderne Wirtschaft als hochkomplexes System dar, dessen Wirkungszusammenhänge nicht mehr von einer Einzelpersönlichkeit alleine überschaut, koordiniert und kontrolliert werden können. Deshalb gilt es, den Sachverstand mehrerer Experten zusammenzufassen, um aus dem Zusammentreten verschiedener Einzelerfahrungen einen breiteren Beurteilungshorizont bereitzustellen.

An dieser Stelle kommen nicht zuletzt auch die bereits erwähnten beratenden Kuratorien im Sinne erweiterter Wahrnehmungs- und Beratungsinstanzen als Organe der Wirtschaft hinzu. Diese gesellschaftliche Funktion wird bereits heute durch Stiftungskuratorien, Verwaltungs- und Aufsichts- oder Beiräte, Verbände, Cluster und sonstige Gremien abgebildet, die allerdings meist von „außen" und durch die Kapitaleigner zur Kontrolle ihrer jeweiligen Eigeninteressen eingesetzt werden. Dieser Umstand ändert allerdings nichts an der Notwendigkeit einer solchen Beratungsfunktion und Erweiterung des individuellen Gesichtsfeldes einzelner Manager und spricht höchstens gegen die übliche Ausrichtung und dementsprechende Auswahl und Besetzung dieser Gremien. Zukünftig werden diese Gremien breiter besetzt sein und analog den Assoziationsorganen neben den Unternehmensleitungen und Mitarbeitervertretungen auch die verbundenen Banken, Vorlieferanten sowie entsprechende Vertretungen der Abnehmer von Waren und Dienstleistungen, also auch der Konsumenten umfassen.[124] Ebenfalls Mitglied dieser beratenden Kuratorien

---

[124]   „Daher ist es nötig, dem Gesellschaftskörper ein neues Funktionssystem einzugliedern: das *System beratender Kuratorien,* ein authentisches Rätesystem als ständige Inspirationsquelle. Die Einsichten über die Bedingungen, Zusammenhänge und Wirkungen seines Handelns kann jedes Arbeitskollektiv dann am besten gewinnen, wenn es ein Kuratorium beruft, in dem die demokratisch bevollmächtigte Leitung des Unternehmens mit den leitenden Persönlichkeiten anderer Unternehmen, der Banken, wissenschaftlicher Forschungsinstitute und auch mit Vertretern seiner Konsumentenschaft die Aufgaben, Ziele und Entwicklungen des

könnten zumindest fallweise entsprechende Sachverständige und Berater sein. Wichtig für die Auswahl wäre hier die jeweilige Kompetenz des Teilnehmers, zum Erfolg eines Unternehmens konkret beitragen zu können. Diese die Assoziationen ergänzenden Kuratorien können sich auf allen Ebenen bilden, um z. B. auch als Beratungsorgan von Landes- und Bundeszentralbanken zu fungieren, sie geben sich aus der Natur der Sache stets ihre Verfassungen selbst.[125]

2.3.2 Assoziationen und Beratungsgremien in Ansätzen vorhanden

Schon heute haben sich an verschiedenen Stellen in der Gesellschaft neue Formen von Produzenten-, Konsumenten- und sonstigen Organisationszusammenschlüssen als Vorformen für Beratungs- und Planungsebenen gesellschaftlicher Selbstverwaltung in einem bereits weitverzweigten Geflecht beratender Gremien und Kuratorien herausgebildet. Dies gilt, auch wenn diese Gremien derzeit im Wesentlichen als Wirtschaftslobbys zur Vertretung bestimmter Interessen funktionieren und statt des Gemeinwohls in der Regel partikulare Interessen verfolgen, wobei Gesichtspunkte einer am Bedarf orientierten Wirtschaft meist keine Berücksichtigung finden. Zu diesen Vorformen gesellschaftlicher Beratungs- und Entscheidungsgremien gehören Zusammenschlüsse von Unternehmen in Verbänden, Innungen, Industrie- und Handelskammern ebenso wie Arbeitnehmer- und Arbeitgebervertretungen und Aufsichtsgremien auf Bundes-, Landes- oder Unternehmensebene. Hierzu gehört auch die Reihe der nachfolgenden Initiativen und Strukturen, die beliebig verlängert werden kann.

2.3.2.1 Einrichtung von Wirtschaftsclustern in Deutschland

Cluster stehen für die räumliche Konzentration miteinander verbundener Unternehmen und Institutionen innerhalb eines bestimmten Wirtschaftszweiges. Cluster können neben Unternehmen miteinander vernetzter Branchen auch weitere Organisationseinheiten wie z. B. Forschungsinstitutionen, Hochschulen, Kammern, Behörden, Finanzintermediäre und Normen setzende Instanzen etc. beinhalten. Sie stellen als regionale Ansammlung von Menschen, Ressourcen, Ideen und Infrastruktur hoch komplexe Netzwerke mit dynamischen gegenseitigen Austauschformen dar. Seit fast 20 Jahren gibt es in Deutschland auf Länder- und Bundesebene sogenannte Cluster-politische Maßnahmen,

---

Unternehmens von möglichst umfassenden Gesichtspunkten aus berät. Die Entscheidungen müssen von den jeweils Verantwortlichen getroffen werden. Diese Entscheidungen werden aber durch die Hilfe der Kuratorien von einem optimal sachgerechten Urteilsbild getragen sein." Joseph Beuys, „Aufruf zur Alternative: Erstveröffentlichung in der Frankfurter Rundschau vom 23.12.1978." in *Aufruf zur Alternative* (s. Anm. 27), Heft 3. S. 10.

[125] Schmundt, *Zeitgemäße Wirtschaftsgesetze.* S. 22ff.

deren Ziel in der verstärkten Zusammenarbeit der genannten Akteure in den Regionen liegt. Dies vor allem auch deshalb, weil räumliche Nähe die wirtschaftliche Entwicklung sowie die Entstehung von Wissen und Innovationen fördert.[126]

2.3.2.2 Konzertierte Aktion

Die Idee eines Zusammenschlusses von Gebietskörperschaften, Gewerkschaften und Arbeitgeberverbänden wurde bereits im Mai 1967 in das damals verabschiedete Stabilitäts- und Wachstumsgesetz eingebracht, wonach Bund und Länder „bei ihren wirtschafts- und finanzpolitischen Maßnahmen die Erfordernisse des gesamtwirtschaftlichen Gleichgewichts zu beachten" haben (§ 1) und die Bundesregierung im „Falle der Gefährdung eines der Ziele des § 1 [...] Orientierungsdaten für ein gleichzeitiges aufeinander abgestimmtes Verhalten (konzertierte Aktion) der Gebietskörperschaften, Gewerkschaften und Arbeitgeberverbände zur Erreichung der Ziele des § 1 zur Verfügung" stellt (§ 3).[127]

2.3.2.3 Verbraucherorganisationen

Verbraucherorganisationen sind wesentliche Träger der Verbraucherpolitik. Sie sind Zusammenschlüsse von Konsumenten, die ihre Interessen selbst artikulieren und mittels gemeinsamer Aktivitäten durchzusetzen versuchen. Hierzu gehören wichtige Verbrauchervereine wie *Foodwatch* und ähnliche Organisationen, Mietervereine und Automobilclubs. Als wichtige Ausdrucksform von Verbraucherinteressen können z. B. auch der immer auf begrenzte Zeit angelegte Verbraucherstreik oder Käuferboykott sowie z. B. der „Shitstorm"[128] auf Internet-Plattformen erwähnt werden.

Hierher gehören auch z. B. in Fachkreisen als *Fremdorganisationen* bekannte Verbraucherzusammenschlüsse wie z. B. die Arbeitsgemeinschaft der Verbraucher (AgV), die Verbraucherzentralen, die Stiftung Warentest, die

---

126 Siehe z. B. http://www.clusterportal-bw.de/ oder http://www.maritimes-cluster.de/ (Abruf beide: 20. Februar 2014), dazu auch Springer Gabler Verlag (Hrsg.), „Gabler Wirtschaftslexikon: Stichwort ‚Cluster'.". http://wirtschaftslexikon.gabler.de/Archiv/5140/cluster-v14.html (letzter Zugriff: 4. November 2014).

127 *Gesetz zur Förderung der Stabilität und des Wachstums der Wirtschaft vom 8. Juni 1967 (BGBl. I S. 582), das zuletzt durch Artikel 135 der Verordnung vom 31. Oktober 2006 (BGBl. I S. 2407) geändert worden ist: StabG.* http://www.gesetze-im-internet.de/bundesrecht/stabg/gesamt.pdf (letzter Zugriff: 16. März 2014).

128 Als „Shitstorm" bezeichnet man eine neue Ausdrucksform von Verbraucher-Unwillen im Internet, welches negative Produktmerkmale, Einkaufsprobleme oder Nachhaltigkeitsversäumnisse in hoher Geschwindigkeit vorwiegend auch über Soziale Medien kommuniziert und auf diese Weise zu unmittelbarem Abstrafen kundenunfreundlicher Verhaltensweisen führt.

Stiftung Verbraucherinstitut sowie z. B. der Verbraucherbeirat beim Bundesminister für Wirtschaft, wissenschaftliche Verbraucherinstitute oder auch die GfK SE (Gesellschaft für Konsumforschung).

2.3.2.4 Sachverständigenrat

In den Kreis solcher „vorassoziativer" Organisationen gehört mit Sicherheit auch der *Sachverständigenrat zur Begutachtung der gesamtwirtschaftlichen Entwicklung,* der 1963 durch Gesetz eingerichtet wurde und dem Ziel einer wiederkehrenden Begutachtung der gesamtwirtschaftlichen Entwicklung in der Bundesrepublik Deutschland dienen soll. Der Sachverständigenrat befasst sich mit der Darstellung der wirtschaftlichen Lage und deren Entwicklung ebenso wie mit Fragestellungen zur Gewährleistung der marktwirtschaftlichen Ordnung der Stabilität des Preisniveaus, des Beschäftigungsstandes oder auch eines angemessenen Wirtschaftswachstums. Außerdem gehört das Aufzeigen von Fehlentwicklungen und das Aufzeigen von Maßnahmen zu deren Vermeidung zum Aufgabenprofil des Sachverständigenrates.

2.3.2.5 Rat für Nachhaltige Entwicklung

Der Rat für Nachhaltige Entwicklung wurde im April 2001 von der Bundesregierung berufen. Die Aufgaben des Rates sind die Entwicklung von Beiträgen für die Umsetzung der nationalen Nachhaltigkeitsstrategie, die Benennung von konkreten Handlungsfeldern und Projekten sowie, Nachhaltigkeit zu einem wichtigen öffentlichen Anliegen zu machen.

Nachhaltigkeitspolitik soll eine wichtige Grundlage schaffen, um die Umwelt zu erhalten und die Lebensqualität, den sozialen Zusammenhalt in der Gesellschaft und die wirtschaftliche Entwicklung in einer integrierten Art und Weise sowohl in Deutschland als auch international voranzubringen. Ziel ist es dabei, eine ausgewogene und gerechte Balance zwischen den Bedürfnissen der heutigen Generation und den Lebensperspektiven künftiger Generationen zu finden.[129]

2.3.2.6 Festlegung von Medikamentenpreisen

Als geeignetes Beispiel für solche heute schon etablierten Beratungs- und Entscheidungsprozesse über Fragen der konkreten Preisbildung kann die bekannte Praxis im Arzneimittelbereich herangezogen werden, bei der die Preise für

---

[129] Rat für Nachhaltige Entwicklung, „Der Rat.". http://www.nachhaltigkeitsrat.de/der-rat/ (letzter Zugriff: 16. März 2014).

verschreibungspflichtige Medikamente zwischen den Krankenkassen und der Pharmaindustrie ausgehandelt werden.

Im Sozialgesetzbuch V „Gesetzliche Krankenversicherung" (SGB V) wird das Verfahren festgelegt, wie für Medikamente Festpreise und Preisgruppen vereinbart werden, nach denen sich Krankenkassen bei ihren Zahlungen an die pharmazeutischen Unternehmen richten. Die vereinbarten Preise werden im Bundesanzeiger veröffentlicht und erhalten dadurch bindenden Gesetzesrang. Rabatte für die Krankenkassen und Apotheken sind im SGB V direkt festgeschrieben. In die Beratungen zwischen Krankenkassen und Pharmaunternehmen müssen private Krankenversicherungen und Sachverständige der medizinischen und pharmazeutischen Wissenschaft konsultativ einbezogen werden. Ähnlich werden Nutzenbewertungen vereinbart.

Dem berechtigten Einwand, es fehlten bei dieser Organbildung die wichtigsten Mitspieler in Form von Ärzten und Patienten, wird üblicherweise entgegengehalten, diese seien durch die Versicherungsträger mitvertreten. Unbenommen der Tatsache, dass Krankenversicherungen keine Verbraucherorganisationen sind, kann hier jedoch eine gewisse Abstimmungstätigkeit hinsichtlich der Preisbildung festgestellt werden, die zumindest „vor-assoziative" Züge trägt.[130]

2.3.2.7 Trusts, Kartelle, Syndikate und Konzerne

Letztlich gehören alle Zusammenschlüsse von Unternehmen auch und ganz besonders zum Zwecke der Preisabsprache in die Reihe dieser „vor-assoziativen" Organisationsformen. So kann unter den neuen Gesichtspunkten eines nicht an der Profitmaximierung orientierten Wirtschaftens zum Wohle der Verbraucher der Zusammenschluss von Unternehmen zu den heute bedrohlichen Strukturen großer Konzerne, ja selbst die Formierung von Kartellen sinnvoll sein. Durch entsprechende Übereinkunft hinsichtlich zunächst divergierender Interessen kann konkreter ökonomischer Nutzen generiert und vielfältige Mehrfachausgaben reduziert werden, unter dem Strich also Kosten gespart und Ressourcen geschont werden.[131]

---

[130] Treibendes Motiv, in den „freien Markt" einzugreifen, ist sicherlich die Absicht, die Kosten im Gesundheitswesen zu senken. Dennoch spielt auch das Bewusstsein mit, dass dieser Bereich nach eigenen Kriterien gestaltet werden muss: „Gesundheit ist ein zu hohes Gut, um es dem zunehmenden Wettbewerb zu opfern" – wie der Kommentator einer Tageszeitung dazu schreibt. Alexander Bögelein, „Strenge Regeln, guter Grund: Kommentar." *Neue Württembergische Zeitung,* 27. Februar 2014. S. 9.

[131] „Walter Eucken ... beschränkte das Unternehmertum auf die Erwerbswirtschaft, ohne zu bemerken, dass die gemeinwirtschaftlichen Unternehmen und diejenigen des Bildungsbereichs in gleicher Weise dem Wirtschaftsleben zugehören, und er vermochte nicht, den Begriff des

Heute unterliegen derartige Organisationsformen strengen Kontrollen oder sind schlicht verboten. Dies liegt allerdings nicht an einer durch ein Kartell intendierten Kosteneinsparung und Nutzenmaximierung, sondern an der Tatsache, dass bei privatwirtschaftlichen Interessenslagen einzelne Marktteilnehmer ungerechtfertigte Vorteile aus diesen Konstruktionen ziehen können, die unter einer Neuregelung der wirtschaftlichen Verhältnisse nicht mehr funktionieren werden. Wirtschaft ohne Profitabsicht fordert umgekehrt wirtschaftliche Zusammenschlüsse auch und gerade zum Zwecke der Preisabstimmung zum Wohle der Verbraucher.

2.3.3 Organisationen der Wirtschaft als Vorläufer der Assoziationen

Auch wenn, wie bereits erwähnt, solche informellen Organisationen primär partikularen Interessen dienen und als spezielle Interessensvertretungen jeweils eigenen oder gruppenspezifischen Egoismen folgen mögen, zeigen sie doch die Notwendigkeit umfassender Wissens- und Kompetenzvernetzung zur Bewältigung immer höherer Komplexität im Wirtschaftsleben. Erfahrungsgemäß maximiert große Überschau, Transparenz und gemeinsame Abstimmung den wirtschaftlichen Nutzen und minimiert unnötigen Ressourcenverbrauch und Verschwendung. Es müssen damit keine neuen Funktionsprinzipien zur Steuerung wesentlicher Wirtschaftsprozesse erfunden werden.

Im Prinzip scheint die erforderliche Beratungs- und Planungsebene ebenso wie Vernetzungsformen bereits in Ansätzen ausgebildet zu sein. Es gilt lediglich, diese gesellschaftlichen Organbildungen komplett dem Nutzen der Konsumenten zu unterstellen. Eine Anforderung, die mit Wegfall des Profitprinzips als wesentlichem Wirtschaftsmotiv unschwer umzusetzen sein wird.

2.4 Fazit

Es zeigt sich, dass das moderne Geldwesen seinem Wesen gemäß nicht mehr tauschwirtschaftlich beschrieben werden kann und sich unter den bestehenden Rechtsstrukturen eine neue Wirtschaftsordnung herausgebildet hat, die sich durch kooperative und latent gemeinwohlorientierte Strukturen auszeichnet. Allerdings verhindern die Rechtsstrukturen des geltenden Eigentumsrechts so-

---

auf Gewinn ausgehenden privatwirtschaftlichen Betriebes von dem des Freien Unternehmens abzugrenzen. Dass sich in den Kartellbildungen, in den Konzernzusammenschlüssen ein im Wesen des sozialen Organismus liegendes Notwendiges zu verwirklichen sucht, dass sich in ihnen zeigt, wie das Wirtschaftsleben zu einer Ganzheitsgestaltung drängt, vermochte Walter Eucken nicht in einem positiven Sinne zu werten." Schmundt, *Der soziale Organismus in seiner Freiheitsgestalt.* S. 20.

wie das Profitprinzip eine wirksame Entfaltung dieser neu entstandenen Funktionen und Prozesse der Wirtschaft. Die neue Wirtschaftsrealität erfordert ein neues Geldwesen, welches nur durch geänderte Rechtsverhältnisse den geänderten Bedingungen angepasst werden kann.

Eine Untersuchung wesentlicher Trends der Gegenwart zeigt deutlich, dass sich kommende Generationen immer weniger auf den heute noch selbstverständlichen Wirtschaftszweck der Bereicherung Einzelner auf Kosten der Gemeinschaft durch Verdrängungswettbewerb und Absatzmarketing einlassen werden. Die Zukunft gehört mehr und mehr der Kommunikation der Marktteilnehmer auf Augenhöhe und der Orientierung wirtschaftlichen Handelns an den Bedürfnissen der Verbraucher. [132]

In diesem Sinne ging es nach Auffassung der Aktion Dritter Weg primär um eine *Revolution der Begriffe,* im Sinne eines ins „rechte" Denkens und Überwindens konventioneller Vorstellungen und Begriffe. Dies als Grundlage für eine sehr weitgehende Evolution der Verhältnisse. Wer wirklich erkannt hat, dass ihm Rauchen tatsächlich schadet, wird dieses irgendwann einfach aufgeben. Genauso wird es mit vielen Anachronismen der Wirtschaft geschehen! Bestimmte Selbstverständlichkeiten von gestern, wie z. B. das Tragen von Pelzen aussterbender Tierarten[133], können heute bereits kaum noch vertreten werden und sind damit schon morgen gesellschaftlich überhaupt nicht mehr darstellbar, sie werden irgendwann einfach verschwinden.[134]

---

[132] Siehe hierzu diverse Studien des Zukunftsinstituts. Das 1998 gegründete Zukunftsinstitut GmbH mit Sitz in Frankfurt/M., München und Wien gilt als einer der einflussreichsten Think-Tanks der europäischen Trend- und Zukunftsforschung; siehe http://www.zukunftsinstitut.de/.

[133] http://www.peta.org/features/khloe-kardashian-naked-anti-fur-ad/.

[134] „Ohne eine einzige staatsbürokratische Maßnahme oder steuerpolitische Akrobatik führt die Anerkennung des gewandelten Geldbegriffes hingegen zur Aufhebung sowohl des Eigentums- als auch des Profitprinzips im Produktionsbereich." Joseph Beuys, „Aufruf zur Alternative: Erstveröffentlichung in der Frankfurter Rundschau vom 23.12.1978." in *Aufruf zur Alternative* (s. Anm. 27), Heft 3. S. 9.

3 Der Arbeitsbegriff der Aktion Dritter Weg

3.1 Zusammenfassung

Aufgrund der geltenden Rechtsordnung ist die menschliche Arbeit, ähnlich anderen Wirtschaftsgütern, zu einer Art Handelsware mit Tauschwertcharakter geworden. Um leben zu können, muss der Mensch seine „Haut" zu Markte tragen, auf einen Markt, der bezeichnenderweise „Arbeitsmarkt" genannt wird. Der letztlich unwürdige Zustand, dass der Mensch genau das tun muss, was dieser Arbeitsmarkt bietet, da es nur dafür einen „Lohn" gibt, ist die Konsequenz. Menschliche Arbeit trägt durchaus die Züge des bereits von Karl Marx beschworenen Warencharakters, wobei das Prinzip der Arbeitsbewertung als Grundlage der Einkommensgestaltung für die weiteren Überlegungen von großer Bedeutung ist. Unter Zuhilfenahme eines diffusen Leistungsbegriffes bekommt derjenige mehr Einkommen, der – wie abstrakt auch immer hergeleitet – mehr persönliche Leistung bietet. Die damit gegebene Koppelung von Leistung und Einkommen stellt einen entscheidenden Unrechtsaspekt der Lohnarbeit dar, wobei der Verkauf der Arbeitskraft grundsätzlich immer stattfindet, völlig unabhängig von der Höhe des jeweiligen Einkommens, seien es niedrige „Hungerlöhne" oder hohe Bezüge im „goldenen Käfig".

Wie bereits ausgeführt hat die moderne Wirtschaft aufgrund fortschreitender Arbeitsteilung, dem Einzug der Wissenschaften in die Produktion, der Digitalisierung sowie der Entwicklung des Internets eine völlig neue Gestalt angenommen, die auf hochgradiger Interaktion aller Teilnehmer beruht.[135] Es hängt jede gesellschaftliche Leistung mit jeder anderen untrennbar zusammen. Unternehmerische Fähigkeiten, technisches Know-how, Erfindungen, Forschungsergebnisse – auch die vorangegangener Generationen – werden ständig weltweit angewandt.

Bei der modernen Massenfertigung eines Produktes handelt es sich nicht mehr um das Resultat einfacher Kooperation zwischen den Produzenten. Sie ist im Gegenteil eng mit Institutionen und Funktionen innerhalb und außerhalb des spezifischen Produktionsbereiches verbunden. Es sind die früher autarken Wirtschaftsbereiche zu einem umfassend vernetzten und verbundenen Gesamtsystem verschmolzen. Ohne diese integrale Interaktion aller gesellschaftlich relevanten Arbeit ist die Entstehung moderner Produkte nicht mehr

---

[135] Siehe hierzu die Ausführungen unter Kapitel 2.2.3 „Das integrale Wirtschaftssystem".

möglich. Der Anteil eines einzelnen an der Produktion beteiligten Faktors ist nicht mehr exakt feststellbar.

Ebenso wenig kann der Anteil irgendeines Menschen z. B. am Bruttosozialprodukt festgestellt werden. Bekannt ist allein das Gesamtergebnis der kollektiv aufgewendeten physischen und geistigen Arbeit, welches dem Bruttosozialprodukt[136] entspricht. Es gibt keine objektive Methode, den Einzelanteil festzustellen und damit auch kein objektives Verfahren, menschliche Arbeit zu entlohnen.

Durch die Grundstrukturen der heutigen Wirtschaft kann menschliche Arbeit nicht (mehr) quantifiziert und leistungsgerecht entlohnt werden. Das bedeutet: Arbeit kann eigentlich nicht als Wirtschaftswert gehandelt und getauscht werden, weil keine Wertmaßstäbe, keine objektiven Bemessungsgrundlagen für den Wert der Arbeit vorliegen. Damit besteht die objektive Notwendigkeit einer Entkopplung von Leistung und Einkommen, die zwar faktisch längst erfolgt ist, im Wirtschaftsalltag aber nach wie vor komplett anders gehandhabt wird. Im Kern ist die Vergabe von Einkommen zu einem Rechtsvorgang geworden, weil Vereinbarungsvorgänge dieser Art, sachgemäß beschrieben, Rechtsakte darstellen. Arbeit und Einkommen werden so zu Rechtselementen, die dem Wirtschaftskreislauf als Tauschwerte entzogen sind.

3.2   Arbeit und Einkommen

3.2.1   Die Entstehung der Arbeitsteilung

Die Entstehung der modernen Wirtschaft ist ohne die Differenzierung und Aufgliederung der Arbeitsprozesse und damit immer weiter fortschreitender Arbeitsteilung nicht zu erklären. Arbeitsteilung verbessert die Arbeitsabläufe, sorgt für höhere Effizienz und verbilligt den ökonomischen Prozess der Herstellung von Waren.[137]

---

[136]   Die generelle Problematik der Berechnung des Bruttosozialproduktes, in das sowohl gesellschaftlich schädliche wie gesellschaftlich nützliche wirtschaftliche Tätigkeiten gleichermaßen einfließen, braucht an dieser Stelle nicht weiter untersucht zu werden.

[137]   „According to Marx, the evolution of modern capitalism began at the time of the Renaissance and with the discovery of the new world ... This evolution may be divided into two periods. Until the middle of the eighteenth Century production was in the stage of manufacture. About 1760 the modern factory system really set in ... The main principle and the whole raison d'etre of manufacture is the division of labour. ..." Paul Mantoux, *The Industrial Revolution in the Eighteenth Century: An outline of the beginnings of the modern factory system in England,* New and revised edition. Economic history. Industrial revolution (Strand, GB: Methuen & Co, 1964). S. 36.

Die aus der Arbeitsteilung resultierende Effizienzsteigerung und Verbilligung mit gleichzeitig zunehmender Produktivität der Arbeitsprozesse lässt sich mit verschiedensten Faktoren erklären, zu denen natürlich auch die steigende Spezialisierung gehört, durch die bestimmte Fähigkeiten im Laufe der Zeit immer besser ausgebildet wurden. Diese Spezialisierung gilt nicht nur für einzelne Wirtschaftssubjekte, sondern auch für ganze Gegenden oder Länder, die völlig auf die Hervorbringung bestimmter Produkte konzentriert sind, wie z. B. die Förderung von Öl in den arabischen Staaten oder die Baumwoll- und Weizenproduktion in bestimmten Gegenden der USA. Diese Spezialisierung führte zu einer vollständigen gegenseitigen Abhängigkeit der Wirtschaftspartner voneinander.

Die Arbeitsteilung ist in erster Linie eine Folge der auf den Produktionsprozess verwendeten geistigen Arbeit, die in angewandter (Natur-)Wissenschaft einerseits und einer stets verbesserten Arbeitsorganisation andererseits besteht. Dies gilt nicht zuletzt auch durch immer ausgefeiltere Logistikkonzepte hinsichtlich „just-in-time"-Produktion, „on-demand"-Anlieferung von Halbfabrikaten und komplexen Anlieferungs- und Abtransportabläufen durch das moderne Speditionswesen. Diese immer weiter optimierte Organisation der Arbeit, ebenso wie die dadurch fortschreitende Aufgliederung der einzelnen Arbeitsschritte, hat im Laufe der Zeit zu einem hochkomplexen System der Zusammenarbeit geführt, bei dem immer der Beitrag aller beteiligten Leistungsträger am Zustandekommen einer Ware oder Dienstleistung erforderlich ist. Diese Entwicklung hatte eine massive Effizienzsteigerung der Produktionsabläufe und Verbilligung der Güter des täglichen Lebens zur Folge.[138]

Weitere Kostensenkungen resultierten aus der Aufgliederung der Arbeit in einzelne Arbeitsgänge und der damit eintretenden Zeitersparnis bei der Erstellung eines Produktes oder auch nur eines Teiles davon. Niemand sorgte mehr selbst für die gesamte Produktherstellung, sondern führte zunehmend immer kleinere Teile daraus aus. Die Teilung der Arbeit begann bei der Mechanisierung der Arbeitsprozesse und gipfelte in der Automatisierung, bei der ein Produktionsprozess völlig unabhängig vom Menschen abläuft. Hier organisiert und programmiert der Mensch nur noch den Arbeitsprozess, die eigentliche Herstellung des Produktes hängt primär nicht mehr von der menschlichen Ar-

---

[138] „Der Mensch ist überall eingespannt in das, was mit andern in Gemeinschaft getan werden muß. Unsere Art des Produzierens ist so kompliziert geworden, daß der einzelne wie in einen großen Produktionsmechanismus eingespannt ist. Es ist das Produktionsleben kollektivistisch geworden." Rudolf Steiner, *Die Kardinalfrage des Wirtschaftslebens:* Öffentlicher Vortrag, Kristiania (Oslo) 30.11.21 (Dornach: Rudolf-Steiner-Nachlassverwaltung, Dornach, 1962). S. 12.

beitskraft ab. Sie kann deshalb wesentlich schneller geschehen, da die Maschine mit größerer Geschwindigkeit und geringerer Unterbrechung und deshalb wesentlich kontinuierlicher als der Mensch produzieren kann.

Ein wichtiger Verbilligungsfaktor war historisch betrachtet natürlich auch der Handel, der die notwendige Verteilung der Produkte zusammenfasste und rationalisierte. Es war logischerweise viel umständlicher und kostenintensiver, wenn jeder Produzent sein Produkt selbst jedem einzelnen Konsumenten übergeben musste, im Gegensatz zu einem Händler, der viele hundert Produkte auf einmal verteilte. Der Aufwand pro Produkt wurde durch die Verteilung geringer, da der Händler mit einem noch viele andere Produkte verteilte.

3.2.2   Arbeit als Arbeit für andere

Verbilligung durch Arbeitsteilung und Handel sowie die daraus resultierende Fremdversorgung gilt ganz grundsätzlich, und im Umkehrschluss lässt sich feststellen, dass Selbstversorgung prinzipiell immer verteuernd wirkt. Es lässt sich auch feststellen, dass kein Mensch aufgrund der überall wirksamen Arbeitsteilung alle seine Bedürfnisse durch eigener Hände Arbeit befriedigen kann. Grundsätzlich betrachtet nimmt alles, was ein Produzent für sich selbst produziert, nicht an der Verbilligung durch Arbeitsteilung, Zirkulation und *integralem System* teil und ist damit prinzipiell teurer. Selbstversorgung ist daher volkswirtschaftlich immer kostenaufwendiger und deshalb tendenziell unwirtschaftlich. Selbstversorgungsvorgänge sind so gesehen außerwirtschaftliche Ausnahmesituationen, die das Funktionsprinzip der modernen Wirtschaft in seinen fundamentalen Gestaltprinzipien nicht bestimmen.[139]

Diese Überlegungen bleiben davon unberührt, dass das Prinzip der Fremdversorgung große Probleme durch Entfremdung des Menschen von seiner Arbeit mit sich brachte, weil Produkte nicht mehr innerhalb sinnhafter Gesamtzusammenhänge, sondern nur noch Einzelteile eines Produktes zu fertigen waren. Gleiches gilt für die Beziehung des Konsumenten zu den von ihm verbrauchten Produkten: Moderne Überflussgesellschaften stellen nach dem Prinzip der permanenten Verfügbarkeit stets alle Waren in riesiger Fülle zur Verfügung, ohne dass dabei ein Bewusstsein von Wertschöpfungsketten, Herkunft oder Herstellungsaufwand der Produkte vermittelt wird. Der Strom kommt aus der Steckdose, die Milch aus bunten Tetrapacks, ein Problem vor allem auch für die Kinder, die oft keinerlei Beziehung mehr zu den Konsumgütern entwickeln

---

[139]   „Es ist so, daß alles dasjenige, was der Selbsterzeugung dient, weil es nicht in die Zirkulation, der die Arbeitsteilung zugrunde liegt, eingeht, teurer ist als dasjenige, was in die Arbeitsteilung hineingeht." Steiner, *Nationalökonomischer Kurs*. S. 45.

können. Fremdversorgung fördert damit eine gesellschaftliche Mentalität umfassender Rechenschaftslosigkeit, die in Folge zu geringer Resilienz und dafür umso höherer Verletzlichkeit wegen eventueller Ausfallrisiken führt.[140]

Trotz der mit der Fremdversorgung eng verbundenen Problemlagen fördert diese dennoch die wirtschaftliche Effizienz und hat in ihrer gesellschaftlichen Wirkung dazu geführt, dass letztlich jede Arbeit eines Menschen faktisch immer für die anderen Menschen erfolgt. Arbeitsleistungen sind damit niemals auf den Arbeitsleistenden selbst, sondern immer auf ein kooperierendes Ganzes bezogen.[141] Der Beitrag des Einzelnen geht immer auf alle anderen über. Für die Aktion Dritter Weg folgte hieraus, dass, rein wirtschaftlich betrachtet, Arbeit immer Arbeit für andere ist.[142] Innerhalb einer auf Arbeitsteilung beruhenden Wirtschaft arbeitet pinzipiell jeder immer für den anderen und behält die Ergebnisse seiner Leistungen sinnvollerweise nicht für sich zurück, sondern gibt seine Leistungen an die anderen ab. Folgerichtig müssen die Bedürfnisse des Einzelnen umgekehrt aus den Leistungen der anderen wirtschaftlich Tätigen befriedigt werden, und das sind im integralen System eben *alle* anderen in ihrer Gesamtheit.[143]

---

140 Harald Welzer, *Selbst denken: Eine Anleitung zum Widerstand* (Frankfurt am Main, Zürich, Wien: Büchergilde Gutenberg, 2013). S. 244ff.

141 „… daß niemand eigentlich in einem sozialen Organismus, in dem volle Arbeitsteilung herrscht, für sich selber noch etwas produzieren … kann." Steiner, *Die Kardinalfrage des Wirtschaftslebens.* S. 17.

142 „Aber sehen Sie auf alles das hin, so werden Sie sich sagen müssen: Die Arbeitsteilung tendiert dazu, daß überhaupt niemand mehr für sich selbst arbeitet; sondern das, was er erarbeitet, muß alles an die anderen übergehen. Das, was er braucht, muss ihm wiederum zurückkommen von der Gesellschaft." Steiner, *Nationalökonomischer Kurs.* S. 45.

143 „Jede geleistete Arbeit ist prinzipiell *Arbeit für andere.* Das heißt, daß jeder Tätige an einer bestimmten Stelle seinen Beitrag leistet für das Herstellen eines Wertes, der letztlich von irgendwelchen seiner Mitmenschen verbraucht wird. Die Arbeit eines Menschen steht nicht mehr in Verbindung mit *seinem* Konsumieren. Das andere von ebenso weitreichender Bedeutung ist, daß der Charakter des integralen Systems es nicht mehr erlaubt, das Einkommen der Tätigen als den Tauschwert für ihre erbrachten Leistungen anzusehen. Denn es kann hier keinen objektiven Maßstab für die Ermittlung des Leistungsanteils eines einzelnen an der Produktion eines bestimmten Konsumwertes mehr geben." Joseph Beuys, „Aufruf zur Alternative: Erstveröffentlichung in der Frankfurter Rundschau vom 23.12.1978." in *Aufruf zur Alternative* (s. Anm. 27), Heft 3. S. 7.

Der Anthropologe David Graeber beschreibt dies in seinen Überlegungen zu Schuld und Schulden umgekehrt und sehr weitgehend als absolute Abhängigkeit des Einzelnen von der Gesellschaft. „Schließlich verdanken wir alles, was wir sind, anderen Menschen. Das ist einfach so. Die Sprache, die wir sprechen und in der wir denken, unsere Gewohnheiten und Ansichten, welches Essen wir mögen, das Wissen, wie Licht angeht und die Toilettenspülung funktioniert, selbst die Art und Weise, wie wir uns sozialen Konventionen unterwerfen oder dagegen aufbegehren – all das haben wir von anderen Menschen gelernt, die zumeist schon

Die Funktionsweise der Wirtschaft verhindert damit, dass dasjenige, was innerhalb einer arbeitsteiligen Produktion hergestellt wurde, von einem an dieser Produktion beteiligten Einzelnen verbraucht werden könnte. Zum einen wird ein arbeitsteilig hergestelltes Produkt erst durch die Summe der Leistungen vollständig, weil ein fertiges Produkt erst durch die Zusammenarbeit vieler Menschen entsteht. Zum anderen schließt sich der Verbrauch eines arbeitsteilig erstellten Teilproduktes durch seinen Hersteller ohnehin aus.

Arbeit innerhalb der modernen arbeitsteiligen Wirtschaft ist damit nicht aus moralischen und ethischen Gründen immer Arbeit für andere, sondern als Konsequenz faktischer Wirtschaftsabläufe, deren Gliederung und Teilung genau dieses Phänomen hervorgerufen haben.

Faktisch haben damit die wirtschaftlichen Grundprozesse eine Art sozialen und potenziell altruistischen Charakter angenommen, der darin besteht, dass ein einzelner am Wirtschaftsleben Beteiligter gar nicht für sich selbst arbeiten kann und der maximale Nutzen für alle durch die weitestgehende Abgabe des individuellen Leistungsergebnisses an alle anderen entsteht.[144] Zu einem ähnlichen Resultat kommt auch *Franziskus M. Ott* im Rahmen einer rechtswissenschaftlichen Dissertation zum Thema des befristeten Eigentums. Auch für ihn wird die wirtschaftliche Wirklichkeit mit falschen Begriffen beschrieben und auf diese Weise die neue sich entwickelnde gemeinwohlorientierte und auf Gegenseitigkeit basierende moderne Wirtschaftsstruktur verschleiert bzw. mit entsprechenden anachronistischen Rechtsordnungen überlagert. So werde die neue Wirtschaftsqualität an ihrer Entfaltung gehindert.

Mit Steiner ging die Aktion Dritter Weg davon aus, dass die Effizienz und Fruchtbarkeit wirtschaftlichen Lebens in dem Grade der Ausnutzung des Fremdversorgungsprinzips bzw. der dadurch hervorgerufenen vollständigen gegenseitigen Abhängigkeit liegt: Je mehr die Erträgnisse der Arbeit eines Einzelnen an die Mitarbeiter abgegeben und je mehr die individuellen Bedürfnisse des einzelnen Mitarbeiters aus den Leistungen der anderen im Wirtschaftsleben

---

lange tot sind." David Graeber, *Schulden: Die ersten 5000 Jahre* (Frankfurt, M. [u. a.]: Büchergilde Gutenberg, 2012).

[144] „Durch die Arbeitsteilung trat neben die Selbstversorgung jene Fremdversorgung, welche dahin tendiert, dass immer weniger Menschen für sich selbst arbeiten, dafür immer mehr Arbeitsprodukte an die Menschen übergehen; die Arbeitsverteilung führte also zu dem Zustand eines objektiven Altruismus (im Gegensatz zu einem subjektiv sittlichen Altruismus, der sich nicht institutionalisiert), weil der in der arbeitsteiligen Wirtschaftsweise tätige Mensch gar nicht anders kann, als für andere Menschen zu arbeiten; ob er dies jetzt in egoistische Gesinnung tut oder nicht, kann dabei keine Rolle spielen." Ott, *Befristetes Eigentum als Resultat empirischer Rechtsanschauung.* S. 132.

Tätigen befriedigt werden, umso besser funktioniert das Gesamtsystem.[145] Je mehr also mein Interesse an der Befriedigung der Bedürfnisse meiner Mitmenschen orientiert ist und die maximale Orientierung meines Tuns bewusst an der Bedürfnislage der Anderen ausgerichtet ist, desto besser geht es allen und umso besser geht es indirekt wiederum mir. Letzteres allerdings nicht wie heute üblich auf Kosten der Anderen, sondern zum gemeinsamen Nutzen aller.

Es gilt der Satz insbesondere auch in umgekehrter Richtung: Wird auf Dauer versäumt, die Wirtschaft so einzurichten, dass individuelle Bedürfnisse nicht aus individuellen Leistungen befriedigt werden, sind soziale Missstände die Folge. Dies gilt, weil der durch die Teilung der Arbeit hervorgerufene „wirtschaftliche Altruismus", also die Tatsache, dass prinzipiell alle für alle anderen arbeiten müssen, wenn wirtschaftliche Werte entstehen sollen, durch anachronistische und immer noch am Egoismus orientierte Rechtsordnungen überlagert wird, welche an sich kooperative und synergetische Prozesse in ihr Gegenteil verkehren. Obwohl also die Wirtschaft bereits heute einen im Prinzip altruistischen Charakter angenommen hat, gelten antisoziale Rechtsverhältnisse und Denkgewohnheiten, die zu sozialen Missständen führen können, weil sie systemisch bedingten Altruismus stets mit Egoismus konterkarieren.[146]

In dieser Perspektive ist es naheliegend, anzunehmen, dass jede gesellschaftliche Organisationsform, die diesem latent altruistischen Grundcharakter der modernen Wirtschaft zuwiderläuft, notwendigerweise kontraproduktiv wirkt. Dies gilt, weil gewachsene synergetische Prozesse faktischer Kooperation und Gegenseitigkeit durch die Einmischung von individuellen Ansprüchen und privaten Egoismen gestört und in ihr Gegenteil verkehrt werden.

---

[145] Diese Gesetzmäßigkeit fasst Steiner in seinem *Sozialen Hauptgesetz* zusammen: „Das Heil einer Gesamtheit von zusammenarbeitenden Menschen ist umso größer, je weniger der einzelne die Erträgnisse seiner Leistungen für sich beansprucht, das heißt, je mehr er von diesen Erträgnissen an seine Mitarbeiter abgibt, und je mehr seine eigenen Bedürfnisse nicht aus seinen Leistungen, sondern aus den Leistungen der anderen befriedigt werden." Rudolf Steiner, *Geisteswissenschaft und soziale Frage: Drei Aufsätze,* 4. Aufl. (Dornach: Rudolf-Steiner-Verlag, 1977). S. 34.

[146] „Alle Einrichtungen innerhalb einer Gesamtheit von Menschen, welche diesem Gesetz widersprechen, müssen bei längerer Dauer irgendwo Elend und Not erzeugen. ... Nein, in der Wirklichkeit lebt das Gesetz nur so, wie es leben soll, wenn es einer Gesamtheit von Menschen gelingt, solche *Einrichtungen* zu schaffen, *daß niemals jemand die Früchte seiner eigenen Arbeit für sich selber in Anspruch nehmen kann,* sondern doch diese möglichst ohne Rest der Gesamtheit zugute kommen. Er selbst muß dafür wiederum durch die Arbeit seiner Mitmenschen erhalten werden. Worauf es also ankommt, das ist, daß für die Mitmenschen arbeiten und ein gewisses Einkommen erzielen zwei voneinander ganz getrennte Dinge seien". ebd. S. 34f.

Dieser von Steiner aufgezeigte soziale Wirkungszusammenhang war für die Ideenbildung der Aktion Dritter Weg von großer Bedeutung. Er gilt insbesondere hinsichtlich der Schlussfolgerungen, die Steiner aus diesem von ihm aufgestellten *Sozialen Hauptgesetz* als „Gesetz" für das Verhältnis von Arbeit und Einkommen zieht, indem er soziale Vereinbarungen anregt, die verhindern sollen, dass die Erträgnisse der jeweiligen Eigenleistung dem Einzelnen zur Verfügung stehen.

3.2.3 Die Entkopplung von Leistung und Einkommen

Die entscheidende Schlussfolgerung aus den bisherigen Betrachtungen besteht in der Notwendigkeit der Entkopplung von Leistung und Einkommen, durch die „für die Mitmenschen arbeiten und ein gewisses Einkommen zu erzielen zwei ganz getrennte Dinge seien".[147] Diese Entkopplung von Leistung und Einkommen bedeutet eine Absage an jede Form des Leistungslohns, der eine der wesentlichen Konstituenten zeitgenössischer Fähigkeitensteuerung und Arbeitsmotivation darstellt. Die Aktion Dritter Weg stellte sich mit Steiner hinter die alte marxistische Forderung, nach der jeder nach seinen Fähigkeiten arbeiten und nach seinen Bedürfnissen entlohnt werden sollte.[148]

Ein wesentlicher Schritt zur Ablösung des Warencharakters der menschlichen Arbeitskraft liegt damit für die Aktion in einer möglichst konsequenten Entkopplung von Arbeitsleistung und konkretem Einkommensbezug.

Durch diese Entkopplung kann das Geld nicht mehr als Mittel der Machtausübung des Menschen über den Menschen verwendet werden, weil ausgeschlossen wird, dass der Zwang zum Gelderwerb dem Einzelnen eine bestimmte Arbeit aufnötigt.[149]

---

[147] Ebd. S. 35.

[148] Eine weitere interessante Textstelle macht dies exemplarisch deutlich: „Aber zugrunde liegen muß eben die Einsicht, daß gleich Unheil da ist auf sozialem Boden, wenn der Mensch so in der Sozietät drinnen steht, daß er für seine Arbeit, je nachdem er viel oder wenig tut, also nach seiner Arbeit eben, bezahlt wird. Der Mensch muss aus anderer sozialer Struktur heraus seine Existenz haben. ... Das ist es, was das notwendigste soziale Prinzip ist, daß das Erträgnis der Arbeit von der Beschaffung der Existenzmittel völlig getrennt wird, wenigstens auf einem gewissen Gebiete des sozialen Zusammenhangs." Rudolf Steiner, *Entwicklungsgeschichtliche Unterlagen zur Bildung eines sozialen Urteils: Acht Vorträge, gehalten in Dornach vom 9. bis 24. November 1918,* 2. Aufl. Rudolf-Steiner-Gesamtausgabe 185a (Dornach Schweiz: Rudolf-Steiner-Verl, 1963). S. 213.

[149] „Darauf habe ich aufmerksam gemacht, daß schon einmal in jeglicher sozialer Struktur nichts Gedeihliches herauskommen kann, wenn das Verhältnis eintritt, daß der Mensch für seine unmittelbare Arbeit entlohnt wird. ... Die Arbeit gehört der Menschheit und die Existenzmittel müssen auf anderem Wege den Menschen geschaffen werden, als durch Bezahlung seiner Arbeit." ebd. S. 213.

Soll der Warencharakter der menschlichen Arbeit überwunden werden, darf die Existenzsicherung des Menschen nicht an den Verkauf seiner Arbeitskraft als Ware am Arbeitsmarkt gekoppelt sein. Geschieht dies doch, kann derjenige, der die Arbeit vergibt (Arbeitgeber) grundsätzlich auch die Arbeitsbedingungen diktieren, unter denen die angebotene Arbeit stattzufinden hat. Der Arbeitnehmer, speziell in Zeiten hoher Arbeitslosigkeit, muss aus Gründen der Sicherung seiner Existenz (fast) jede Arbeit am Arbeitsmarkt annehmen und hat auf die Gestaltung der Arbeitsbedingungen nur wenig Einfluss.

Aus den realen Entwicklungsbedingungen des Wirtschaftslebens kann die menschliche Arbeitskraft unter den geschilderten Voraussetzungen der Sache nach nicht mehr gekauft werden, sie ist in ihrer Eigenschaft als Rechtssubstanz unverkäuflich und steht – unter der Souveränität des Einzelnen als konkretem Träger der Arbeitskraft – der gesamten Gesellschaft zur Verfügung.[150]

Die Ideenbildung der Aktion Dritter Weg folgte in weiten Teilen der Soziallehre Steiners in Bezug auf den dargestellten Arbeitsbegriff und den von ihm konstatierten immanent sozialen Grundcharakter der Wirtschaft, der darin besteht, dass gesellschaftlich objektiv relevante Arbeit immer Arbeit für andere ist. Wie gezeigt wurde, gibt es eine Art latent vorhandene soziale Grundstruktur der Wirtschaft unterhalb der geltenden Rechtsstrukturen, die von diesen und den damit verbundenen Denkgewohnheiten überlagert wird.

Gewisse Unterscheidungsmerkmale zwischen der Vorlage Steiners und der Wirtschaftskonzeption der Aktion Dritter Weg ergeben sich aus der jeweiligen Einschätzung der Wirtschaftsstruktur. Während der Arbeitsbegriff bei Steiner stärker vom Phänomen der gesellschaftlichen Arbeitsteilung abgeleitet wurde, bezieht sich die Ideenbildung des Dritten Weges mehr auf die Überlegungen Löbls über die zum integralen System der modernen Weltwirtschaft herangewachsenen Struktur und den hieraus abgeleiteten Konsequenzen.

---

[150] „Das gerade wird die Arbeit wertvoll machen, daß sie nicht mehr entlohnt wird. Denn worauf hingearbeitet werden muß, ... das ist: die Arbeit zu trennen von der Beschaffung der Existenzmittel. ... Wenn jemand nicht mehr für seine Arbeit entlohnt wird, dann verliert das Geld als Machtmittel für die Arbeit seinen Wert. Es gibt kein anderes Mittel für jenen Mißbrauch, der getrieben wird mit dem bloßen Gelde, als wenn überhaupt die soziale Struktur so geschaffen wird, daß niemand für seine Arbeit entlohnt werden kann, daß die Beschaffung der Existenzmittel von ganz anderer Seite her bewirkt wird. Dann können Sie natürlich nirgends erreichen, daß jemand durch das Geld in die Arbeit gezwungen werden kann." Rudolf Steiner, *Die soziale Grundforderung unserer Zeit: In geänderter Zeitlage/12 Vorträge, gehalten in Dornach und Bern vom 29.11.-21.12.1918*. Gesamtausgabe 186 (Dornach (Schweiz): Verlag der Rudolf Steiner-Nachlassverwaltung, 1963). S. 49.

3.2.4 Arbeitsbegriff und Integrales System

Mit Löbl lässt sich feststellen, dass die hohe Interaktionsdichte der modernen Form des Wirtschaftens als *„Integralem System"*[151] einen derart komplexen Zusammenhang jeder gesellschaftlichen Leistung mit jeder anderen hervorgerufen hat, dass die Arbeit eines Menschen in Bezug auf ein zu erstellendes Produkt nur in Verbindung mit der Arbeit aller anderen Menschen relevant ist. Nur aus dem Zusammenwirken aller am Wirtschaftsprozess beteiligten Menschen können moderne und arbeitsteilig erstellte Produkte überhaupt entstehen. Allein durch dieses Zusammenwirken entsteht wirtschaftlicher Nutzen, Mehrwert und gesellschaftlicher Reichtum.

Abgesehen von der sozialpsychologischen Dimension, unter der jeder Tätige meint, im Sinne der Selbstversorgung, nur für sich selbst zu arbeiten, ist der konkrete Arbeitsvollzug jedoch niemals auf den einzelnen Tätigen selbst, sondern immer auf die Anderen bezogen. Für die Herstellung nahezu jedes Produktes ist die Summe aller an einem Wirtschaftsganzen Beteiligten notwendig und es existiert nur noch *ein* einheitliches Wirtschaftsganzes: die Weltwirtschaft. Umgekehrt gilt, dass die Arbeit eines einzelnen Teilnehmers des Gesamtsystems aufgrund der wirtschaftlichen Gegebenheiten nicht zu der Befriedigung auch nur eines einzigen seiner Bedürfnisse ausreichen würde.

Der Arbeitsbegriff der Aktion Dritter Weg folgte der Argumentation Löbls und brachte dessen Idee des *Integralen Systems* in Verbindung mit Steiners Ansatz der systematischen Entkopplung von Leistung und Einkommen. Die etwas anders geartete Beschreibung der wirtschaftlichen Gegebenheiten durch Steiner im Kontext der Arbeitsteilung im Verhältnis zum *Integralen System* Löbls ergibt sich aus dem historischen Kontext der jeweiligen Sozialtheorien. Steiners Beobachtungszeitraum fällt in den Übergang der arbeitsteiligen Wirtschaft zu jenem, was Löbl mit der Entwicklung des *Integralen Systems* beschreibt.

Faktisch laufen jedoch beide Argumentationen auf die gleiche Schlussfolgerung hinaus, die wiederum Hauptbestandteil des Wirtschaftskonzeptes der Aktion Dritter Weg wurde. Gesellschaftliche Arbeit ist funktional immer Arbeit für die ganze Gesellschaft und wird grundsätzlich als Arbeit für andere verstanden.

---

[151]   Siehe Löbl, *Wirtschaft am Wendepunkt.*

Die neuere soziale Wirklichkeit ist dadurch gekennzeichnet, dass die arbeitsteilige Gesellschaft zu einem die ganze Menschheit umspannenden Gesamtarbeitssystem, der Weltwirtschaft, verschmolzen ist.[152]

3.2.5 Von der Unmöglichkeit der gerechten Entlohnung

Ebenso wenig wie der Anteil eines einzelnen Mitarbeiters am Zustandekommen eines Produktes innerhalb der globalen Weltwirtschaft leistungsmäßig genau aufgeschlüsselt werden kann, gilt dies für jedes einzelne Unternehmen auch. Genauso wenig wie der Einzelne für seine Arbeit wirklich leistungsgerecht bezahlt werden kann, genauso wenig können die in einem Unternehmen – nach dem integralen System unter Umständen ganz zufällig – anfallenden Überschüsse objektive Leistungskriterien widerspiegeln. Auch hier gibt es kein objektives Kriterium, diese Überschüsse als „selbsterwirtschaftet" in die jeweilige Verfügungsgewalt des betreffenden Unternehmens zu stellen.

Wie dargestellt umfasst das *Integrale System* alle produktiven Subsysteme der Gesellschaft: die Industrie, den Handel, das Transportwesen ebenso wie das Schul- und Ausbildungswesen, die Universitäten, die Landwirtschaft, die Banken usw. Jede dieser Einheiten leistet ihren Anteil am Zustandekommen eines Einzelproduktes wie auch bei der Entstehung des Bruttosozialproduktes. Der Anteil eines einzelnen Teiles innerhalb des Gesamtsystems ist hier ebenfalls nicht mehr zu ermitteln. Natürlich hängt von der Leistung einer Gesamtbelegschaft mit all den darin zusammenfließenden Fähigkeiten in großem Maße ab, ob ein Unternehmen hinsichtlich seiner Produkte ein gutes oder ein schlechtes Betriebsergebnis aufweist. Doch ist der finanzielle Ausdruck dieses Ergebnisses, wie es als Marktresultat in Erscheinung tritt, von vielen anderen Faktoren zusätzlich abhängig. Die Theorie von der Spiegelung der Betriebsleistung im Betriebsergebnis im Sinne eines realen Verhältnismaßstabes zum Gesamtprodukt ist unter den genannten Gesichtspunkten nur schwer aufrechtzuerhalten.

Während Steiners Argumentation auf das Unsachgemäße einer Kopplung von Leistung und Einkommen hinweist, wurde dieser Gesichtspunkt wiederum durch die Arbeiten Löbls erweitert, der die Unmöglichkeit einer diesbezüglichen Kopplung herausarbeitete.

Für Löbl kann der Leistungsanteil irgendeines Menschen am Bruttosozialprodukt nicht festgestellt werden. Bekannt ist allein das Gesamtergebnis der kollektiv aufgewendeten physischen und geistigen Arbeit, welches insgesamt

---

[152] Vgl. Aktion Dritter Weg, „Die Aktion Dritter Weg." in *Aufruf zur Alternative* (s. Anm. 6), Heft 1. S. 1ff.

eben dem Bruttosozialprodukt entspricht. Nach Löbl gibt es keine objektive Methode, den Einzelanteil festzustellen und damit auch kein objektives Verfahren, menschliche Arbeit zu entlohnen. Obwohl landläufig von objektiven Kriterien für Löhne und Gehälter ausgegangen wird, lässt sich nur in Ausnahmefällen der Anteil feststellen, den ein Einzelner, ein Unternehmen oder eine bestimmte Branche geleistet hat. Für Löbl sind damit Löhne und Gehälter das Ergebnis vereinbarter oder oktroyierter Konventionen. Ähnliches gilt nach Löbl auch für die Preise, die sich aus Gewinnspannen, Gehältern, Löhnen, Steuern etc. zusammensetzen, jedoch in keinem objektiven Verhältnis zum Bruttosozialprodukt stehen.[153]

Welchen tatsächlichen Anteil die Arbeitsleistung für die Herstellung eines Produktes vom Bruttosozialprodukt ausmacht, kann nicht im Preis ausgedrückt werden. Ebenso wenig gibt der Preis der Arbeit deren realen Anteil am Bruttosozialprodukt wieder. Damit sind auch die Preise subjektiv vereinbarte Einheiten.[154]

Die Aktion Dritter Weg übernahm diese Argumentation Löbls, die wiederum ein wichtiger Bestandteil der eigenen Ideenbildung wurde.[155] Damit grenzte sich die Aktion Dritter Weg von der Interpretation des Entlohnungsvorganges als Tauschvorgang ab, wobei die Betrachtungsweise eine entscheidende Erweiterung durch Wilhelm Schmundt erfuhr.[156]

Innerhalb der Tauschwirtschaft bezieht der Arbeitende sein Einkommen dadurch, dass er die erzeugten Waren gegen Geld als Repräsentant von Waren eintauscht. Innerhalb einer zur *Fähigkeitenwirtschaft* transformierten Volkswirtschaft jedoch vollzieht sich der Einsatz der Fähigkeitswerte eines Arbeitenden auf einer völlig anderen Ebene als dem Bezug eines Einkommens durch die Bezahlung von Arbeitskraft im Sinne eines vermeintlichen Tauschens von Arbeit gegen Geld. Wie ausgeführt ist der Einkommensbezug ein Rechtsvorgang auf der Ebene des Rechtslebens und kein Wirtschaftsvorgang.[157] Faktisch

---

153 „Es gibt keine objektive Methode um den Anteil irgendeines Menschen am Bruttosozialprodukt festzulegen und dies bedeutet gleichzeitig, daß es kein objektives Verfahren gibt, Arbeit zu entlohnen." Löbl, *Wirtschaft am Wendepunkt.* S. 42 – „Folglich müssen wir auch die Preise als nicht objektiv ermittelt ansehen." ebd. S. 43.

154 Mit der Feststellung, „daß ein Arbeitender nicht entsprechend der von ihm geschaffenen Werte entlohnt werden kann", (ebd. S. 44) begibt sich Löbl in Widerspruch zu Ricardos *kapitalistischer* und Marx' *sozialistischer* Arbeitswertlehre. Beiden Theorien hält Löbl entgegen, dass für jede Arbeitswertlehre objektive Maßstäbe vorhanden sein müssen, die jedoch als Anteil des Einzelnen am Gesamtprodukt nicht ermittelt werden können.

155 Wilfried Heidt, „Es geht ums Ganze: Wirtschaftsökologie statt Plünderungsökonomie." in *Abschied vom Wachstumswahn* (s. Anm. 63). S. 52.

156 Schmundt, *Der soziale Organismus in seiner Freiheitsgestalt.*

157 Aktion Dritter Weg, *Aktion Dritter Weg, – Aufbauinitiative –.* S. 20.

werden heute die Einkommensbezüge nach Art und Ausmaß der Arbeit, nach dem Umfang des Verantwortungsbereiches und vielen anderen Kriterien bemessen, nicht aber nach dem Wert des Arbeitserzeugnisses.

Umgekehrt gilt, dass die Preise vor allem aus der Summe der Kosten und hierbei insbesondere durch die durch Einkommen verursachten Kosten berechnet werden. Damit erhalten weder der Unternehmer noch seine Mitarbeiter ihr Einkommen direkt aus Einnahmen durch Verkaufserlöse, beide Einkommen sind kalkulierte Kostenstellen im Rahmen der Gesamtfinanzierung eines Unternehmens. Es erhalten Mitarbeiter und Unternehmer ihr jeweiliges Einkommen faktisch aus dem Produktionskredit der Kreditbanken, letztlich vor jeder Produktion.[158] Damit erhalten alle Mitarbeiter gleichsam als Voraussetzung für ihren Fähigkeiteneinsatz ein entsprechendes Einkommen von ihren Unternehmen ausbezahlt, welches in seiner jeweiligen Höhe an dem Leistungsvermögen der gesamten Produktionssphäre und letztlich an gesamtgesellschaftlichen (Rechts-)Vereinbarungen zu orientieren sein wird.[159]

3.2.6 Einkommen ist keine Gegenleistung für erbrachte Arbeit

Das Wirtschaftskonzept des Dritten Weges zog aus diesen Überlegungen die Konsequenz, dass das Einkommen eines Menschen nicht als Gegenleistung für erbrachte Arbeit behandelt werden kann, sondern als Rechtsvoraussetzung für den Einsatz der Fähigkeiten im Wirtschaftsleben gesehen werden muss. „Rechtsvoraussetzung" deswegen, weil der Bezug eines Einkommens in der Fremdversorgungswirtschaft erst die Grundlage für eine Tätigkeit im Wirtschaftsleben darstellt, ohne die keinerlei Fähigkeitswerte zum Einsatz gebracht werden können.[160] Aus diesen Überlegungen folgt, dass das Einkommen ein elementares Menschenrecht darstellt und als solches gehandhabt werden muss.

---

[158]   Vergl. 2.2.4 „Von der Tauschwirtschaft zur Fähigkeitenwirtschaft", Absatz nach Abbildung 3 „Oberflächlich betrachtet …"

[159]   „Nicht aus den ‚Einnahmen', die das Unternehmen beim Verkauf der Waren erzielt, erhalten der Unternehmer und seine Mitarbeiter ihr Einkommen, sondern aus dem Ganzen der produzierenden Unternehmen heraus wird allen, die in irgendeiner Weise an der Produktion mitwirken, ein im Sinne des Gerechten zu bestimmender Anteil an der Gesamtproduktion der Unternehmen zugesprochen. Nicht weil jeder einzelne Mitarbeiter Produzent ist, bezieht er ein Einkommen, sondern weil er Konsument ist. Der Unternehmer, also der ‚Eigentümer' der Produktionsmittel (im oben geschilderten Sinne) macht davon keine Ausnahme. Er kann sich das Einkommen in keinem anderen Sinne zumessen als seinen Mitarbeitern." Schmundt, *Der soziale Organismus in seiner Freiheitsgestalt.* S. 35.

[160]   „Das Einkommen, das die Menschen zur Erhaltung und Entfaltung ihres Lebens benötigen, wäre keine abgeleitete Größe mehr, sondern ein originäres Recht, ein Menschenrecht, das gewährleistet sein muß, damit für sie die Voraussetzungen erfüllt sind, verantwortlich und selbstverpflichtet im Kreis ihrer Mitarbeiter wirken zu können." Joseph Beuys, „Aufruf zur

Einkommen versteht sich damit eben nicht als „Entgelt" für irgendwelche Dienste, ebenso wenig wie es als „Be-Lohnung" für erbrachte Leistungen betrachtet werden kann. Einkommen ist im Gegenteil überhaupt erst die Voraussetzung, dass Fähigkeiten eingesetzt werden können. Wie anders sollte z. B. ein Berufsanfänger oder ein Jobwechsler ohne große Ersparnisse auch nur den ersten Arbeitsmonat überstehen können? Erfolgen doch die quantitativ wichtigen Abbuchungen, z. B. für die monatliche Miete, immer bereits am Monatsersten.

Gelderwerb als Anreiz zum Einsatz der menschlichen Fähigkeiten und als Belohnung für Leistung wurde in diesem Zusammenhang als anachronistisch betrachtet, ebenso wie der Begriff des „Leistungslohnes", auch wenn dieser als scheinbar wichtigste Motivation für Leistung und Mehrleistung der Arbeitenden erachtet wird. Allerdings wird der Leistungslohn mittlerweile durchaus auch von wissenschaftlicher Seite hinterfragt und durch gewichtige Forschungsbeiträge wie z. B. des Nobelpreisträgers Joseph Stiglitz problematisiert.[161]

3.2.7 Gewinnbeteiligung nicht gerechtfertigt

Verschiedene Reformansätze im Bereich der sogenannten Alternativen Ökonomie[162] halten eine Beteiligung der Mitarbeiter am Unternehmenserfolg ihres Betriebes für sinnvoll und gerecht. Folgt man allerdings den bisherigen

---

Alternative: Erstveröffentlichung in der Frankfurter Rundschau vom 23.12.1978." in *Aufruf zur Alternative* (s. Anm. 27), Heft 3. S. 7.

[161] Stiglitz stellt in diesem Zusammenhang unmissverständlich klar: „Die politische Rechte und viele Ökonomen neigen dazu, den Nutzen des Leistungslohns zu über- und seine Kosten zu unterschätzen. ... Interessanterweise sind uns die Gefahren eines Leistungslohns auf manchen Gebieten durchaus bewusst: Sachverständige in einem Prozess dürfen beispielsweise nicht danach bezahlt werden, wie der Prozess ausgeht. Weil finanzielle Anreizsysteme niemals perfekt ausgestaltet werden können, führen sie oftmals zu verzerrten Verhaltensweisen, einer Überbetonung der Quantität und einer Unterbewertung der Qualität. ... Der Leistungslohn, insbesondere in der Form, wie er im Finanzsektor umgesetzt wurde, verdeutlicht, zu welchen Fehlanreizen eine solche Vergütung führen kann: Die Banker hatten einen Anreiz zu übermäßig risikoträchtigem, kurzsichtigem Handeln sowie zu Bilanzfälschung und -verschleierung. In guten Jahren kassierten die Banker einen großen Anteil der Gewinne, in schlechten Jahren blieben die Verluste an den Aktionären hängen und in richtig schlechten Jahren auch an den Anleihegläubigern und Steuerzahlern." Joseph E. Stiglitz, Der Preis der Ungleichheit: Wie die Spaltung der Gesellschaft unsere Zukunft bedroht, 1. Aufl. (München: Siedler, 2012) S. 157ff.

[162] Siehe z. B. Elisabeth Voß, *Wegweiser solidarische Ökonomie: Anders wirtschaften ist möglich!* (Neu-Ulm: AG-SPAK-Bücher, 2010). Siehe hierzu auch Christian Felber, *Die Gemeinwohl-Ökonomie: Eine demokratische Alternative wächst,* Aktualisierte und erw. Neuausgabe (Frankfurt am Main: Büchergilde Gutenberg, 2012). Wichtig in diesem Zusammenhang auch

Überlegungen zum integralen Charakter moderner Volkswirtschaften, kann eine solche Gewinnbeteiligung der Mitarbeiter eines Unternehmens nicht als Lösung des Problems zeitgemäßer Entlohnung betrachtet werden. Dies vor allem deswegen nicht, weil Mehrwert und Gewinn eines Unternehmens nicht ausschließlich durch die an den konkreten Unternehmen Beteiligten erwirtschaftet werden.

Wie dargestellt ergab sich aus der Systematik des *Integralen Systems,* dass der anfallende Gewinn des Einzelunternehmens nicht aus der individuellen Betriebsleistung allein, sondern aus der Summe der gesamtgesellschaftlichen Leistungen aller Unternehmen resultiert. Aus den Entstehungsbedingungen von Unternehmensgewinnen im genannten Kontext stellt sich deshalb die Frage, warum diejenigen Mitarbeiter, die – mehr oder weniger zufällig – in einem Unternehmen mit hohem „Überschuss" arbeiten, deshalb ein höheres Einkommen erzielen sollten als Mitarbeiter eines anderen Betriebes mit geringerem „Überschuss" bei z. B. gleicher Tätigkeit und Qualifikation. Sind doch die Voraussetzungen zur Entstehung von Unternehmensgewinnen nicht primär durch die Arbeitsleistung der im einzelnen Betrieb Tätigen, sondern durch vielfältig andere Faktoren im Integralen System bestimmt. Gewinnbeteiligungen führen in dieser Perspektive notwendigerweise zu unbegründeten Disparitäten, welche gesellschaftlich nicht akzeptiert werden können, weil sie nicht gerechtfertigte wirtschaftliche Besserstellungen der Einen gegenüber den Anderen verursachen.

3.2.8   Überlegungen zur Arbeitsmotivation

Wird der Bezug eines Einkommens als Voraussetzung für den Einsatz der Fähigkeiten statt als Gegenwert für eingetauschte Arbeit verstanden, kann man sich die Frage stellen, ob ohne den Zwang zur Absicherung der eigenen Existenz überhaupt noch gearbeitet würde. Damit verbunden ist auch die weitere Frage nach dem Sinn der Arbeit überhaupt. Diese Frage ist von großer Bedeutung, selbst wenn sich die meisten Zeitgenossen – eingebunden in den Alltagsstress eines sich immer weiter beschleunigenden Wirtschaftsgeschehens und täglich befasst mit der Beschaffung von Einkommen zur Grundsicherung der individuellen Lebensbedingungen – diese Frage im Regelfall wahrscheinlich gar nicht stellen.

Diese Frage ist in der Tat eine der wichtigsten Lebensfragen überhaupt, weil sie im weitesten Sinne unsere ganze Biografie bestimmt. Denn um einen

---

Andreas Exner und Brigitte Kratzwald, *Solidarische Ökonomie & Commons: INTRO. Eine Einführung.* Kritik & Utopie (Wien: Mandelbaum, 2012).

konkreten Sinn in der eigenen Arbeit sehen zu können, der mit dem eigenen Lebensplan, den individuellen Fähigkeiten und persönlicher „Berufung" zu tun hätte, müsste diese frei von allen äußeren Zwängen zur Existenzsicherung erfolgen können. Menschliche Arbeit als wichtigster Lebensinhalt, auch zur Ausbildung der eigenen Fähigkeiten und Entwicklung der eigenen Persönlichkeit, kann der Sache nach nicht fremdbestimmt, sondern nur selbstbestimmt erfolgen. Erst unter der Voraussetzung einer weitgehenden Identifikation mit dem eigenen Tun besteht die Möglichkeit, die eigenen Fähigkeiten voll zu entfalten und nutzbringend für die Gemeinschaft einzubringen. Dies gilt vor allem deshalb, weil ohne diese Voraussetzung die menschliche Kreativität als wichtigste Quelle gesellschaftlichen Reichtums nicht zur Entfaltung kommen kann. Erst unter diesen Voraussetzungen könnte eine zeitgemäße Motivation zur Arbeit ausgebildet werden. Diese sah die Aktion Dritter Weg in dem Prinzip der Handlung aus Einsicht in die Notwendigkeit einer bestimmten Tätigkeit gegeben, die aus innerer Übereinstimmung, Identifikation, Zuneigung, letztlich aus Liebe zu der Aufgabe als solcher geschieht, in deren Kontext die betreffende Handlung steht. Wichtig an dieser Stelle ist auch die Voraussetzung, dass ein Produkt oder eine Dienstleistung tatsächlich gebraucht wird.

Man spricht in diesem Kontext auch von dem sogenannten *Flow-Erlebnis intrinsischer Motivation,* bei dem der Anreiz zur Handlung nicht in erwarteten Handlungskonsequenzen einer äußeren *extrinsischen Motivation* liegt, sondern in der Ausübung der Handlung selbst.[163] Genau diesen Zustand der Übereinstimmung des Menschen mit sich selbst gilt es in modernen Unternehmen herzustellen, klassische Motivations-Strategien, durch Druck oder materielle Anreize mehr Leistung zu erzielen, scheinen hierfür eher kontraproduktiv.[164]

Die Aktion Dritter Weg gründete diese Einschätzung der Motivationsfrage auf die Erkenntnis, dass jeder Mensch ein fundamentales Interesse daran hat, seine Fähigkeiten einzusetzen und in Gemeinschaft mit anderen zu arbeiten. Diesem anthropologisch verankerten Grundinteresse jedes Menschen am optimalen Einsatz seiner Fähigkeiten für die Gemeinschaft galt es mit geeigneten Sozialformen zu entsprechen.

---

[163] Springer Gabler Verlag (Hrsg.), „Gabler Wirtschaftslexikon: Stichwort ‚Flow-Erleben'."". http://wirtschaftslexikon.gabler.de/Archiv/78176/flow-erleben-v4.html (letzter Zugriff: 11. März 2014). Siehe auch das Standardwerk zum *Flow:* Mihaly Csikszentmihalyi, *Das Flow-Erlebnis: Jenseits von Angst und Langeweile: im Tun aufgehen,* 11. Aufl. Konzepte der Humanwissenschaften (Stuttgart: Klett-Cotta, 2010).

[164] „Alles Motivieren ist Demotivieren. ... Belobigen, Belohnen, Bestechen, Bedrohen, Bestrafen: Alles, was in Unternehmen an Tricks und Kniffen zur Mitarbeiter-Motivation praktiziert wird, ist kontraproduktiv." Reinhard K. Sprenger, *Mythos Motivation: Wege aus einer Sackgasse,* 2. Aufl (Frankfurt/Main: Campus-Verl., 1992). S. 9 u. 43 und Verlagswerbung.

Eine solche Arbeitsmotivation setzt allerdings in letzter Instanz wiederum ein leistungsunabhängiges Einkommen voraus, wobei sich die konkrete Höhe eines solchen Einzeleinkommens nach dem jeweiligen Bedarf einerseits sowie dem gesamten Leistungsvermögen einer Volkswirtschaft und eines Betriebes andererseits zu richten hat.

Das Einkommen wird damit zu einer gesamtgesellschaftlichen Entscheidungsfrage, welches hinsichtlich der jeweiligen Ober- und Untergrenzen innerhalb konkreter Einkommensrahmenordnungen zu beschließen sein wird. Diese werden, wie alle wichtigen Gesellschaftsfragen, die alle Bürger betreffen, („sozial"-)demokratisch zu vereinbaren sein und immer in Abhängigkeit von der konkreten wirtschaftlichen Lage des jeweiligen Wirtschaftsraumes festgelegt werden müssen.[165]

Eine wichtige Ergänzung der bisherigen Überlegungen zur Trennung von Leistung und Einkommen hinsichtlich der Regelung der Einkommensfrage ergab sich aus der Idee eines garantierten und bedingungslosen Grundeinkommens, wie dieses durch die Aktion Dritter Weg z.B. im Kontext der Mitwirkung bei den Grünen vertreten wurde.[166] Diese Idee hat in den letzten Jahren durch die Initiativen des dm-Gründers Götz Werner und z.B. auch eine Volksinitiative zum Thema Grundeinkommen in der Schweiz große Popularität und Bekanntheit erfahren. Es handelt sich dabei um die Forderung, allen Bürgern aus allgemeinem Menschenrecht ein angemessenes Basiseinkommen zu garantieren, vollständig unabhängig von irgendwelchen erbrachten Arbeits-

---

[165] „Einkommen eines Menschen wird in diesem Sinne das Ergebnis sein des sozial-demokratischen Vereinbarens eines Gesellschaftsganzen hinsichtlich einer Einkommensrahmenordnung und das Ergebnis des Vereinbarens der einzelnen Arbeitskollektive in den Grenzen der Rahmenordnung hinsichtlich des konkreten Einkommens." Aktion Dritter Weg, „Die Aktion Dritter Weg." in *Aufruf zur Alternative* (s. Anm. 6), Heft 1. S. 3.

[166] So umfasste der B-Teil des Parteiprogrammes der Gründungsgrünen in Baden-Württemberg 1980 folgende Formulierung: „Daher fordern die Grünen: ein Grundeinkommen, das jedem Menschen in jeder Lebenslage – unabhängig von seiner Leistungsfähigkeit – das Grundrecht auf ausreichende Nahrung, Kleidung, Behausung, Bildung und Fürsorge und Pflege bei Krankheit und Alter garantiert. Dieses Grundrecht auf ein leistungsunabhängiges Grundeinkommen wird von den Grünen an die Spitze ihrer sozialen Forderungen gestellt. Die Höhe dieses Grundeinkommens sowie eine Obergrenze für ein zusätzliches Einkommen sollen durch Volksentscheid basisdemokratisch jeweils für einen bestimmten Zeitraum festgelegt werden." Internationales Kulturzentrum Achberg, „B-Teil." in *Das Programm*, hrsg. von Die Grünen Baden-Württemberg. 2. Aufl., S. 27–30 (Stuttgart, o. J., ca. 1980). S. 29.
Ähnliche Ausführungen finden sich auch in einer Wahlkampfbroschüre des *Achberger Kreises:* „Eine konsequente Sozialpolitik muss zur *Sicherung eines Grundeinkommens* für jeden Mmenschen führen – unabhängig von seiner Leistungsfähigkeit." Achberger Kreis in den Grünen, „Die Grünen – Bundestagswahl 80: Weder Kapitalismus noch Kommunismus – Die Alternative ist der grüne Kurs." (1980); Die Position des ‚Achberger Kreises' in den Grünen. S. 187.

leistungen. Dies mit der Absicht, den Menschen ein Leben in Würde ohne Existenz- und Überlebensängste zu ermöglichen, bei dem der Einsatz der Fähigkeiten im Wirtschaftsleben unabhängig von individuellen Überlebenszwängen und damit frei erfolgen kann.

Eine wichtige Ergänzung zu den bislang dargestellten Überlegungen der Aktion Dritter Weg stellte das *Bedingungslose Grundeinkommen* insbesondere deshalb dar, weil hierüber z. B. alle Menschen eines Landes eine grundsätzliche und rechtlich garantierte Absicherung ihrer Existenz erhalten. Kein Mensch sollte mangels eines angemessenen Grundeinkommens in irgendeine Arbeit gezwungen werden. Die Zahlung eines solchen Grundeinkommens erfolgt aus rein (menschen-)rechtlichen Erwägungen und findet unabhängig von dem Einsatz der Fähigkeiten statt.

Hinsichtlich der Einkommen aus wirtschaftlichen Tätigkeiten bildet das Grundeinkommen die rechnerische Ausgangslage für die Vergabe weiterer Bezüge durch die Unternehmen. Diese müssen den zum Überleben erforderlichen Anteil nicht mehr selbst bereitstellen, weil dieser bereits gesellschaftlich sichergestellt wurde.

Sinnvollerweise werden auch alle über das Grundeinkommen hinausgehenden Bezüge in der beschriebenen Weise *leistungsentkoppelt,* aber natürlich nicht willkürlich und schon gar nicht maßlos, sondern gemäß gesellschaftlich konsensfähigen Einkommens-Rahmenordnungen ausbezahlt. Natürlich müsste für den Fall der Umsetzung eines „Bedingungslosen Grundeinkommens" dieser spezielle Finanzierungsstrom, wie alle anderen Gemeinschaftskosten auch, in die Gesamtkalkulation einer Volkswirtschaft aufgenommen und in die Preisbildung einbezogen werden.[167]

Die Trennung von Leistung und Einkommen in der dargestellten Form, ebenso wie das Grundeinkommen, waren damit zwei wichtige Seiten einer zukunftsfähigen Sozialgestaltung, welche sich nicht gegenseitig ausschließen, sondern einander bedingen und deshalb auch parallel und gemeinsam von der Aktion Dritter Weg vertreten werden konnten.[168]

---

[167] Siehe Fußnote 123.
[168] A3W – FIU, „Grünes Grundlagenprogramm: Entwurf A3W-FIU." in *Aufruf zur Alternative: A3W FIU,* hrsg. von Unternehmensverband (Achberg/Hamburg: Achberger Verlag/VGD, 1980), Heft 4. S. 10.

3.3 Fazit

Die Einkommensfindung wurde im Kontext der vorgestellten Ideenbildung als ein Rechtsprozess verstanden, der im Rahmen allgemein gültiger Vereinbarungen als Voraussetzung für den Einsatz der Fähigkeiten der Menschen im Wirtschaftsleben demokratisch geregelt werden müsste.[169]

Wie unter Kapitel 2.2.7 (Der Geldkreislauf als Rechtskreislauf) ausgeführt, finanziert sich das Einkommen grundsätzlich aus den auf den Fähigkeitseinsatz der Tätigen bezogenen Darlehen der Kreditbanken (Fähigkeitskredite) und ist nicht länger Resultat individueller Tauschvorgänge zwischen Arbeitgeber und Arbeitnehmer.

Diese Überlegungen haben auch heute an sozialer Brisanz nichts verloren, wie die jüngsten Debatten um den Mindestlohn oder z. B. auch die in der Schweiz angestrebte Volksinitiative für ein bedingungsloses Grundeinkommen deutlich machen.[170]

Moderne Menschen werden Einkommensdifferenzen im Verhältnis von 1 : 243[171] z. B. in den USA nicht länger akzeptieren. Dies gilt auch, wenn die aktuellen Managergehälter in Europa noch nicht diese amerikanische Größenordnung erreicht haben mögen; oder wenn ein diesbezügliches Referendum in der Schweiz 2013 noch nicht das intendierte Ergebnis einer deutlichen Begrenzung der Managergehälter gebracht hat.[172]

Einkommen als Voraussetzung für den kreativen Fähigkeiteneinsatz der Menschen scheint auf der historischen Tagesordnung zu stehen. Verantwortliche in Politik und Wirtschaft sollten sich rechtzeitig mit dem Gedanken vertraut machen, denn auf der Straße „rollt bereits der Rappen", wie anlässlich einer Kundgebung der Schweizer Grundeinkommensinitiative schön veranschaulicht wurde, bei der gleich ein ganzer Lastwagen glänzender Münzen vor dem versammelten Publikum ausgekippt wurde.

---

169 Aktion Dritter Weg, „Die Aktion Dritter Weg." in *Aufruf zur Alternative* (s. Anm. 6), Heft 1. S. 2.

170 Die Volksinitiative für ein bedingungsloses Grundeinkommen in der Schweiz wurde mit 126.408 Stimmen im November 2013 eingereicht, vgl. http://www.grundeinkommen.ch/, abgerufen 18.02.2015

171 Kreiß, *Profitwahn*. S. 44.

172 Die Volksabstimmung in der Schweiz zur Begrenzung der Managergehälter auf das Verhältnis 1:12 vom 24.11.2013 fand respektable 34,7 % Zustimmung, Die Bundesversammlung, „Volksabstimmung vom 24. November 2013: Vorläufige amtliche Endergebnisse, hier ‚1:12 – Für gerechte Löhne. Volksinitiative'.". http://www.parlament.ch/D/WAHLEN-ABSTIMMUNGEN/VOLKSABSTIMMUNGEN/VOLKSABSTIMMUNGEN-2013/ABSTIMMUNG-2013-11-24/Seiten/default.aspx (letzter Zugriff: 25. Februar 2015).

4 Der Eigentumsbegriff der Aktion Dritter Weg

4.1 Zusammenfassung

Wie eng auch immer die Entstehung einer bestimmten Ware oder Dienstleistung an individuelle Fähigkeiten gebunden sein mag, so ist sie letztlich doch nur durch das Zusammenwirken aller am Wirtschaftsprozess Beteiligten möglich geworden. Mithin entsteht gesellschaftlicher Wert – und damit auch das Eigentum an Realkapital – grundsätzlich aus gesamtgesellschaftlicher Kooperation, also der Zusammenarbeit aller Menschen, und kann deswegen nicht von den Interessen der Gesamtheit getrennt verwaltet werden. Dennoch erlaubt die heutige Rechtsstruktur des Eigentums an Maschinen, Anlagen, Gebäuden, Grund und Boden etc. eine von der erwirtschaftenden Gemeinschaft völlig unabhängige Verwendung der Betriebserträge, wie es Macht- und Unrechtsverhältnisse zwischen den arbeitenden Menschen im Betrieb ermöglicht und zementiert.

Der Eigentumsbegriff der Aktion Dritter Weg basierte hingegen auf der Idee, den individuellen Bezug des Kapitals zu den Fähigkeiten und damit die Verfügungsmöglichkeit von entsprechend befähigten Personen sicherzustellen, aber gleichzeitig die Machtposition des Eigentums und die damit verbundenen Probleme für die arbeitenden Menschen, die Gesellschaft und die natürlichen Lebensgrundlagen aufzuheben oder zumindest zu reduzieren. Die Aktion Dritter Weg hielt die genannten Bedingungen in einem fortlaufenden Kreislaufprozess der Kapitalrechte für gegeben, der immer wieder die jeweils dazu befähigten Personen mit den entsprechenden Verfügungsrechten zusammenbringt, Verfügungsrechte, die für die Dauer dieser Befähigung gelten. Durch eine sachgemäße Beschreibung und Handhabung des Geldkreislaufes in der Gesellschaft ist eine private Aneignung und Eigentumsbildung an Produktionsmitteln und Produktionskapital ausgeschlossen. Wie unter 1.2 gezeigt wurde, können Unternehmensüberschüsse nicht in privaten Besitz übergehen. Das heutige Privateigentum im Produktionsbereich wird durch Neutralisierung der mit dem Eigentum verbundenen Rechtsverhältnisse zu Treuhandeigentum. Es verhält sich (eigentums-)neutral, die Mittel gehören weder dem Einzelnen noch dem Staat.

4.2 Machtkonzentration durch Eigentum

Das private Eigentum an Maschinen, Anlagen, Werkzeugen, Grundstücken, Gebäuden etc. – kurz Realkapital[173] genannt – wird als ein selbstverständliches, durch das Grundgesetz garantiertes Gestaltungs- und Freiheitsrecht verstanden, welches nach herrschender Lehrmeinung die eigentliche Triebfeder der Wirtschaft und den Preis oder die „Be-Lohnung" für übernommene Verantwortung darstellt.[174] Nach landläufiger Ansicht würden ohne das Privateigentum und die damit verbundenen Profitmöglichkeiten unmittelbar alle Lichter ausgehen.[175] Dieser Auffassung, dass wirtschaftlich Gedeihliches nur unter der Herrschaft eindeutiger Eigentumsverhältnisse an Produktionsmitteln und Produktionskapital entstehen könne und Wirtschaftswachstum ohne klare Gesellschafter- und Gewinninteressen nicht möglich wäre, widerspricht exemplarisch die Nachkriegs-Geschichte eines der wichtigsten deutschen Unternehmen. Dieses Unternehmen verfügte nach Kriegsende weder über einen privaten noch einen öffentlichen Eigentümer. Dieser Umstand stand allerdings in keiner Weise einer positiven wirtschaftlichen Entwicklung im Wege, auch wenn jahrelang die anfallenden Dividenden auf den Bilanzposten *„To whom it may concern"* gebucht werden mussten. Die Rede ist vom Volkswagenwerk in Wolfsburg.[176]

---

[173] Vgl. Fußnote Nr. 112.

[174] „Ohne Privateigentum an den Produktionsmitteln gibt es keine Marktwirtschaft. Privateigentum und Marktwirtschaft hängen somit eng miteinander zusammen. / Privateigentum ist die Grundlage des Erwerbsstrebens in der Marktwirtschaft. Die Möglichkeit, Gewinne zu erzielen und Eigentum zu bilden, ist der stärkste Leistungsanreiz in der Marktwirtschaft. / Ohne die uneingeschränkte Verfügungsgewalt über die Produktionsmittel können die Unternehmer nicht selbstständig (autonom) planen. Sie werden dann auch nicht bereit sein, das Risiko im Wirtschaftsprozess zu übernehmen, so dass wichtige Investitionen unterbleiben." bankazubi. de, „Prinzip der Freien Marktwirtschaft.". http://www.bankazubi.de/wissenspool/artikel.php?opid=1&fachgebietid=10&katid=28&artikelid=109 (letzter Zugriff: 7. März 2014).

[175] Vgl. Fußnote Nr. 107 zu den gängigsten Argumenten gegen Christian Felber und die Gemeinwohlökonomie.

[176] „Die Einmaligkeit, mit der sich das Werk aus der allgemeinen Zerstörung wie ein Phönix aus der Asche erhob, erregte weltweite Bewunderung. Von der für die Wirtschaftswissenschaft bedeutungsvollen Tatsache, daß dieses Wunder ohne Eigentümer, ohne Aktionäre, ohne ihre Kontrolle und ohne ihre entscheidenden Direktiven sich ereignete, wurde nur insoweit Notiz genommen, als dies gleichsam nicht zur Kleiderordnung des Systems paßte. So war man in die peinliche Lage versetzt, Eigentümer suchen zu müssen und das gelang ja nach einigem Hin und Her in der bekannt gewordenen Weise. Man hätte wohl erwarten dürfen, daß sich gerade die Fachleute und die Hochschulwissenschaft dieses Falles angenommen hätten... Besagt es doch nicht weniger, als daß der Wirtschaftsprozeß sich gar nicht nach den geheiligten und tausendmal beschworenen privatkapitalistischen oder sozialistisch-kommunistischen Regeln vollzieht! Daß das Dogma vom unentbehrlichen privaten oder staatlichen Eigentü-

Auch wenn viele es zur Erhaltung des Wohlstandes für absolut unverzicht-
bar halten und sich eisern daran festklammern, hat das exponenziell anwach-
sende Eigentum an Immobilien, Unternehmensanteilen und Geldvermögen
nicht zuletzt auch in Deutschland besonders in den letzten Jahren zu massiver
Ungleichverteilung geführt und sorgt auf diese Weise für sozialen, ökologischen und wirtschaftlichen Sprengstoff in der Gesellschaft.[177]*„Die Privatvermögen in Deutschland sind sehr ungleich verteilt. So verfügen die Haushalte
in der unteren Hälfte der Verteilung nur über gut ein Prozent des gesamten
Nettovermögens, während die vermögensstärksten zehn Prozent der Haushalte
mehr als die Hälfte des gesamten Nettovermögens auf sich vereinen."*[178] Trotz
dieser hinlänglich bekannten massiven Ungleichverteilung von Eigentum und
Vermögen scheint eine Begrenzung oder Einschränkung des Eigentums nahezu unvorstellbar.[179]

4.2.1 Unrechtsverhältnisse im wirtschaftlichen Alltag

Neben der Gefahr für den sozialen Frieden durch die mit dem Eigentum verbundene Ungleichverteilung innerhalb moderner Gesellschaften sind gewichtige Probleme mit dem Eigentumsbegriff im konkreten Alltagsleben der
Menschen verbunden. Die Eigentumsordnung verursacht und erhält Macht-
strukturen in der Gesellschaft, welche insbesondere auf die Stellung des arbeitenden Menschen im betrieblichen Alltag bezogen sind. Es herrschen massive
Unrechtsverhältnisse durch faktische Rechtsungleichheit der Menschen untereinander.

---

mer, seiner unternehmerischen Initiative oder dirigierenden Macht nicht oder vielleicht nicht
mehr stimmt." Hans Georg Schweppenhäuser, *Macht des Eigentums: Auf dem Weg in eine
neue soziale Zukunft.* Radius Projekte 40 (Stuttgart: Radius, cop. 1970). S. 22.

[177] „Unsere bestehende Eigentumsordnung führt dazu, dass die Ungleichverteilung im Zeitver-
lauf strukturell immer mehr zunimmt, dass sich Kapital und Vermögen und damit wirtschaftliche Macht immer stärker in den Händen weniger konzentriert. Dies hat auf Dauer massive
negative Auswirkungen auf den sozialen Frieden, bzw. die Aufrechterhaltung der sozialen
Ordnung überhaupt." Kreiß, *Profitwahn.* S. 34.

[178] Bundesministerium für Arbeit und Soziales, Hrsg., *Lebenslagen in Deutschland: Der Vierte
Armuts- und Reichtumsbericht der Bundesregierung,* Stand: 17.09.2012 17:00 (Entwurf).
S. IX. Pikanterweise wurde im späteren Entwurf vom 21.11.2012 (S. XI) und in der veröffentlichten Version von März 2013 (S. XII) der Satz „Die Privatvermögen in Deutschland sind sehr ungleich verteilt. So ..." ersetzt durch „Zur Verteilung der Privatvermögen in
Deutschland liegen für den Berichtszeitraum Daten aus dem Jahr 2008 vor. Danach ..." Die
ursprüngliche Fassung scheint also „an entsprechende Bedürfnisse angepasst" worden zu
sein.

[179] Vgl. hierzu Thomas Piketty, *Das Kapital im 21. Jahrhundert* (München: Beck, 2014), S. 327.

Der Eigentumsbegriff ermöglicht anachronistische Über- und Unterordnungsverhältnisse; die Arbeitsbedingungen und damit die Spielregeln des täglichen Zusammenarbeitens im Betrieb können weitgehend selbstständig durch die Eigentümer von Produktionsmitteln und Realkapital bestimmt werden.

4.2.2 Machtausübung durch Verkauf von Unternehmen und Arbeitskräften

Grundsätzlich gilt es, bei der Betrachtung der Eigentumsfrage das persönliche Eigentum von betrieblichen Eigentumsformen strikt zu trennen. Persönliches Eigentum an Gegenständen zur persönlichen Nutzung ist sinnvollerweise der vollständigen Verfügungsfreiheit des Einzelnen zu überlassen. *„Gegenstände des persönlichen Gebrauchs und des individuellen Konsums muß ich nach Belieben behandeln, veräußern, ja zerstören dürfen. Es geht hier um eine abzugrenzende und zu schützende Privatsphäre, die die Gemeinschaft im wahrsten Sinne des Wortes ‚nichts angeht‘.“*[180]

Handelt es sich jedoch um betriebliches Eigentum an Produktionsmitteln, Fabrikgebäuden sowie Grund und Boden nimmt sich der Sachverhalt anders aus. *„Wo einzelne Menschen unternehmerisch über Produktionsmittel verfügen, da betätigen sie sich von vornherein sozial, entfalten ihre Fähigkeiten im sozialen Kontext“.*[181]

So argumentiert Dr. Christoph Strawe, profunder Kenner des Marxismus ebenso wie der Dreigliederungsidee Steiners, und führt weiter aus: *„Hier dürfte es kein Privateigentum im Sinne willkürlichen Schaltens und Waltens geben; denn Mitarbeiter im Unternehmen können doch kein Objekt persönlicher Verfügung, kein Eigentum sein!“*[182] Dies sind sie aber, wenn sie beim Verkauf eines Unternehmens wie Geräte und Maschinen mit an den neuen Eigentümer übergehen. Wie Benediktus Hardorp – Wirtschaftsprüfer und Autor diverser Bücher zu Steiners sozialen Ideen und deren Umsetzung in der Praxis – ausführt, sind Unternehmen soziale Systeme mit konkreten Mitarbeitern und klar bestimmten Aufgabenstellungen, über die nicht willkürlich entschieden werden kann.[183] Und genau deshalb kann ein solches Unternehmen als

---

[180] Christoph Strawe, „Sozialbindung des Eigentums: Das Spannungsverhältnis zwischen dem § 903 BGB und dem Artikel 14 des Grundgesetzes.“ in *Eigentum: Die Frage nach der Sozialbindung des Eigentums an Boden und Unternehmen,* hrsg. von Stefan Leber, 191–207, Sozialwissenschaftliches Forum Bd. 5 (Stuttgart: Verlag Freies Geistesleben, 2000). S. 194.

[181] Ebd. S. 195.

[182] Ebd. S. 195.

[183] „Das *Unternehmen ist ein soziales System* mit einer bestimmten, dem Nutzen anderer Menschen – der Kunden vor allem – verpflichteten Aufgabe." Benediktus Hardorp, Arbeit und

soziales System nicht einfach an den meistbietenden Interessenten verkauft werden, genau deshalb gilt es nach Auffassung der Aktion, das Eigentum an Produktionsmitteln und Produktionskapital in neue gemeinwohlorientierte Formen zu überführen.

Ein ähnliches Bild ergibt sich z. B. auch bei Rationalisierungsmaßnahmen, wenn vor oder nach Unternehmensverkäufen überflüssige „Kostenstellen" eingespart werden sollen. Für Hardorp sind das in der Regel Mitarbeiter, die nicht mehr als produktiv angesehen werden. *„Diese werden entlassen – und der Aktienkurs … ‚profitiert'. Die Mitarbeiter dagegen fühlen sich – durch einen solchen ‚Eigentümerwechsel' und insbesondere durch die folgende Trennung (Entlassung) – ganz schlicht ‚verkauft', zur* Ware, *das heißt zu dem gemacht, wofür die Shareholder das Unternehmen schon immer gehalten haben. Es findet ‚Menschenhandel' statt – nur nicht mehr in der schlichten Form einzelner Menschen (Leibeigene oder Sklaven), das wäre zu einfach, sondern mit Menschen, die in* soziale Systeme *wie Aktiengesellschaften usw. eingebunden sind, …"*[184]

So können Eigentumswechsel massive Entlassungen nach sich ziehen und diejenigen Mitarbeiter, die im Unternehmen verbleiben dürfen, haben die Last, den vom neuen Eigentümer bezahlten Kaufpreis wieder hereinzuwirtschaften.[185] Die Erwirtschaftung der aufgewendeten Kosten für den Erwerb des betreffenden Unternehmens stellen eine große Hypothek für Management und Belegschaft dar und beeinträchtigen eindeutig die durch den Privatbesitz an Produktivkapital proklamierte unternehmerische Freiheit.

> *„Der Nachfolger, wenn er selber Unternehmer ist, wird in seiner unternehmerischen Freiheit beengt. Wo die Neueigentümer das Unternehmen nur als Renditeobjekt erworben haben, müssen ihnen Management und Mitarbeiter den Kaufpreis wieder herauswirtschaften, was eine Beschränkung ihrer unternehmerischen Handlungsmöglichkeiten darstellt."*[186]

Kapital als schöpferische Kräfte: Einkommensbildung und Besteuerung als gesellschaftliches Teilungsverfahren. Schriften des Interfakultativen Instituts für Entrepreneurship (IEP) der Universität Karlsruhe (TH) 16 (Karlsruhe: Universitätsverlag, 2008). http://digbib.ubka.uni-karlsruhe.de/volltexte/1000008461. S. 198.

[184] Ebd. S. 195.

[185] „Die einen werden in dieser Lage weggeschickt, die anderen müssen helfen, den neuen Eigentümern den ‚angelegten' Kaufpreis durch Ertragssteigerungen ihres Unternehmens (‚Restrukturierungen') ‚reinzuholen'." ebd. S. 195.

[186] Christoph Strawe, „Sozialbindung des Eigentums: Das Spannungsverhältnis zwischen dem § 903 BGB und dem Artikel 14 des Grundgesetzes." in *Eigentum* (s. Anm. 181). S. 201.

Nachdem bei einem Verkauf von Eigentumsanteilen an Unternehmen durch den Alteigentümer in der Regel maximale Erträge in Form eines möglichst hohen Kaufpreises erzielt werden sollen, spielen ökologische, wirtschaftliche und sozial sinnvolle Lösungen zur Übergabe eines Unternehmens üblicherweise keine besondere Rolle. Ein Sachverhalt, der den Arbeitsalltag der Beschäftigten eines solchen zum Verkauf stehenden Unternehmens massiv beeinträchtigt und im Übrigen dafür verantwortlich ist, wenn Produktion und Dienstleistung am maximalen Ertrag, statt an maximalem Kundennutzen orientiert wird. Dies gilt besonders auch in Anbetracht der Tatsache, dass die den Verkaufspreisen zugrunde gelegten Unternehmensbewertungen in der Regel an der Ertragskraft des jeweiligen Unternehmens und damit an zukünftig zu erzielenden Überschüssen des Unternehmens berechnet werden. Diese spekulative Bewertung im Besonderen ebenso wie der Handel mit Unternehmensanteilen im Allgemeinen stellt für Hardorp „eine *Art Terminhandel mit* (noch nicht erbrachten) *Zukunftsleistungen von Menschen in diesem Unternehmen dar*".[187]

Unter diesen Vorzeichen nimmt der Verkauf von Firmen inklusive Maschinen und Mitarbeitern noch deutlich problematischere Züge an. Natürlich wirken die für Unternehmensanteile auf Grundlage von „Vorwegbewertungen" bezahlten Beträge „*auf dessen soziales System zurück, das die vorweg erworbenen (bereits bezahlten) Leistungen in der Folgezeit erst noch erbringen muß und daher entsprechend ‚rentierlich' sein muß; letzteres prägt dann die Arbeitsbedingungen nach Unternehmenskäufen neu.*"[188] Hardorp kommt nicht zuletzt auf Grundlage seiner jahrzehntelangen Erfahrung als Steuerberater und Wirtschaftsprüfer zu dem eindeutigen Ergebnis: „Mit solchen Zukunftsleistungen von Menschen darf nicht vorab (auf Termin) ‚spekuliert' werden …"[189] Dies weil sonst die Betroffenen von der Entscheidung über die Ertragsteilung der von ihnen miterzeugten Werte ausgeschlossen werden und im Übrigen ohnehin nicht auf den zukünftigen Einsatz von Fähigkeiten der Mitarbeiter spekuliert werden kann.

Auf jeden Fall bleibt festzuhalten, dass hier Rechte veräußert werden, „indem Verfügungsrechte durch Verkauf übertragen werden, (es) wird im Grunde

---

[187] Benediktus Hardorp, „Das Kapital des Unternehmens und seine Bedeutung." in *Eigentum: Die Frage nach der Sozialbindung des Eigentums an Boden und Unternehmen,* hrsg. von Stefan Leber, 211–219, Sozialwissenschaftliches Forum Bd. 5 (Stuttgart: Verlag Freies Geistesleben, 2000). S. 215.

[188] Ebd. S. 215f.

[189] Ebd. S. 216.

das Recht selber zur Ware gemacht".[190] Genau hier gilt es, innerhalb zukünftiger Sozialgestaltungen dafür zu sorgen, dass alles dasjenige, was nicht im Wertschöpfungsstrom erzeugt und dadurch für den menschlichen Konsum bestimmt ist, auch nicht zur Ware gemacht werden kann. *„Aber so wenig wie der* Grund und Boden, *der ja nicht von Menschen geschaffen wurde,* handelbare Ware *sein darf, so wenig die menschliche Arbeitskraft, in der sich biographisch eine menschliche Individualität ausdrückt, Ware auf dem ‚Arbeitsmarkt' sein darf, so wenig dürfen* Unternehmen wie handelbare Ware, *die sie letztlich auch nicht sind, behandelt werden.* "[191]

Insgesamt zementiert der geltende Eigentumsbegriff bestehende Machtverhältnisse und fördert die Ausplünderung des Planeten durch den von der Gesellschaft nicht kontrollierten Einsatz der Produktivkräfte und die Möglichkeit der beliebigen Ausbeutung von natürlichen Ressourcen. Außerdem erlaubt der Eigentumsbegriff eine von der erwirtschaftenden Gemeinschaft unabhängige private Verwendung der Betriebserträge und Unternehmensgewinne, ein Sachverhalt der gesellschaftlich längerfristig nicht weiter toleriert werden wird.

4.2.3   Eigentum und Integrales System

Entgegen diesen mit dem Eigentum verbundenen Problemen hat sich, wie in den vorhergehenden Kapiteln dargestellt, im Laufe der Jahre ein sogenanntes *Integrales Systems* herausgebildet, durch welches die gesamte Weltwirtschaft zu einem Gesamtsystem völliger gegenseitiger Abhängigkeiten verschmolzen ist.

Die Entwicklung dieses integralen Systems hat selbstverständlich auch Rückwirkung auf die Eigentumsverhältnisse in der Gesellschaft. Die Unternehmer setzen zwar unter Umständen eigenes (Spar-)Kapital ein, ebenso verwenden sie jedoch von der Gesellschaft hervorgebrachtes Kapital. *„Die Unternehmen profitieren in vollem Umfang von der gesellschaftlich geschaffenen ökonomischen, sozialen und kulturellen Infrastruktur."* [192]

Moderne Unternehmen verdanken ihre Gewinne ganz wesentlich bestimmten Erfindungen und Technologien, die sie nutzen, jedoch nicht immer selbst entwickelt haben. Bekanntlich beruhen z. B. das Internet und andere wichtige Basisinnovationen im Bereich der Digitalisierung auf wichtigen

---

190   Christoph Strawe, „Sozialbindung des Eigentums: Das Spannungsverhältnis zwischen dem § 903 BGB und dem Artikel 14 des Grundgesetzes." in *Eigentum* (s. Anm. 181). S. 202.
191   Hardorp, *Arbeit und Kapital als schöpferische Kräfte.* S. 201.
192   Löbl, *Wirtschaft am Wendepunkt.* S. 49.

Grundlagenforschungen und Investitionen in Milliardenhöhe durch den Staat. So weist z. B. auch Mariana Mazzucato, Professorin für Wissenschafts- und Technologiepolitik, darauf hin, welch herausragende Bedeutung ein aktiver und investierender Staat für Innovation und Wachstum hat. Am Beispiel des Unternehmenserfolgs von Apple ebenso wie anhand der Industrie für erneuerbare Energien konnte sie anschaulich dokumentieren, wie Staatsinvestitionen für die Entwicklung ganz neuer Märkte sorgen. Nicht die Investitionen einzelner Unternehmer spielen also bei wichtigen gesellschaftlichen Innovationen die zentrale Rolle, sondern die Investition der Gesellschaft über staatliche Forschungsvorhaben, Förderprogramme, Subventionen und vieles andere mehr.[193]

Neben dieser direkten Förderung der Betriebe durch staatliche Mittel greifen Unternehmer auch durch die qualifizierte Ausbildung ihrer Mitarbeiter im großen Stil auf Investitionen vorausgegangener und jetziger Generationen zurück. Diese Ausbildung an Schulen und Hochschulen stellt eine zentrale Voraussetzung für wirtschaftliche Leistungen dar, ohne die echte Innovation nicht vorstellbar wäre.

Damit werden alle Unternehmen permanent mit gesamtgesellschaftlichem Kapital gespeist und es ergibt sich ein fundamentaler Widerspruch zwischen den Entstehungsbedingungen wirtschaftlicher Werte aus wirtschaftlicher Zusammenarbeit und der individualistischen und privatisierten Rechtssubstanz des Eigentumsbegriffes in modernen Volkswirtschaften andererseits.

Nachdem jede einzelne produktive Einheit von allen anderen wirtschaftlichen Leistungsträgern abhängt und jede Leistung aufs engste mit jeder anderen Leistung verbunden und integral vernetzt ist, kann diese weder funktional noch eigentumsrechtlich als autonom und selbstständig hinsichtlich der Entstehung und Aneignung von Eigentum betrachtet werden. Deshalb ist ein Eigentumsrecht, welches dem Unternehmer die Alleinentscheidung über das Produkt, seine Qualität und Quantität überlässt, im Kern anachronistisch. Das Gleiche gilt für die Alleinverfügung über die Eigentumsrechte, denn ein solches Rechtsverhältnis setzt einen autonomen Eigentümer voraus, der in einem System auf sich gestellter, unabhängig voneinander funktionierender Wirtschaftseinheiten arbeitet. Diese Wirtschaftsstruktur gehört allerdings der Vergangenheit an.

Auch wenn die Entstehung von Waren und Dienstleistungen immer mit individuellen Fähigkeiten verbunden und konkreter unternehmerischer Einsatz und Kreativität gefordert ist, so sind Wirtschaftswerte doch nur durch das

193   Mariana Mazzucato, *Das Kapital des Staates: Eine andere Geschichte von Innovation und Wachstum* (Frankfurt am Main [u. a.]: Büchergilde Gutenberg, 2014).

Zusammenwirken aller am Wirtschaftsprozess Beteiligten entstanden.[194] Jede wirtschaftliche Initiative basiert auf bereits verwirklichten Ideen und Konzepten der gesamten technisierten und automatisierten Industrie. Alle Produkte und Produktionsmittel basieren auf einer gesamtgesellschaftlich entstandenen *„technischen Intelligenz"*, womit bei jeder Erfindung, bei jedem Werkzeug und bei jedem neuen Produkt stets ein Teil der allgemeinen technischen Entwicklung mit enthalten ist. Hieraus kann gefolgert werden, dass wirtschaftliche Unternehmen immer auch als Leistung der gesamten Gesellschaft zu betrachten sind, eben weil die Entwicklung dieser technischen Intelligenz eine Gesamtleistung der ganzen Menschheit darstellt. Wirtschaftliche Leistung ist damit nur durch den globalen Einsatz der gesamten weltweiten technischen Intelligenz und des technischen Wissen in allen Produktionsmitteln und Waren denkbar. Überall sind die Resultate der Naturwissenschaften, sind technische Ideen und technisches Wissen integraler Bestandteil aller Leistungen, ohne die keine Wertentstehung vorstellbar wäre. Deshalb muss die Allgemeinheit als „Autorin" („Lizenzgeberin") der Produktionsmittel und Teilhaber an der gesamten eingesetzten technischen Intelligenz in geeigneter Form (mit-)verwertungsberechtigt sein.[195]

Der Fortschritt der Naturwissenschaften spielte bei der wirtschaftlichen Wertschöpfung eine entscheidende Rolle. Angewandtes Wissen, in immer wieder neuen und effektiveren Produktionsmitteln zum Einsatz gebracht, bewirkt wachsenden technischen Fortschritt. Der an dieser Stelle von Franziskus M. Ott entwickelte Argumentationszusammenhang erinnert nicht nur an die Überlegungen Eugen Löbls zum Themenkreis des Integralen Systems, sondern explizit auch an dessen Theorie von der *Lukroaktivität* der Wissenschaft.[196]

---

[194] „So eng auch die Hervorbringung eines rein geistigen Gutes an die individuelle Begabung des einzelnen gebunden ist: es ist dieses Gut zugleich ein Ergebnis des sozialen Zusammenlebens und muß in dieses im rechten Augenblicke übergeleitet werden. Nicht anders aber steht es mit anderem Eigentum. Daß mit dessen Hilfe der einzelne im Dienste der Gesamtheit produziert, das ist nur möglich im Mitwirken dieser Gesamtheit. Es kann also das Recht auf die Verfügung über ein Eigentum nicht von den Interessen dieser Gesamtheit getrennt verwaltet werden." Steiner, *Die Kernpunkte der sozialen Frage in den Lebensnotwendigkeiten der Gegenwart und Zukunft.* S. 76f.

[195] „Wir sind heute gezwungen, industrielle Unternehmen als Leistung der ganzen Gesellschaft zu betrachten, weil die Entwicklung der technischen Intelligenz eine Gesamtleistung der Menschheit ist. Die Gesellschaft erscheint als eigentliche Autorin der Produktionsmittel – ganz im Gegensatz zu früher, als sich der Mensch seine Werkzeuge selber schuf bzw. das Werkzeug-Herstellen an das Handwerk überging. Ott, *Befristetes Eigentum als Resultat empirischer Rechtsanschauung.* S. 139.

[196] „In allen von Menschen hergestellten oder geschaffenen Gegenständen steckt ein bestimmter Gedanken-, Ideen- oder Phantasiegehalt. Bei der technischen Erfindung war dies die technische Idee. Die gesamte Technik ist nichts anderes als das ins physische umgesetzte techni-

Jeder Wirtschaftswert und damit auch das heute noch in Privatbesitz befindliche Eigentum an Produktionsmitteln entsteht in letzter Konsequenz grundsätzlich immer nur aus gesamtgesellschaftlicher Kooperation aller am Wirtschaftsprozess Beteiligten und kann deswegen „nicht von den Interessen dieser Gesamtheit getrennt verwaltet werden".[197] Demzufolge hat Eigentum der Gesellschaft zu dienen und muss in der effektivsten und kreativsten Weise für die Allgemeinheit verwaltet werden.

Wie ausgeführt ist für Löbl aus den objektiven Entstehungsbedingungen des gesellschaftlichen Mehrwertes eine private Aneignung von Realkapital[198] nicht gerechtfertigt und daher in Zukunft gesellschaftlich nicht länger darstellbar. Die Produktionsmittel können für ihn demzufolge sachgemäß grundsätzlich nur in einer Form *gesamtgesellschaftlichen Treuhandeigentums* verwaltet werden.[199] Jede andere private Form der Verwaltung entspricht nicht dem Charakter, den die Produktionsprozesse in der neueren Wirtschaftsgeschichte angenommen haben.

4.2.4   Immaterialgüterrecht und Eigentum an Produktionsmitteln

Franziskus M. Ott knüpft mit seinen Überlegungen zum Eigentumsbegriff bei klassischen Rechtsgrundsätzen zum Immaterialgüter-Recht an. Für Copyright und Patentschutz gilt der bekannte (Rechts-)Grundsatz, dass alle technischen Ideen und Erfindungen immer das technische Wissen der ganzen Gesellschaft enthalten, woraus eine Befristung des diesbezüglichen Verwertungsschutzes eines einzelnen Hervorbringers aus den Interessen der Gesellschaft folgt. Aus diesem Grunde gehen Copyrights, Patente etc. nach einer gewissen Zeit an die Allgemeinheit über.[200] Es folgt damit ein bestimmter Anspruch der Allgemeinheit durch das in den Immaterialgütern enthaltene technische Wissen und technische Know-how, welches immer die Leistung der gesamten Gesellschaft darstellt und auch als solches verstanden wird. Dieser Anspruch kommt nach

---

sche Wissen, wie es sich vor allem seit dem Heraufkommen der Naturwissenschaften entwickelt hat. In den einzelnen Produktionsmitteln steckt dieses technische Wissen drinnen, das mit dem technischen Fortschritt immer mehr zunimmt und demzufolge auch immer modernere Produktionsmittel hervorbringen kann." ebd. S. 129f.

[197]   Steiner, *Die Kernpunkte der sozialen Frage in den Lebensnotwendigkeiten der Gegenwart und Zukunft.* S. 77.

[198]   Vgl. Fußnote Nr. 112.

[199]   Löbl, *Wirtschaft am Wendepunkt.* S. 49ff.

[200]   Ott, *Befristetes Eigentum als Resultat empirischer Rechtsanschauung.* Siehe S. 131.

geltendem Recht in der Regel eben durch die genannte Befristung des geistigen Eigentums zum Ausdruck.[201]

Nun sind Produktionsmittel und Produktionsgüter ebenfalls Ausdruck genau dieses allgemeinen technischen Wissens, weshalb bereits aus formalen Gründen hier eine Befristung auch des materiellen Eigentums an Produktionsmitteln angezeigt wäre. Nachdem die Gesellschaft im umfassenden Sinne die *„eigentliche Autorin"* der Produktionsmittel darstellt, gilt für Ott – wenn auch mit anderen Konsequenzen als für das Immaterialgut – die sachliche Notwendigkeit einer geeigneten Befristung der Verfügung über das Eigentum.[202]

Neben diesem Aspekt der Mitwirkung der gesamten Gesellschaft durch die Hervorbringung, Vermittlung und Weiterentwicklung von technischem Wissen legen weitere Gesichtspunkte eine Befristung und Begrenzung des Eigentums an Produktionsmitteln nahe. Die Produktionsmittel zeichnen sich vor allem auch durch ihren „funktionellen Wert" aus, der darin besteht, dass sie als Produktivgüter der Warenherstellung dienen und neue Werte schaffen. Dieser funktionelle Wert ergibt sich aus der den Produktionsmitteln immanenten technischen Intelligenz, die ihrerseits aus den vielfältigen Ideen, technischem Wissen und Wissenschaftsergebnissen resultiert, welche die Entstehung eines solchen Produktionsmittels überhaupt erst ermöglicht haben.[203]

Damit allerdings Wirtschaftswerte entstehen können, ist die Arbeit und die Intelligenz der im Wirtschaftsleben arbeitenden Menschen im Umgang mit den Produktionsmitteln erforderlich. Insofern Arbeit und Intelligenz der Sache nach unverkäuflich sind, jedoch den entscheidenden Faktor bei dem Einsatz der Produktionsmittel und dem Produktionsablauf darstellen, können auch die Produktionsmittel durch ihren funktionellen Wert nicht verkäuflich sein und damit unbefristetes und uneingeschränktes Eigentum darstellen.[204] Hieraus folgt für Ott aus rechtssystematischen Gründen die Unveräußerbarkeit und Unvererbbarkeit der Produktionsmittel. Werden diese nämlich verkauft oder vererbt, so geschieht dies unabhängig von der Fähigkeit des Erwerbers, Arbeit und Intelligenz entsprechend einsetzen zu können.[205] Außerdem ermöglicht unbefristetes Eigentum, durch die Kopplung des materiellen Besitzes von Maschinen, Anlagen und Werkzeugen an die individuellen Arbeitsleistungen der Mitarbeiter, die Ausübung von Macht durch den jeweiligen Besitzer der Produktionsmittel. Mitarbeiterschaften, Arbeit und Intelligenz werden im Ver-

---

[201] Ebd. S. 138.
[202] Ebd. S. 139.
[203] Ebd. S. 129.
[204] Ebd. S. 144.
[205] Ebd. S. 144ff.

äußerungs- oder Vererbungsfall schlicht mitverkauft bzw. -vererbt. Aus diesem Begründungszusammenhang und unabhängig von bestehenden Rechtsordnungen kann weder die Veräußerung noch die Vererbung aus den Entstehungsbedingungen der Produktionsmittel gerechtfertigt werden.

Aus diesen Gründen müssen Produktionsmittel der Sache nach gemeinschaftlich betrieben und benutzt werden. Dies, damit über die sachenrechtliche Beziehung des Eigentums am Produktionsmittel kein Herrschaftsanspruch auch gegenüber den Mitarbeitern abgeleitet werden kann und die Verfügung über die materielle Seite der Produktionsmittel zugleich auch für die funktionelle Seite gilt und damit über Arbeit und Intelligenz herrscht.[206] Die Konsequenz liegt in der Unveräußerbarkeit und Unvererbbarkeit der Produktionsmittel. Werden diese dennoch verkauft, so geschieht dies u. U. unabhängig von der Fähigkeit des Erwerbers oder Erben, die wesentlichen Faktoren der Arbeit und der Intelligenz entsprechend einzusetzen.[207]

4.2.5 Anforderungen an das Eigentum

Es sind deshalb aus den realen Wirtschaftsverhältnissen und der faktischen Entstehung wirtschaftlicher Werte bestimmte Anforderungen an die Handhabung der Verfügungsrechte über Produktionsmittel und Produktionskapital zu stellen, vor allem hinsichtlich der Gewährleistung maximaler gesellschaftlicher Effizienz. In Anbetracht knapper werdender Ressourcen und der Verpflichtung, der Nachwelt eine einigermaßen intakte Umwelt und ausreichend Rohstoffe zu hinterlassen, muss jede weitere Verschwendung und jeder Raubbau konsequent unterbleiben. Es gilt, mit maximaler Effizienz zu wirtschaften und dabei menschliche und natürliche Ressourcen weitestgehend zu schonen. Diese maximale wirtschaftliche Effizienz wird allerdings nur erreicht, wenn die Handhabung der Verfügungsrechte eine optimale Entfaltung der Fähigkeiten garantiert und diese nicht etwa (staats-)bürokratisch unterbindet und die menschliche Kreativität unterminiert. Diese Anforderungen gilt es auf Grundlage gesellschaftlicher Beratungen und (demokratischer) Entscheidungen unter strikter Wahrung der rechtlichen Stellung des Menschen im Arbeitsprozess umzusetzen. Die bloße Möglichkeit ungerechtfertigter Machtentfaltung des Menschen gegenüber dem Menschen kann der Sache nach nicht Gestaltmerkmal zukünftiger Betriebsverfassungen sein.

Die Rechtssubstanz des heute herrschenden Eigentumsverständnisses und das damit verbundene vollständige Verfügungsrecht, nicht zuletzt auch in

---

[206] Ebd. S. 148.
[207] Ebd. S. 145.

Bezug auf die Möglichkeit der Veräußerung der Produktionsmittel, schafft eine Rechtssituation der Übermacht des Kapitaleigners über die Mitarbeiter eines Unternehmens. Diese Übermacht führt zu faktischer Rechtsungleichheit und damit notwendig zu sozialem Unfrieden. Persönliche Anmaßung, Mobbing, willkürliche Benachteiligung und vielfältige Formen der Unterdrückung der Nichteigner durch die Vertreter des Kapitals sind an der Tagesordnung. Es geht deshalb um die Entwicklung eines Eigentumsmodells, welches den individuellen Bezug der Kapitalien zu den Fähigkeiten garantiert, aber die damit verbundene Unrechtslage der arbeitenden Menschen durch die eigentumsbedingte Übermacht der Eigentümer aufhebt.[208]

4.2.6 Eigentum und Fremdkapital

Eine weitere wichtige Einschätzung der Eigentumsfrage ergibt sich aus der Untersuchung der Frage, wo eigentlich das Kapital für die Gründung einer Firma herkommt, woher entsprechende Besitz- und Anspruchsverhältnisse wirtschaftsfaktisch stammen. Wie *Folkert Wilken* in einem bereits 1958 erschienenen Zeitungsartikel[209] beschreibt, kann das für die Begründung oder den Erwerb eines Unternehmens erforderliche Kapital entweder selbst erarbeitet, geerbt oder geschenkt worden sein. Im Regelfall allerdings wurde ein solches Gründungskapital als Darlehen zur Verfügung gestellt, damit entsprechend aus dem allgemeinen Wirtschaftsprozess *abgesondert,* innerhalb welchem es als soziales Erzeugnis der Zusammenarbeit *aller* entstanden ist.

Aus diesem gesamtwirtschaftlich entstandenen und damit gesellschaftlich zu verantwortenden Entstehungsprozess des eingesetzten Kapitals folgert Wilken die Unmöglichkeit für den Unternehmer, ausschließlich und gegebenenfalls auch missbräuchlich mit diesem Kapital zu verfahren. Er konstatiert im Gegenteil eine explizite Verantwortung des Unternehmers gegenüber der Gesellschaft und definiert das Eigentum an Produktionsmitteln und Betriebsvermögen als *Verantwortungseigentum,* welches sachgemäß einer neuen Rechtsgestaltung bedarf, die „... *sowohl das Recht der Allgemeinheit auf einen sinnvollen Einsatz wie auch die Pflicht des Unternehmers zu diesem regelt, die andererseits aber auch das Recht auf die völlige Freiheit, das Kapital im Rahmen seiner Verantwortung zu verwenden, wie er es seinen Fähigkeiten*

---

208 Steiner, *Die Kernpunkte der sozialen Frage in den Lebensnotwendigkeiten der Gegenwart und Zukunft.* S. 76f.
209 Folkert Wilken, „Der Kampf um das Eigentum: Neue Wege einer zeitgemäßen Eigentumsgestaltung." *Die Kommenden,* 10. Juli 1958. S. 3.

entsprechend für richtig hält, und dem dann entspricht die Pflicht der Allgemeinheit, in diese Freiheit nicht einzugreifen."[210]

Eine ähnliche Argumentation findet sich bei *Michael Heinen-Anders,* demzufolge der Privateigentümer von Produktionsmitteln und Produktionskapital im Regelfall ohnehin nur das Verfügungsrecht über das Aktiv-Vermögen einer Gesellschaft besitzt, jedoch lediglich über eine Minorität am Passiv-Kapital einer Firma verfügt. Die im Regelfall vorhandenen erheblichen Fremdkapitalpositionen machen denselben zum Schuldner seiner Fremdkapitalgeber (Gläubiger) ebenso wie zum Schuldner gegenüber der Gesellschaft, letzteres wegen deren materiellen und immateriellen Vorleistungen. Wobei auch im Falle der Kapitalbeschaffung über „private" Fremdkapitalgeber in Form von Einzelpersonen, Beteiligungsunternehmen oder Banken immer auch der Anteil der Allgemeinheit durch entsprechende Vorleistungen im Sinne der dargestellten Überlegungen zum Integralen System zu beachten sein wird.[211]

Dies stellt den absoluten Verfügungsanspruch des Kapitaleigners an Unternehmen deutlich in Frage, denn in der Tat bedeutet ein Fremdkapitalanteil der deutschen Wirtschaft in Höhe von ca. 80 % eine hohe diesbezügliche Abhängigkeit der Einzelunternehmer gegenüber ihren jeweiligen Kapitalgebern. Faktisch besteht unter diesen Voraussetzungen ohnehin auch operativ keine

---

[210] „Nehmen wir einen Menschen an, der einen unternehmenden Geist besitzt und sich für die Gründung einer Unternehmung das notwendige Geldkapital verschafft hat. Dieses Geldkapital kann er selbst erarbeitet, geerbt, geschenkt erhalten haben. Das aber sind Ausnahmen. Der Regelfall ist, daß er es sich geliehen hat. In jedem Falle ist aber ein solches *Kapitalgeld* etwas, was aus dem allgemeinen Wirtschaftsprozeß *abgesondert* worden ist und dem Unternehmer in irgendeiner Form übertragen wurde. Man kann sagen: Dieses Geldkapital ist ein soziales Erzeugnis, und aus diesem Grunde hat die Allgemeinheit ein Interesse daran, daß es ökonomisch richtig verwendet und nicht vergeudet wird. Das bedeutet, daß der betreffende Unternehmer der Allgemeinheit gegenüber für die richtige Anwendung seines Geldkapitals *verantwortlich* ist. Das hat zur Folge, daß dem Unternehmer nicht ein ausschließliches, d. h. unbeschränktes Eigentum am Kapital zustehen kann, das ihm erlauben würde, mit diesem Kapital zu machen, was er will. Das Eigentum des Unternehmers am Kapital beschränkt sich auf eine *Eigentumsbeziehung,* deren Inhalt *die Verantwortung gegenüber der Allgemeinheit* ist. Diese Verantwortung schließt jede mißbräuchliche Verwendung aus. Eine solche durch die soziale Verantwortung begrenzte Eigentumsbeziehung des Unternehmers zum Unternehmungskapital, kurz: das *Verantwortungseigentum* des Unternehmers an diesem Kapital bedarf einer exakten Rechtsgestaltung, welche sowohl das Recht der Allgemeinheit auf einen sinnvollen Einsatz wie auch die Pflicht des Unternehmers zu diesem regelt, die andererseits aber auch das Recht auf die völlige Freiheit, das Kapital im Rahmen seiner Verantwortung zu verwenden, wie es seinen Fähigkeiten entsprechend für richtig hält, und dem dann entspricht die Pflicht der Allgemeinheit, in diese Freiheit *nicht einzugreifen.*" ebd.

[211] Vgl. das Kapitel „Kapitalneutralisierung als Dreigliederungsaufgabe: Eine interdisziplinäre betriebswirtschaftliche Studie" in Michael Heinen-Anders, *Aus anthroposophischen Zusammenhängen,* 2., erheblich erw. und überarb. Aufl. (Norderstedt: Books on Demand, 2010).

110

ausschließliche Verfügungsmöglichkeit des Unternehmers über „seine" Produktionsmittel und Kapitalien, die Kapitalgeber behalten sich in der Regel ein klares Mitspracherecht bei substanziellen Entscheidungen vor. Der Einzelunternehmer ist im Regelfall also mehr Schuldner als Eigentümer! Er ist nicht nur sich selbst und seinen Geldgebern gegenüber im Obligo, sondern wie gezeigt, aus Gründen des *Integralen Systems*, auch der ganzen Gesellschaft verpflichtet!

Grundsätzlich betrachtet kann mit diesen Überlegungen zumindest eine allgemeine Sozialbindung aus den Entstehungsbedingungen betrieblichen Kapitals und Vermögens abgeleitet und begründet werden, welche eine von der „kreditierenden" Gemeinschaft komplett unabhängige Verwendung und Verwertung von Produktionsmitteln und Produktionskapital der Sache nach nicht rechtfertigt.

4.2.7   Staatseigentum an Produktionsmitteln

Eine zukunftsorientierte Lösung der Eigentumsfrage musste für die Aktion Dritter Weg auf alle Fälle die Freisetzung der unternehmerischen Fähigkeiten garantieren. Genau diese zentrale Anforderung wurde z.B. für das Verständnis der Aktion Dritter Weg innerhalb staatssozialistischer Gesellschaftsmodelle nicht erfüllt. Zentralistisch geprägte Verwaltungsformen führen eher zu einer „Lähmung der individuellen menschlichen Fähigkeiten"[212], besonders dann, wenn die Verwaltung der Wirtschaft und der menschlichen Fähigkeiten durch den Staat besorgt wird. Der Staat als abstrakte Größe ist nicht geeignet, die Funktion des Eigentümers und damit die des Letztverantwortlichen für das Eigentum an Produktionsmitteln auszuüben.

Dies gilt, weil der Staat institutionell wie auch funktional zu weit von dem konkreten Eigentum entfernt ist, als dass sich konkrete und bindende Verantwortlichkeiten daraus ergeben könnten. Der Umstand, dass eine Fabrikanlage oder eine bestimmte Maschine dem Staat und damit theoretisch *allen* gehört, führt dazu, dass praktisch keine konkrete Einzelverantwortung übernommen wird, weil keinerlei persönlicher Bezug zwischen Produktivkapital und den tätigen Menschen entstehen kann. Niemand kümmert sich in Folge in dem umfassenden Sinne, wie dies durch den klassischen Privateigentümer aus persönlichem Eigeninteresse geschah, um ein solches verstaatlichtes Eigentum. Im Gegenteil, es fördert diese Verwaltungsform – wie viele Jahre staatssozialistischer Praxis in unterschiedlichen Ländern zeigen – Desinteresse und Be-

---

[212]   Steiner, *Die Kernpunkte der sozialen Frage in den Lebensnotwendigkeiten der Gegenwart und Zukunft.* S. 68.

ziehungslosigkeit, was in der Folge notwendigerweise in geringer Effizienz zum Ausdruck kommt.[213]

Lediglich strenge und zwangsweise verordnete Aufsicht sowie permanente Kontrolle und Überwachung könnte einen gewissen Schutz des Eigentums in Staatsbesitz ermöglichen, wie dies z. B. im Kontext militärischer Materialverwaltung umgesetzt werden kann. Diese Überwachung allerdings ist der Entfaltung der menschlichen Kreativität und der individuellen Fähigkeiten in keiner Hinsicht förderlich.

Außerdem sollten sich nach Auffassung der Aktion Dritter Weg Produktionsmittel und Realkapital sachgemäß gehandhabt schon deswegen nicht in Staatsbesitz befinden, weil die originäre Aufgabe des Rechtsstaates, nämlich die Wahrung der Rechte der arbeitenden Menschen, nicht mit dem Kapitaleigentum und damit der Arbeitgeberfunktion gekoppelt sein darf. Betrachten wir es als die vornehmste Aufgabe des Rechtsstaates, den Schutz des Menschen vor ungerechtfertigten Übergriffen, Ausbeutung und Missbrauch zu gewährleisten, dann muss sich diese *Rechtsschutzaufgabe* natürlich auch und vor allem auf die Arbeitswelt beziehen.

Gerade hier gilt es, den Menschen vor ungezügelter Machtentfaltung auch von Unternehmensleitungen zu schützen, und deshalb darf die Aufgabe des Eigners der Produktionsmittel nicht mit der Aufgabe des Rechtsschutzes verbunden sein: Die jeweiligen Funktionsprofile schließen sich gegenseitig aus.[214]

4.2.8 Preis, Wettbewerb und Eigentum

Nach herkömmlichen wirtschaftswissenschaftlichen Vorstellungen ist der durch den Wettbewerb gebildete Preis der wesentlichste Indikator für das von „unsichtbarer Hand" gesteuerte Wirken von Angebot und Nachfrage zum Zwecke der Befriedigung des Bedarfs der Konsumenten. Konkrete Bedarfsdeckung soll nach diesen Vorstellungen aufgrund der Entwicklung der Preise möglich

---

[213] Vgl. hierzu Ausführungen von Rudolf Bahro, *Die Alternative: Zur Kritik des real existierenden Sozialismus.* Rororo 7331 (Reinbek bei Hamburg: Rowohlt, 1980). und Rolf Henrich, *Der vormundschaftliche Staat: Vom Versagen des real existierenden Sozialismus.* rororo aktuell 12536 (Reinbek bei Hamburg: Rowohlt, 1989).

[214] Dieses Phänomen kontraproduktiver Wirksamkeit im Falle der Verabsolutierung bestimmter, für gewisse Aufgaben vernünftiger Gestaltungsprinzipien z. B. auch des Staates, lässt sich auch an anderer Stelle beobachten, siehe hierzu Gerhard Schuster, „Die Vision einer gesellschaftlichen Alternative: Ein Beitrag zum Thema ‚Neue Gewaltenteilung' (07.06.2014).". http://www.zapata33.com/2014/06/07/die-vision-einer-gesellschaftlichen-alternative (letzter Zugriff: 16. Dezember 2015).

sein: Fallende Preise bedeuten hierbei eine nachlassende, steigende Preise eine zunehmende Nachfrage.

Eine etwas genauere Betrachtung zeigt allerdings schnell, dass Preise keineswegs Ausdruck eines realen Bedarfs sein müssen, weil Konsumenten in Zeiten knapper Kassen Unternehmen immer wieder dazu zwingen, Preise zu senken und dies aus bloßer Absatzangst und nicht aus Gründen optimaler Bedarfsorientierung. Preis- und Konkurrenzmechanismen zwingen Unternehmen heute, ihre Entscheidungen an Produktionsauslastung, Kostenoptimierung, maximaler Gewinnerzielung oder eben der Umsatzsicherung auszurichten, im Regelfall jedoch bestimmt nicht am Bedarf der Konsumenten. Werden z. B. zu einem gewissen Zeitpunkt nicht genügend Waren angeboten, müssen – entgegen der geltenden Theorie – Konsumenten eben höhere Preise bezahlen. Aber auch hier entspricht der höhere Preis keineswegs dem realen Bedarf, besonders dann nicht, wenn Verbraucher z. B. wiederum wegen Geldmangel, oder in wirtschaftlichen Krisenzeiten, solche höheren Preise nicht bezahlen können, obwohl entsprechende Waren eventuell dringend gebraucht werden könnten.[215]

Nun stellt allerdings das Konstitut des unbefristeten und unbegrenzten Eigentums genau die wesentliche Begründung und Voraussetzung für das scheinbar freie Spiel der Kräfte und freie Unternehmertum überhaupt dar. Nach geltender Lehrmeinung vermittelt insbesondere das unbegrenzte Privateigentum an Produktionsmitteln diese unternehmerische Freiheit und ermöglicht das Funktionieren der Marktgesetze.[216] Wie allerdings leicht nachzuweisen ist, wird genau diese unternehmerische Freiheit im Regelfall durch kapitalbedingte Sachzwänge oder Profitabsichten von Aktionären massiv fremdbestimmt. Damit beruft man sich mit dem heutigen Eigentumsbegriff und der dadurch scheinbar möglichen freien Verfügung über die Produktionsmittel auf Sachverhalte, die sich vorurteilsfrei in der Wirklichkeit nicht darstellen lassen.[217]

Unterschiedlichste durch partikulare Interessen gesteuerte Voraussetzungen spielen hierbei eine Rolle, wie insbesondere die nahezu ausschließliche Handlungsorientierung am maximalen Gewinn statt am maximalen Konsumentennutzen.[218] Freier Wettbewerb, Bedarfssteuerung über Preisbildung ebenso wie die Notwendigkeit freier Verfügung über die Produktionsmittel

---

215 Ott, *Befristetes Eigentum als Resultat empirischer Rechtsanschauung*. S. 114.
216 Karin Steigenberger, *Gemeinwohlökonomie am Prüfstand: Eine umfassende und kritische Analyse*. Dossier Wirtschaftspolitik (Wien: Wirtschaftskammer Österreich, 2013/8, 27. August 2013). S. 26.
217 Ott, *Befristetes Eigentum als Resultat empirischer Rechtsanschauung*. S. 115.
218 Ebd. S. 116.

als Basis für freies Unternehmertum, sind interessengesteuerte Theorie-Konstrukte, die mit den realen wirtschaftlichen Verhältnissen wenig und mit den wirklichen Erfordernissen der Konsumenten nichts zu tun haben.

4.2.9 Freie Initiative und soziale Verantwortung

Zerlegt man den Eigentumsbegriff in seine funktionalen Bestandteile und trennt die Verwaltungsfunktion des Realkapitals[219] von dem faktischen Eigentum an demselben, kommt man zu einer interessanten Feststellung: Es kann nämlich beobachtet werden, dass Verwaltungs- und Eigentumsfunktion sehr unterschiedlich auf die Gesellschaft wirken, trotz der im Kapitalismus vorherrschenden engen Verbindung zwischen diesen beiden Parametern.

Die Verwaltung von und die Verfügung über Unternehmenskapital durch Einzelpersönlichkeiten oder kleine Gruppen ermöglicht eine direkte Verbindung des Kapitals mit den individuellen unternehmerischen Fähigkeiten sowie die Freisetzung derselben und nützt damit der optimalen Versorgung der Gesellschaft mit den notwendigen Konsumgütern.[220] Die Entwicklung und der Einsatz dieser Fähigkeiten erfolgt in der bestmöglichen Art, wenn diese auf Grund der freien Initiative erfolgen kann. Genau genommen kann nur durch die freie Initiative das Kapital überhaupt nutzbringend für die Gesellschaft eingesetzt werden. Demzufolge müsste es das Grundinteresse aller Menschen sein, diejenigen Personen und Personengruppen, die besondere unternehmerische Fähigkeiten haben, mit dem notwendigen Kapital auszustatten und die Verfügung über dieses Kapital deren freier Initiative zu überlassen. Denn nur mit der Freisetzung eines Maximums an Kreativität kann die gesellschaftlich erforderliche Gesamtleistung effizient und möglichst nachhaltig erbracht werden.[221] Die Zukunft wird hier allerdings weniger einzelnen herausragenden Unternehmern, sondern vermehrt kollegialen Strukturen gehören. Solipsistisch arbeitende Einzelpersönlichkeiten, die allein aus eigener Genialität und eigenem Gutdünken in modernen hochvernetzten Wirtschaftssystemen erfolgreich arbeiten, werden mehr und mehr zu Ausnahmeerscheinungen.

---

[219] Vgl. Fußnote Nr. 112.

[220] Sieht man von durch den scheinbaren Wachstumszwang und den durch den Konkurrenzkampf bedingten Überversorgungen – im Sinne massiver Verschwendung aus systematischen Gründen – an dieser Stelle einmal ab.

[221] „Auf dieser gegenwärtigen Stufe *kann* eben die fruchtbare Betätigung der individuellen Fähigkeiten durch das Kapital nicht ohne die freie Verfügung über dasselbe in den Kreislauf des Wirtschaftslebens eintreten … Nun ist aber das Privateigentum nichts anderes als der Mittler dieser freien Verfügung". Steiner, *Die Kernpunkte der sozialen Frage in den Lebensnotwendigkeiten der Gegenwart und Zukunft.* S. 75.

Anders verhält es sich mit der eigentlichen *Eigentumsfunktion*[222], also der Möglichkeit des jeweiligen Eigners, persönlich und ausschließlich über dieses zu verfügen und gegebenenfalls aus Gründen der individuellen Bereicherung auch komplett zu veräußern. Hierbei kommt die sich aus dem Eigentum ergebende Machtfrage ins Spiel. Nicht das Prinzip der freien Verfügung über Kapital im Wirtschaftsleben führt zu den bekannten sozialen Schäden, sondern *„das Fortbestehen des Rechtes auf diese Verfügung, wenn die Bedingungen aufgehört haben, welche in zweckmäßiger Art individuelle Fähigkeiten mit dieser Verfügung zusammenbinden"*[223] und wenn diese Verfügung in *„ungerechtfertigte Machtentfaltung"* umgeschlagen ist.[224] Soziale Schäden entstehen dann, wenn das Verfügungsrecht auch ohne sachlichen Bezug zwischen Leistung und Rechtslage fortgesetzt werden kann, wie dies z. B. durch das Erbrecht ermöglicht wird. Verfügung über Kapital sollte deshalb der Sache nach nicht das Ergebnis traditioneller Vererbung sein, sondern könnte aus den Entstehungsbedingungen des Eigentums und des gesellschaftlichen Wohlstands ausschließlich durch fachliche Kompetenz begründet werden.[225]

4.2.10 Vom Privateigentum zum Treuhandeigentum

Die Aktion Dritter Weg sah die genannten Bedingungen in einem fortlaufenden Kreislaufprozess der Kapitalrechte gegeben, der immer wieder die jeweils dazu befähigten Personen mit den Verfügungsrechten zusammenbringt, wie dies auch von Rudolf Steiner beschrieben wurde. Mit diesem treuhänderischen Verfügungsrecht kann zeitweise ein dem Privateigentum ähnliches Verhältnis hergestellt werden. Dieses Eigentumsverständnis entspricht einer Treuhänderschaft, die an Leistung, Fähigkeiten und persönliche Kompetenzen gebunden ist.[226] Es entsteht ein neues Eigentumsverständnis, welches die jeweils dazu

---

222 Das heutige Recht weist schon auf eine solche Unterscheidung der Eigentumsfunktionen hin, indem es zwischen Eigentum und Besitz unterscheidet: Der Mieter einer Wohnung ist deren Besitzer, er hat ein umfangreiches Nutzungsrecht, kann die Wohnung aber nicht verkaufen.

223 Ebd. S. 76.

224 Ebd. S. 76.

225 Steiner, *Aufsätze über die Dreigliederung des sozialen Organismus und zur Zeitlage 1915–1921.* S. 216.

226 Christoph Strawe charakterisiert das hier zur Debatte stehende neue Eigentumsverständnis in Anlehnung an Rolf Henrichs Begriffsbildung von *operativem Eigentum* wie folgt: „Operatives Eigentum in dieser Form ist funktional und als Recht befristet, es verbleibt nur so lange in der Verfügungsmacht des Unternehmers, wie der es funktionsgemäß anwendet." Christoph Strawe, „Das Verschwinden des physischen Eigentums: Zugleich ein Kommentar zu Jeremy Rifkins Buch ‚Access'." *Rundbrief Dreigliederung,* Nr. 3 (2002): 14–19. S. 16.

Befähigten für die Dauer ihrer Befähigung in die Verfügung von Realkapital bringt.

Treuhänderschaft als Gestaltungsprinzip eines neuen Eigentumsverständnisses ermöglicht zumindest perspektivisch die gegenwärtige profitorientierte Produktion weniger Einzelner durch Einrichtungen zu ersetzen, bei denen ausschließlich um des „Konsumierens Aller willen"[227] produziert wird. Durch neue Rechtseinrichtungen wird eine Produktionsstätte nur so lange mit einer Person oder einer Personengruppe verbunden bleiben, wie dies aus der individuellen Fähigkeit, den Betrieb zu leiten, gerechtfertigt ist.[228]

Die Auswahl und Bevollmächtigung für die jeweilige Führungsposition, die bislang eng mit dem Gewinninteresse der Eigentümer verbunden war, wird sich zukünftig an neuen Gesichtspunkten orientieren. Hierzu gehört das Kriterium wirklicher Selbstverantwortung einer Unternehmerpersönlichkeit, die sich nicht mit Durchsetzungsvermögen über den Gebrauch von Ellbogen und Faust, sondern dem optimalen Einfügen in das soziale Ganze profiliert. Auswahl und Bevollmächtigung von Führungskräften werden zukünftig immer unter Einbeziehung aller Beteiligten aufgrund demokratischer Mitsprache erfolgen, also auch unter Einbeziehung der Mitarbeiter.[229] Treuhandeigentum ermöglicht auf diese Weise auch einen neuen Umgang der Menschen untereinander: Rechtlich begegnen sich unter diesen Voraussetzungen alle am Wirtschaftsprozess Beteiligten auf einer Ebene, lediglich fachliche Qualifikation unterscheidet die Menschen in Bezug auf die Besetzung der wirtschaftlich notwendigen Funktionen.[230] Das Eigentum wird einer *Neutralisierung* unterworfen, die entsprechenden Werte gehören weder dem Einzelnen noch dem Staat. Das Realkapital verhält sich prinzipiell (eigentums-)neutral, es gehört eigentlich niemand mehr.

Dieser Sachverhalt wird in ähnlicher Form z. B. auch von Joseph Huber in seinem 1978 im Achberger Verlag erschienenen Büchlein zur Theorie einer humanen und demokratischen Systementwicklung dargestellt: *„Damit*

---

227 Steiner, *Die Kernpunkte der sozialen Frage in den Lebensnotwendigkeiten der Gegenwart und Zukunft.* S. 86.

228 „Statt dem *Gemeineigentum* der Produktionsmittel wird im sozialen Organismus ein *Kreislauf* dieser Mittel eintreten, der sie immer von neuem zu denjenigen Personen bringt, deren individuelle Fähigkeiten sie in der möglichst besten Art der Gemeinschaft nutzbar machen können, Auf diese Art wird zeitweilig diejenige Verbindung zwischen Persönlichkeit und Produktionsmittel hergestellt, die bisher durch den Privatbesitz bewirkt worden ist." ebd. S. 86.

229 Schmundt, *Zeitgemäße Wirtschaftsgesetze.* S. 20.

230 Steiner, *Die Kernpunkte der sozialen Frage in den Lebensnotwendigkeiten der Gegenwart und Zukunft.* S. 86.

eine humane und demokratische Korrespondenz zwischen Arbeit und Nutzung, zwischen Konsum und Verteilung geschaffen werden kann, ist es erforderlich, funktionale und personale Verfügungsrechte vollständig voneinander zu scheiden. ... Unternehmerische Nutzungs- und Verteilungsrechte dürfen nicht mehr personalisierbar sein. Über unternehmensgebundene Arbeitsmittel und Gelder soll nur noch qua Position verfügt werden können. ... Damit ergibt sich eine klare eigentumspolitische Forderung: Nicht die (Re-)Privatisierung oder Verstaatlichung/Vergenossenschaftlichung des Kapitals, sondern Kapital-Neutralisierung durch eine vollständige Trennung und Begrenzung der funktionalen und der personalen Verfügungsrechte. Unter den heutigen gesetzlichen Bedingungen ist dies am leichtesten realisierbar in Gestalt einer Stiftung. Wird das Kapital in eine Stiftung eingebracht, so gehört es praktisch niemandem mehr, oder anders ausgedrückt, das Unternehmen gehört ‚sich selbst‘."[231] In die gleiche Richtung argumentiert Matthias Neuling in seinem 1985 erschienen Leitfaden für selbstverwaltete Projekte und weist darauf hin, dass Kapitalneutralisierung, die wichtiges Kennzeichen selbstverwalteter Betriebe ist, erst dann richtig gedacht wird, wenn „keiner natürlichen Person direkt oder indirekt ein kapitalmäßig legitimiertes Verfügungsrecht" zusteht. Wie weitgehend die verschiedenen selbstverwalteten und alternativen Betriebe seinerzeit die Anforderung konsequenter *Neutralisierung* auch immer umgesetzt haben mögen, waren nach Neuling Gesichtspunkte wie Gewinnverzicht durch die Mitarbeiter ebenso wie z. B. Beschränkung der Abfindungsansprüche allgemein üblich.[232]

Dieser neue Eigentumsbegriff eines neutralen und treuhänderischen Umgangs mit Realkapital wurde von Steiner im Rahmen seiner Dreigliederungsidee entwickelt[233] und erfuhr vielfältige Variationen durch Steiners Nachfolger, wobei der bei Steiner selbst nicht anzutreffende Begriff der Kapitalneutralisierung in der Rezeptionsgeschichte wahrscheinlich der gebräuchlichste sein dürfte.

Die Sekundärliteratur zu Steiners Eigentumsverständnis weist vielfältige Begriffsbildungen auf, zu denen z. B. *„Verantwortungseigentum"*[234], *„Eigen-*

231 Huber, *Technokratie oder Menschlichkeit.* S. 140f.
232 Matthias Neuling, *Auf fremden Pfaden: Ein Leitfader der Rechtsformen für selbstverwaltete Betriebe und Projekte,* überarb. Fassung der Dissertation zum Dr. jur; Universität Bremen (Berlin: Stattbuch, 1985). S. 20f.
233 Rudolf Steiner, „Zur Frage des Eigentums." *Soziale Zukunft* 3. Jg., 8/9 (1958). S. 104–105.
234 Wilken, „Der Kampf um das Eigentum".

tum im sozialen Fluss"[235], *„ operatives Eigentum "*[236] oder auch *„zeitlich befristetes Eigentum"*[237], oder kurz *„Befristetes Eigentum"* [238], wie von Franziskus M. Ott vorgeschlagen, gehören. Alle Formulierungen stehen für berechtigte Aspekte des neuen Eigentumsverständnisses und beschreiben den Sachverhalt aus ihrer jeweiligen Sicht. Die Aktion Dritter Weg verwendete für die eigene Umgangsweise mit dem neuen Eigentumsverständnis die Formel *Neutralisierung des Eigentums* oder *Kapitalneutralisierung* zur Bezeichnung dieser durch sie vertretenen Eigentumsform.[239]

Die Aktion folgte inhaltlich der Vorlage Steiners nicht zuletzt auch bezüglich der Einschätzung der kollektiven Erwirtschaftung allen gesellschaftlichen Mehrwerts. Wie Steiner ging die Aktion Dritter Weg davon aus, dass bei der Entstehung jeder Ware umfassende Kooperation aller Wirtschaftssubjekte vorliegt und deshalb alle am Wirtschaftsprozess Beteiligten einen zwar nicht genau quantifizierbaren Anteil leisten, aber insgesamt eben doch alle beteiligt sind. *„So eng auch die Hervorbringung eines rein geistigen Gutes an die individuelle Begabung des einzelnen gebunden ist: es ist dieses Gut zugleich ein Ergebnis des sozialen Zusammenlebens und muss in dieses im rechten Augenblicke übergeleitet werden. Nicht anders aber steht es mit anderem Eigentum.*

---

[235] Vgl. auch Christoph Strawe, „Sozialbindung des Eigentums: Das Spannungsverhältnis zwischen dem § 903 BGB und dem Artikel 14 des Grundgesetzes." in *Eigentum* (s. Anm. 181).

[236] „Operatives Eigentum in dieser Form ist funktional und als Recht befristet, es verbleibt nur so lange in der Verfügungsmacht des Unternehmers, wie der es funktionsgemäß anwendet." Henrich, *Der vormundschaftliche Staat.* S. 282.

[237] Dietrich Spitta, „Die Problematik des Privateigentums an Unternehmen: Gesichtspunkte und Ansätze zu seiner Umwandlung." in *Eigentum: Die Frage nach der Sozialbindung des Eigentums an Boden und Unternehmen,* hrsg. von Stefan Leber, 152–190, Sozialwissenschaftliches Forum Bd. 5 (Stuttgart: Verlag Freies Geistesleben, 2000).

[238] Ott, *Befristetes Eigentum als Resultat empirischer Rechtsanschauung.*

[239] „Dieses neue Rechtssubjekt steht in der Tradition der germanischen Allmende – und im Gegensatz zum Eigentumsbegriff des römischen Rechts. Dieses der rein privaten Verfügungsmacht entzogene Kapital stellt somit ein eigentumsrechtlich ‚neutralisiertes Kapital' dar. Daher spricht man hier von ‚Kapitalneutralisierung'. / In einem Rechtssystem, das in der Tradition des römischen Eigentumsbegriffes steht, sind die von Rudolf Steiner gewollten Reformen bzw. der Entzug von persönlichem Eigentum nur bedingt möglich, etwa durch die Übertragung des Kapitals an eine gemeinnützige Stiftung oder an eine Genossenschaft. Die ‚Neutralisierung des Kapitals' ist unter heutigen Bedingungen aber prinzipiell möglich. / Modellhaft wurde dies bereits durch die Stiftung Aktion Dritter Weg, den Scott Bader Commonwealth und durch die nicht-gemeinnützige WALA-Stiftung sowie neuerdings auch von Götz W. Werner durch dm-Stiftung versucht. / Auch die Neuguss GmbH ist als ein kapitalneutralisiertes Unternehmen anzusehen." Wikipedia, „Kapitalneutralisierung.". http://de.wikipedia.org/wiki/Kapitalneutralisierung (letzter Zugriff: 26. März 2014).
Der Begriff „Kapitalneutralisierung" ist spätestens seit den 1970er und 80er Jahren auch außerhalb der Rezeptionsgeschichte von Steiners Dreigliederungsidee gebräuchlich, siehe z. B. Huber, *Technokratie oder Menschlichkeit.* S. 140f. und Neuling, *Auf fremden Pfaden.*

Dass mit dessen Hilfe der einzelne im Dienste der Gesamtheit produziert, das ist nur möglich im Mitwirken dieser Gesamtheit. Es kann also das Recht auf die Verfügung über ein Eigentum nicht von den Interessen dieser Gesamtheit getrennt verwaltet werden. "[240]

Besser kann der Sachverhalt kaum auf den Punkt gebracht werden! Steiner und mit ihm die Aktion Dritter Weg forderten aus den Entstehungsbedingungen wirtschaftlicher Werte eine neue Form gesellschaftlichen Treuhandeigentums. Wie auch bei Löbl[241] nachgewiesen, widerspricht der Tatbestand kollektiv bedingter Entstehung dem Prinzip der unbedingten privaten Aneignung und Verwertung gesellschaftlicher Werte und damit auch des Eigentums an Realkapital. Auf der Grundlage eines solchen, von privaten Bereicherungsabsichten befreiten, treuhänderischen Eigentums könnte – so die Auffassung der Aktion Dritter Weg – die mit dem herkömmlichen Eigentumsbegriff verbundene Profitorientierung als zentraler Wirtschaftsabsicht entfallen. An ihre Stelle könnte das gemeinsame Interesse aller einer Wirtschaftsgemeinschaft angehörenden Menschen an der bestmöglichen Befriedigung der real vorhandenen Bedürfnisse – als neuer nachhaltiger Wirtschaftsmotivation – treten.

4.2.11 Eigentum und Geldkreislauf

Eine weitere Schärfung des Eigentumsbegriffes ergab sich für die Ideenbildung der Aktion Dritter Weg durch das bereits dargestellte Kreislaufmodell von Schmundt. Wie in Kapitel 2.2.7 (Der Geldkreislauf als Rechtskreislauf) ausgeführt wurde, unterliegt der gesellschaftliche Geldstrom einem dreifachen Gestaltwandel. Das Unternehmerkapital[242] wird über die Einkommensvergabe zu Konsumkapital[243], wobei diese zugewiesene Rechtsbedeutung am Warenmarkt erlischt, das Geld ist hier im Rückfluss zu den Ausgabestellen, ohne jeden weiteren konkreten Bezug zu einem Wirtschaftswert.[244]

---

240 Steiner, *Die Kernpunkte der sozialen Frage in den Lebensnotwendigkeiten der Gegenwart und Zukunft.* S. 76f.

241 Löbl, *Wirtschaft am Wendepunkt.* Diverse Fundstellen, z.B. S. 49.

242 Unter Unternehmerkapital wird dasjenige Kapital verstanden, welches mit der Verpflichtung zum Einsatz der individuellen Fähigkeiten an die Unternehmen durch die Banken herausgegeben wird. Vgl. hierzu S. 37. Im gleichen Sinnzusammenhang steht auch der auf in Kapitel 2, S. 18. eingeführte Begriff des Produktionskapitals.

243 Konsumkapital bezeichnet nach den dargestellten Auffassungen dagegen dasjenige Kapital, das in Form der Einkommen an die Konsumenten gelangt und Rechtsanweisung auf Konsum der erzeugten Waren und Dienstleistungen darstellt.

244 Nachdem der Rechtsbezug des Geldes auf konkrete Güter durch den Kaufprozess erloschen ist und darüber hinaus auch keinen Zusammenhang zu den in der Produktion aktivierten Fä-

Die Frage nach dem Eigentum setzt nun insbesondere auch eine Verständigung über die letztgenannte Kategorie von *Geld ohne Wertbezug* voraus. Wie dargestellt wurde, erlischt der Rechtsbezug des Geldes in dem Augenblick, in dem durch den Erwerb der Ware durch den Konsumenten das Geld an die Unternehmen zurückfließt. Das eingehende Geld ist ohne Wertbezug und fließt an die Banksysteme zurück, um dort wiederum mit neuen Fähigkeitswerten verbunden zu werden und damit neue Rechtsbedeutung zu erlangen.

Für die Aktion Dritter Weg folgte hieraus, dass Produktionsmittel nicht als Privateigentum gehandhabt werden können, weil diese nicht mit dem am Warenmarkt bezogenen Geld erworben werden. Sie können schon deshalb nicht Privateigentum werden, weil dieses nur in der Form von Waren auf dem Konsummarkt gekauft oder im kleinwirtschaftlichen Tauschprozess erworben werden kann. Ein Markt für den privaten Erwerb von Produktionsmitteln und Produktionsanlagen ist unter den geänderten Eigentumsvorstellungen nicht mehr vorstellbar.

Produktionsmittel verdanken ihr Entstehen nicht einem privaten Kaufakt mit einem am Warenmarkt erzielten Geld, sondern sie verdanken ihre Existenz konkreten Produktionsanforderungen auf Grundlage realer Bedürfnisse der Haushalte und auf Basis gesamtgesellschaftlich verantworteter Finanzierung durch das Kreditbankensystem. Sie werden nicht für den Privatbesitz „gekauft", sondern werden infolge der durch die Konsumenten erteilten Aufträge durch das Kreditbankensystem (vor-)finanziert.[245] Privateigentum dagegen kann aus der Systematik des bislang Entwickelten immer nur da auftreten, wo Waren zum persönlichen Gebrauch im Konsumbereich gekauft werden.[246]

Entgegen dieser Beschreibung der Vorgänge *de facto* im Wirtschaftsleben macht das Geld allerdings *de jure* innerhalb der gegebenen Rechtsordnung diesen Funktionswandel nicht mit. Nach wie vor können Produktionsmittel analog Konsumgütern von jedermann gekauft werden. Damit ist für die Idee des Dritten Weges der entscheidende Punkt gekennzeichnet, an dem gesellschaftliche Macht entsteht, die allerdings realer wirtschaftlicher Legitimität

---

higkeiten hat, ist es nach dem vorliegenden Ansatz wertlos und muss zur Ablösung der Produktionskredite an die Ausgabeinstanzen zurück.

[245] Vgl. Kapitel 2.2.7, S. 31 sowie Kapitel 2.2.9, S. 37.

[246] „Es können die Produktionsmittel der Unternehmen nicht Privateigentum sein; sie werden nicht verkauft; sie gehen überhaupt keine Synthese mit dem Geld ein; sie verdanken ihr Entstehen der Berechtigung zum einsatz von Fähigkeiten, – eine Berechtigung, die gleichsam im Auftrag der Konsumenten vom System der Zemtal- und Kreditbanken ausgesprochen wird. Privateigentum kann es nur da geben, wo Waren gekauft oder im Tauschprozess erworben werden, wie dies bei den Konsumenten oder bei den Produzenten der Kleinwirtschaft geschieht. Schmundt, *Der soziale Organismus in seiner Freiheitsgestalt.* S. 30f.

entbehrt. Anachronistisch gewordene Rechtsverhältnisse, die die strukturellen Wirtschaftsveränderungen nicht mitgemacht haben, ermöglichen eine unsachgemäße Eigentumsbildung im Produktionsbereich.[247]

4.2.12 Eigentum an Grund und Boden

Wie bereits erwähnt, verstand das Wirtschaftskonzept der Aktion Dritter Weg Grund und Boden ebenso wie die Bodenschätze nicht als Waren, die käuflich zur beliebigen Nutzung erworben werden können, sondern als Gemeingut zur gemeinsamen Nutzung durch die gesamte Gesellschaft.

Auf welchen Wegen der ursprünglich in Gemeinbesitz befindliche Grund und Boden im Laufe der Jahrhunderte in Privatbesitz übergegangen sein mag[248] und wie sehr heutige Rechtsordnungen diesen Besitz als zentrales Freiheitsrecht betrachten und schützen mögen, ist die private Aneignung von Grund und Boden dennoch ein Anachronismus, der den Lebensbedingungen moderner Gesellschaften nicht entspricht. Während im Konsumbereich Privateigentum an Grund und Boden vorstellbar und sozial angemessen sein kann, wenn es sich auf den persönlichen Gebrauch zu Wohnzwecken bezieht, in vertretbarem Umfang und nicht zu spekulativen Zwecken auftritt, gilt dies nicht für den Produktionsbereich. Hier konnte nach Auffassung der Aktion Dritter Weg Grund und Boden gerade nicht als käufliches Gut und Ware gehandhabt wer-

---

[247] „Das faktisch und objektiv mit keinem Wirtschaftswert verbundene Geld, das beim Verkauf der Konsumwerte in die Hand der Unternehmen zurückfließt, wird gehandhabt, als ob es schlechthin *der* Wirtschaftswert, die unvergängliche Ware sei – das universelle Tauschmittel, mit welchem die Produktionsstätten ‚erworben' und damit zum Privateigentum gemacht und die Betriebseinnahmen einerseits im Lohnen gegen Arbeit getauscht und andererseits als Profit von den Eigentümern angeeignet werden." Aktion Dritter Weg, „Die Aktion Dritter Weg." in *Aufruf zur Alternative* (s. Anm. 6), Heft 1. S. 7.

[248] Die historische Entwicklung des Eigentums an Grund und Boden hier nachzuzeichnen, würde den Rahmen dieser Abhandlung sprengen. Deshalb an dieser Stelle nur so viel: Privatbesitz und Eigentum an Grund und Boden entstand erstr erst ab einer bestimmten Stufe gesellschaftlicher Entwicklung. Das im Begriff „Privateigentum" enthaltene lateinische Verb „privare" steht übersetzt für „rauben" und verweist eindrücklich auf das römische Erbe dieser Konstruktion.
„Das römische Zivilrecht wird um 534 von Justinian aufgrund von Schriften römischer Juristen, kaiserlicher Diskrete usw. zusammengestellt (Codex juris civilis). Das germanische Recht kennt gegenüber dem römischen ein Nutzungseigentum, im Sinne zweckgebundener Verfügung. Noch 1499 wehrt sich die Schweiz in der Schlacht von Dornach (‚Schwabenkrieg') erfolgreich gegen die Einführung des römischen Rechts durch Maximilian und verteidigt ihre eigene Rechtsordnung." Christoph Strawe, „Sozialbindung des Eigentums: Das Spannungsverhältnis zwischen dem § 903 BGB und dem Artikel 14 des Grundgesetzes." in *Eigentum* (s. Anm. 181). S. 204, Fußnote 6.

den, mit der spekuliert und die in jeder beliebigen Größenordnung gegen Geld eingetauscht werden kann. Warum ist dies so?

Dies ergibt sich zunächst bereits aus definitorischen Gründen, verstehen wir doch unter dem Begriff der Ware ein dingliches Gut, welches zum Zwecke des Verbrauchs hergestellt und in Verkehr gebracht wurde, welches von Menschen hergestellt, in der Regel auch reproduziert und am Warenmarkt gegen Geld erworben werden kann.

Grund und Boden ist nun aber gerade kein von Menschen erzeugtes Gut, ist der Sache nach nicht reproduzierbar, sondern in seiner Ausdehnung endlich. Grund und Boden wird nicht *verbraucht,* sondern zum Zwecke der Existenzsicherung *gebraucht* (Wohnraum, Anbau, Fertigung etc.). Grund und Boden ist naturgegeben und ohne den Einfluss und das Verdienst von Menschen entstanden, er konstituiert Nutzungsrechte und ist damit ein Rechtsgut analog anderen Freiheits- und Menschenrechten, welche üblicherweise nicht gegen Geld eingekauft, sondern auf Grund von Rechtsakten allen Bürgern gleichermaßen und gleichberechtigt zugesprochen werden. Nachdem jeder Mensch eines bestimmten Anteils am vorhandenen Grund und Boden bedarf, um leben zu können, muss dieser grundsätzlich allen Menschen zugänglich sein und nach Maßgabe demokratischer Vereinbarungen sinnhaft und gemeinwohlorientiert aufgeteilt werden. Befindet sich Grund und Boden in der Hand einiger weniger Eigentümer, die allen Anderen „ihr" Land gegen Geld zur Verfügung stellen, bringen sie diese Anderen in existenzielle Abhängigkeitsverhältnisse.

Bodenerwerb und Bodenbesitz zum Zwecke der Spekulation, gewinnorientierten Vermietung und Verpachtung, widerspricht dem Grundcharakter dieses Gemeinguts, dessen durch Verknappung entstandener Wertzuwachs der Allgemeinheit zusteht, weil dieser Wertzuwachs nicht das Verdienst eines Einzelnen ist. Grund und Boden erfüllt also nicht die Kriterien einer handelbaren Ware, auch wenn die geltenden Rechtsordnungen dies heute noch so vorsehen.

Es verbot sich für die Aktion Dritter Weg deshalb der Kauf und Verkauf von Grund und Boden, weil mit demselben existenziell wichtige Nutzungsrechte verbunden sind und durch den Erwerb von Land das Recht selbst zur Ware degeneriert.

„Solange Waren gegen Waren im Wirtschaftsleben ausgetauscht werden, bleibt die Wertgestaltung dieser Waren unabhängig von dem Rechtsverhältnis zwischen Personen und Personengruppen. Sobald Waren gegen Rechte eingetauscht werden, wird das Rechtsverhältnis selbst berührt. Nicht auf den Tausch als solchen kommt es an ..., sondern es handelt sich darum, daß durch den Tausch des Rechtes mit der Ware das Recht selbst zur Ware gemacht wird,

wenn das Recht „innerhalb" des Wirtschaftslebens entsteht."[249] Genau betrachtet gilt für das Eigentum an Grund und Boden damit, dass der Kauf desselben keine Warenbeziehung konstituiert, sondern den Erwerb von Rechten zum Gegenstand hat, die der Sache nach nicht käuflich sind.[250]

Der Besitzer von Grund und Boden bringt durch sein Eigentum andere Menschen, die diesen in irgendeiner Form nutzen müssen, in persönliche Abhängigkeiten[251], die in Form von hohen Zinsforderungen für Mieten und Pachten in fast beliebiger Höhe bestehen.

Die hiermit verbundene Ungleichheit von Menschen mit Immobilienbesitz und solchen ohne eigenen Grund und Boden sowie die daraus resultierende und sich ständig weiter verschärfende Ungleichverteilung von Eigentum und Vermögen zeigt sich daran, dass sich der „sonstige Immobilienbesitz" z. B. in Deutschland, also der nicht selbst bewohnte, sondern zur Vermietung stehende Immobilienbestand, in der Hand von nur 10,4 % der Bevölkerung befindet.[252] Nachdem die Wohneigentumsquote in Deutschland 2013 43 % beträgt[253], besitzen also 10,4 % der Deutschen 57 % der Immobilien.

Ebenso problematisch wie die Abhängigkeit der Mieter und Pächter von einer kleinen Schicht Besitzender hinsichtlich steigender Miete als Bedingung für Unterkunft ist die Zukunftsunsicherheit der Betroffenen. Der Eigentümer kann zu fast jedem Zeitpunkt „seinen" Grund und Boden veräußern, während der Besitzlose ohne Dach über dem Kopf zurückbleibt. Der meist aus Spekulationsgründen erfolgende Erwerb und die Veräußerung von Grund und Boden, welcher für die Mehrheit der Menschen existenzielle Lebensgrundlage in Form von Wohn- und Arbeitsmöglichkeit darstellt, ist letztlich sozial untragbar. Dies vor allem auch dann, wenn die Entwicklung zu der expotenziell ansteigenden

---

[249] Steiner, *Die Kernpunkte der sozialen Frage in den Lebensnotwendigkeiten der Gegenwart und Zukunft.* S. 50.

[250] „Wenn jemand durch Kauf ein Grundstück erwirbt, so muß das als ein Tausch des Grundstückes gegen Waren, für die das Kaufgeld als Repräsentant zu gelten hat, angesehen werden. Das Grundstück selber aber wirkt im Wirtschaftsleben nicht als Ware. Es steht in dem sozialen Organismus durch das *Recht* darinnen, das der Mensch auf seine Benützung hat." ebd. S. 50.

[251] „Der Besitzer bringt andere Menschen, die zu ihrem Lebensunterhalt von ihm zur Arbeit auf diesem Grundstück angestellt werden, oder die darauf wohnen müssen, in Abhängigkeit von sich." ebd. S. 50.

[252] Zitiert nach Kreiß, *Profitwahn.* S. 148.

[253] Statistisches Bundesamt, „Für 28 % der Haushalte Realität: Der Traum vom eigenen Einfamilienhaus.". https://www.destatis.de/DE/ZahlenFakten/GesellschaftStaat/EinkommenKonsumLebensbedingungen/Wohnen/Aktuell_EVS.html (letzter Zugriff: 27. Januar 2015).

Eigentumskonzentration führt, bei der immer mehr Menschen von einer immer kleiner werdenden Gruppe von Eigentümern existenziell abhängen.[254]

Das grundlegende Problem des Eigentums an Grund und Boden lag damit für die Aktion Dritter Weg ebenso wie auch für Steiner darin, dass – wie bereits bemerkt – durch den Tausch des Rechtes gegen Geld, das Recht selbst zur Ware und damit käuflich wird und so, auf völlig legale Weise, Unrecht in die Beziehungen der zusammenarbeitenden Menschen Einzug halten kann.[255]

Aus diesen Begründungszusammenhängen galt für die Aktion, dass sich aus den Gegebenheiten von Wirtschaft und Gesellschaft kein Recht auf unbegrenzte Verfügung, sondern lediglich ein Recht auf die Nutzung von Grund und Boden ableiten lässt. Sozial richtig beurteilt kann es sich damit bei der Vergabe von Land und Boden nur um die Vergabe von Nutzungsrechten handeln, gegebenenfalls auch über Jahrzehnte hinweg, z. B. in Form von entsprechenden Erbpachtverträgen.[256]

Grund und Boden ist so gesehen Eigentum der gesamten Menschheit, die dieses sachgemäß nach Gesichtspunkten des maximalen Gemeinwohles zu verwalten hat.

4.2.13 Verfassungsrechtliche Gesichtspunkte zum Eigentumsbegriff

Wichtige Aspekte zur Beurteilung des Eigentums liefert nicht zuletzt ein Blick in das Grundgesetz der Bundesrepublik Deutschland. Artikel 14 definiert hier unmissverständlich einen am Gemeinwohl orientierten Anspruch der Verfassung an das Eigentum:

---

254 Piketty, *Das Kapital im 21. Jahrhundert.* S. 326ff.

255 „Das Grundstück selber aber wirkt im Wirtschaftsleben nicht als Ware. Es steht in dem sozialen Organismus durch das *Recht* darinnen, das der Mensch auf seine Benützung hat. Dieses Recht ist etwas wesentlich anderes als das Verhältnis, in dem sich der Produzent einer Ware zu dieser befindet. ... Der Besitzer bringt andere Menschen, die zu ihrem Lebensunterhalt von ihm zur Arbeit auf diesem Grundstück angestellt werden, oder die darauf wohnen müssen, in Abhängigkeit von sich. ... Solange Waren gegen Waren im Wirtschaftsleben ausgetauscht werden, bleibt die Wertgestaltung dieser Waren unabhängig von dem Rechtsverhältnisse zwischen Personen und Personengruppen. Sobald Waren gegen Rechte eingetauscht werden, wird das Rechtsverhältnis selbst berührt." Steiner, *Die Kernpunkte der sozialen Frage in den Lebensnotwendigkeiten der Gegenwart und Zukunft.* S. 50.

256 Der amerikanische Bodenreformer Henry George (1839–1897) folgert hierzu: „Das gleiche Recht aller Menschen auf die Nutznießung von Grund und Boden ist ebenso klar wie das gleiche Recht auf die Luft, die wir einatmen." Zitiert nach Forum Dreigliederung, „Das neue Eigentumsrecht.". www.forum-dreigliederung.de/alsodrei/r5.html (letzter Zugriff: 15. März 2014).

„(1) Das Eigentum und das Erbrecht werden gewährleistet. Inhalt und Schranken werden durch die Gesetze bestimmt.

(2) Eigentum verpflichtet. Sein Gebrauch soll zugleich dem Wohle der Allgemeinheit dienen.

(3) Eine Enteignung ist nur zum Wohle der Allgemeinheit zulässig. Sie darf nur durch Gesetz oder auf Grund eines Gesetzes erfolgen, das Art und Ausmaß der Entschädigung regelt. Die Entschädigung ist unter gerechter Abwägung der Interessen der Allgemeinheit und der Beteiligten zu bestimmen. Wegen der Höhe der Entschädigung steht im Streitfalle der Rechtsweg vor den ordentlichen Gerichten offen."[257]

Der Artikel 14 des Grundgesetzes, der sinngemäß weitgehend Artikel 153, Abs. 3 der Weimarer Reichsverfassung entspricht, übernimmt die bereits in der Weimarer Republik geltende eindeutige Sozialbindung des Eigentums. Der Schutz des Eigentums wird hierbei zugleich auf das Wohl der Allgemeinheit bezogen, weshalb sich der Inhalt und die Schranken des Eigentums aus dem Gesichtspunkt der Sozialpflichtigkeit desselben ergeben, wie dies unter Absatz 2 und 3 formuliert ist.[258]

Gleiches gilt für den innerhalb Artikel 15 GG formulierten Anspruch an die Gemeinwohlorientierung von Grund und Boden, Naturschätzen und Produktionsmitteln, die ausdrücklich in „Gemeineigentum" oder andere entsprechende Formen der „Gemeinwirtschaft" überführt werden können. Auch wenn das Grundgesetz die konkrete Form eines solchen gemeinwirtschaftlichen Eigentums nicht weiter expliziert, ist die Absicht deutlich erkennbar: *„Grund und Boden, Naturschätze und Produktionsmittel können zum Zwecke der Vergesellschaftung durch ein Gesetz, das Art und Ausmaß der Entschädigung regelt, in Gemeineigentum oder in andere Formen der Gemeinwirtschaft*

---

[257] Siehe „Grundgesetz für die Bundesrepublik Deutschland – [vom 23. Mai 1949 (BGBl. S. 1), zuletzt geändert durch das Gesetz vom 11. Juli 2012 (BGBl. I S. 1478)]: I. Die Grundrechte.". http://www.bundestag.de/bundestag/aufgaben/rechtsgrundlagen/grundgesetz/gg_01/245122 (letzter Zugriff: 26. Februar 2015).

[258] „Die Pointe des Art. 14 besteht darin, daß der einzelne – ohne erst die Gemeinschaft fragen zu müssen – vom Eigentum einen dieser Gemeinschaft dienlichen Gebrauch machen soll. Umgekehrt muß ‚Gemeinwirtschaft' im Sinne des Grundgesetzes als etwas betrachtet werden, das die Autonomie des einzelnen nicht verhindert, sondern mündige Zusammenarbeit gerade ermöglicht." Christoph Strawe, „Sozialbindung des Eigentums: Das Spannungsverhältnis zwischen dem § 903 BGB und dem Artikel 14 des Grundgesetzes." in *Eigentum* (s. Anm. 181). S. 199.

überführt werden. Für die Entschädigung gilt Artikel 14 Abs. 3 Satz 3 und 4 entsprechend. "[259]

Diesen weitgehenden Bestimmungen zum Schutze der Interessen der Allgemeinheit steht innerhalb des deutschen Rechtes das BGB und hier speziell der Paragraph 903 gegenüber. Hier heißt es zu den Befugnissen des Eigentümers: *„Der Eigentümer einer Sache kann, soweit nicht das Gesetz oder Rechte Dritter entgegenstehen, mit der Sache nach Belieben verfahren und andere von jeder Einwirkung ausschließen.* "[260]

Das am 1. Januar 1900 in Kraft getretene BGB, welches von Kaiser Wilhelm II. am 18. August 1896 nach über zwanzigjähriger Beratung unterzeichnet worden war, sieht offensichtlich keine Sozialbindung des Eigentums vor bzw. bezieht sich lediglich auf das Verhältnis des Eigentümers zu einer Sache und nicht auf dessen Verhältnis zu der umgebenden Gemeinschaft. In diesem Sinne bestätigt Paragraph 903 BGB explizit den Ausschluss der Gemeinschaft zum Schutze des Einzelnen und verweist auf die Tatsache, dass ein Eigentumsrecht natürlich nicht nur die Freiheiten für den Eigentümer konstituiert, sondern zugleich auch die entsprechende Unfreiheit auf der Seite der von der Nutzung Ausgeschlossenen zu verantworten hat.

Der Formulierung vom 23. Mai 1949 durch die „Mütter und Väter"[261] des Grundgesetzes folgen hinsichtlich des Verhältnisses von Freiheitsrechten des Eigentümers und sozialen Ansprüchen der Allgemeinheit vielfältige Auslegungen durch das Bundesverfassungsgericht. Der Sachverhalt ist nicht endgültig entschieden und es herrschen unterschiedliche Auffassungen zur Auslegung des Verhältnisses von Artikel 14 Grundgesetz und Paragraph 903 BGB bzw. hinsichtlich der Frage nach der Auslegung der Sozialbindung des Privateigentums. Auch wenn viele Autoren den relativ unbedingten Schutz des Privateigentums – nicht zuletzt in Anbetracht des offensichtlichen Scheiterns sozialistischer Formen des Staatseigentums – konstatieren, gilt verfassungsmäßig

---

259 Siehe „Grundgesetz für die Bundesrepublik Deutschland – [vom 23. Mai 1949 (BGBl. S. 1), zuletzt geändert durch das Gesetz vom 11. Juli 2012 (BGBl. I S. 1478)]".

260 Siehe Das Bundesministerium der Justiz und für Verbraucherschutz, „Bürgerliches Gesetzbuch (BGB): § 903 Befugnisse des Eigentümers.". http://www.gesetze-im-internet.de/bgb/__903.html (letzter Zugriff: 26. Februar 2015).

261 Zum „Parlamentarischen Rat kann angemerkt werden: „Die Mitglieder dieses Gremiums (insgesamt 65) wurden häufig auch als ‚Väter des Grundgesetzes' bezeichnet; erst später erinnerte man sich an die Beteiligung der vier ‚Mütter des Grundgesetzes' Elisabeth Selbert, Friederike Nadig, Helene Wessel und Helene Weber. Elisabeth Selbert hatte dabei gegen heftige Widerstände die Gleichberechtigung von Männern und Frauen (Art. 3 Abs. 2) durchgesetzt." Wikipedia, „Grundgesetz für die Bundesrepublik Deutschland.". http://de.wikipedia.org/wiki/Grundgesetz_f%C3%BCr_die_Bundesrepublik_Deutschland (letzter Zugriff: 11. Oktober 2014).

dennoch eine eindeutige Sozialbindung. Dies wird unter anderem auch durch den Beschluss BVerfGE 58.300 deutlich, der als *Auskiesungs-Entscheidung* in die Rechtsgeschichte eingegangen ist. Diese höchstrichterliche Entscheidung des Bundesverfassungsgerichts vom 15. Juli 1981 machte allen Grundstückseigentümern in der Bundesrepublik Deutschland nachhaltig klar, dass das Gemeinwohlinteresse in bestimmten Fällen Vorrang vor den Individualinteressen hat und somit die Sozialbindung des Eigentums in Deutschland tatsächlich als Verfassungsgrundsatz Gültigkeit besitzt.[262]

Interessant ist an dieser Stelle auch ein Blick in die bayerische Verfassung, welche im Bereich Wirtschaft und Arbeit hinsichtlich ihres Anspruchs an die Gemeinwohlorientierung der Wirtschaft und Sozialbindung des Eigentums insbesondere mit Artikel 151 überrascht:

> „(1) Die gesamte wirtschaftliche Tätigkeit dient dem Gemeinwohl, insbesonders der Gewährleistung eines menschenwürdigen Daseins für alle und der allmählichen Erhöhung der Lebenshaltung aller Volksschichten.
>
> (2) Innerhalb dieser Zwecke gilt Vertragsfreiheit nach Maßgabe der Gesetze. Die Freiheit der Entwicklung persönlicher Entschlußkraft und die Freiheit der selbständigen Betätigung des einzelnen in der Wirtschaft wird grundsätzlich anerkannt. Die wirtschaftliche Freiheit des einzelnen findet ihre Grenze in der Rücksicht auf den Nächsten und auf die sittlichen Forderungen des Gemeinwohls. Gemeinschädliche und unsittliche Rechtsgeschäfte, insbesondere alle wirtschaftlichen Ausbeutungsverträge sind rechtswidrig und nichtig.“[263]

Unter eindeutiger Beachtung und Würdigung der unternehmerischen Initiative des Einzelnen (Freiheit der Entwicklung persönlicher Entschlusskraft und die Freiheit der selbstständigen Betätigung des Einzelnen) wird hier zugleich deutlich die Grenze aufgezeigt, welche durch berechtigte Interessen der Gemeinschaft gegeben ist. Artikel 158 der bayerischen Verfassung definiert hierzu: „Eigentum verpflichtet gegenüber der Gesamtheit. Offenbarer Mißbrauch des Eigentums- oder Besitzrechts genießt keinen Rechtsschutz.“[264]

---

262 Siehe Wikipedia, „Nassauskiesungsbeschluss.". http://de.wikipedia.org/wiki/Nassauskie sungsbeschluss (letzter Zugriff: 15. Oktober 2014).

263 „Verfassung des Freistaates Bayern in der Fassung der Bekanntmachung vom 15. Dezember 1998: letzte berücksichtigte Änderung: Art. 83 Abs. 2 geänd. (G v. 11.11.2013, 642).". http:// www.gesetze-bayern.de/jportal/portal/page/bsbayprod.psml;jsessionid=E646241997DB939 9924030B00F8531B3.jp74?showdoccase=1&st=null&doc.id=jlr-VerfBY1998rahmen&doc. part=X&doc.origin=bs (letzter Zugriff: 11. Oktober 2014).

264 Ebd.

Besonders interessant erscheinen in unserem Kontext diejenigen Passagen der bayerischen Verfassung, die sich explizit mit Bodenschätzen, Verkehrswegen und sonstigen Einrichtungen des öffentlichen Interesses befassen. Hier wird zum Schutze der Gemeinschaft offensichtlich gemeinwohlorientiertes Eigentum der Verwaltung durch Einrichtungen des öffentlichen Rechts zugedacht. Artikel 160 formuliert zu diesem Thema unter Absatz (1): *„Eigentum an Bodenschätzen, die für die allgemeine Wirtschaft von größerer Bedeutung sind, an wichtigen Kraftquellen, Eisenbahnen und anderen der Allgemeinheit dienenden Verkehrswegen und Verkehrsmitteln, an Wasserleitungen und Unternehmungen der Energieversorgung steht in der Regel Körperschaften oder Genossenschaften des öffentlichen Rechtes zu.“*[265]

Absatz (2) desselben Artikels sieht sogar eine Überführung von lebenswichtigen Produktionsmitteln, Großbanken und Versicherungsunternehmungen in Gemeineigentum vor, sollte dies aus Rücksicht auf die Allgemeinheit erforderlich sein: *„Für die Allgemeinheit lebenswichtige Produktionsmittel, Großbanken und Versicherungsunternehmungen können in Gemeineigentum übergeführt werden, wenn die Rücksicht auf die Gesamtheit es erfordert. Die Überführung erfolgt auf gesetzlicher Grundlage und gegen angemessene Entschädigung.“*[266]

Geradezu revolutionär nimmt sich in diesem Zusammenhang auch Artikel 161 der bayerischen Verfassung aus, der den Schutz vor missbräuchlicher Verteilung und Nutzung von Grund und Boden staatlicher Überwachung unterstellt und Wertsteigerungen von Grund und Boden nicht den jeweiligen Investoren, sondern der Allgemeinheit zugehörig definiert:

> *„Artikel 161. (1) Die Verteilung und Nutzung des Bodens wird von Staats wegen überwacht. Mißbräuche sind abzustellen. (2) Steigerungen des Bodenwertes, die ohne besonderen Arbeits- oder Kapitalaufwand des Eigentümers entstehen, sind für die Allgemeinheit nutzbar zu machen.“*[267]

Das Grundgesetz und insbesondere auch die bayerische Verfassung liefern damit zumindest brauchbare Hinweise dafür, in welche Richtung sich sozialverträgliche Gesellschaftsformen und entsprechende Verfassungsnormen hinsichtlich des Eigentumsbegriffes zu entwickeln hätten, sollte in Zukunft mehr das Interesse der Mehrheit der Bürger und weniger das Interesse der Privateigentümer an Produktionsmitteln und Grund und Boden im Vordergrund stehen, in

---

[265] Ebd.
[266] Ebd.
[267] Ebd.

deren Hände sich das Eigentum immer weiter konzentriert.[268] Eine Neuordnung des Eigentumsrechtes scheint zumindest nicht im Widerspruch zur Verfassung zu stehen und könnte die in Artikel 14 vorgesehene soziale Verpflichtung jenseits der *„Willkür privater Moral"* einlösbar machen. [269]

4.3   Fazit

Wie dargestellt, sah die Aktion Dritter Weg die Lösung der Eigentumsfrage in der Neutralisierung von Produktionsmitteln und Realkapital und damit der Schaffung von Treuhandeigentum im Sinne von treuhänderischen Verfügungsrechten. Nachdem diese Werte durch die Zusammenarbeit aller am Wirtschaftsleben beteiligten Menschen entstanden sind, kann die Verwaltung der gemeinsam geschaffenen Werte nicht ohne die Gemeinschaft erfolgen.

Kehren wir auch an dieser Stelle noch einmal zu Kapitel 1.3 (Methodische Vorbemerkung) zurück. Es lässt sich, wie am Beispiel des Zinsproblems dargestellt, auch hinsichtlich des unbegrenzten Eigentums leicht feststellen, wie dieses Phänomen gesellschaftlich schädlich wirkt. Dies gilt insbesondere durch die mit dem unbegrenzten Eigentum verbundene und ständig expotenziell wachsende Ungleichverteilung des gesellschaftlichen Reichtums, welche zu immer mehr Macht in den Händen von immer weniger Menschen führt und auf diese Weise sozialen Unfrieden provoziert.

Produktionsmittel und Realkapital in der beschriebenen Form eines neu definierten gesamtgesellschaftlichen Treuhandeigentums könnten nicht länger als Machtinstrument des Menschen gegenüber seinen Mitmenschen eingesetzt werden. Eigentum wäre damit als eine Art Gemein(wohl)gut zu verstehen, welches von den jeweils optimal dazu Befähigten verwaltet wird. Dies gilt uneingeschränkt für alle Produktionsmittel im Sinne von Fabrikanlagen, Maschinen und Einrichtungen. Dies gilt in übertragenem Sinne auch für das Eigenkapital eines Unternehmens (gezeichnetes Kapital, Kapital und Gewinnrücklagen). Dies gilt in besonderer Weise auch für Grund und Boden.[270]

---

[268]   Dieser Sachverhalt wurde in jüngster Zeit durch Thomas Piketty anschaulich aufgezeigt. Thomas Piketty, *Das Kapital im 21. Jahrhundert*. S. 320ff. Siehe hierzu auch Kapitel 6, „Nur noch 2.272 Tage bis zum Ende des Kapitalismus".

[269]   Wilfried Heidt, „Die Position des ‚Achberger Kreises' in den Grünen." in *Sozial handeln aus der Erkenntnis des sozial Ganzen: Soziale Dreigliederung heute,* hrsg. von Reinhard Giese, 238–247 (Rabel: Reinhard Giese, 1980). S. 245.

[270]   Eine solche Neutralisierung der Verfügungsrechte kann nicht über Nacht z. B. durch eine entsprechende Gesetzesänderung verordnet werden und setzt umfangreiche Informations- und Aufklärungsinitiativen voraus. Ein solches Vorhaben verfolgt z. B. die Europa 2019 Credit Initiative, die über eine europäische Bürgerinitiative Unternehmen, die aus freiem Entschluss

So ungewöhnlich diese Sicht zunächst anmuten mag: Es steht der heutige auf dem römischen Recht basierende Eigentumsbegriff historisch auf dem Prüfstand. Dies vor allem deswegen, weil die Selbstherrlichkeit wirtschaftlicher Machtentfaltung auf eine immer kritischer werdende Öffentlichkeit stößt. Dies auch, weil, über das Eigentum vermittelt und für jedermann sichtbar, ganz konkret gegen die Interessen der Gemeinschaft in ihrer Mehrheit gehandelt wird.

Die Aufgabe wird deshalb mit Sicherheit auch darin bestehen, in Zukunft eine neue sozialverträgliche Form des Eigentums zu entwickeln, welches nicht mehr gegen die Interessen der Gemeinschaft zum Zwecke der individuellen Bereicherung verwendet werden kann, sondern zum maximalen Nutzen aller eingesetzt wird. Wie gezeigt wurde, darf hierbei die unternehmerische Freiheit und Kreativität nicht unterbunden werden. Die vorgetragenen Überlegungen zur Entwicklung eines solchen gemeinschaftstauglichen Eigentumsbegriffes können hierzu Anregung bieten.

---

eine solche gemeinwohlorientierte Neutralisierung umsetzen wollen, entsprechend attraktive Finanzierungsmöglichkeiten verschaffen möchte; siehe www.europa2019.net.

5   Selbstverwaltung im Wirtschaftsleben

5.1   Zusammenfassung

Wesentlicher Bestandteil der Wirtschaftsideen ebenso wie des praktischen Unternehmensmodells der Aktion Dritter Weg war das Konzept der betrieblichen Selbstverwaltung, mit der es um neue Formen der Zusammenarbeit im Betrieb geht, die an die Stelle traditioneller Hierarchien klassischer Über- und Unterordnung treten können.

Mitarbeiterselbstorganisation und Selbstverwaltung bedeutete im Kontext der Aktion Dritter Weg, dem Rechtsgefühl ebenso wie dem Freiheits- und Gestaltungswillen jedes Mitarbeiters Rechnung zu tragen und deshalb Strukturen zu schaffen, die dem Einzelnen größtmögliche Freiheits- und Entfaltungsspielräume bieten. Davon waren vor allem die betrieblichen Entscheidungsprozesse betroffen.

Weitgehende Einbeziehung der Mitarbeiter bedeutet allerdings nicht, jede Unternehmensentscheidung der Mitwirkung aller Mitarbeiter eines Unternehmens zu unterwerfen. Selbstverständlich gelten funktional differenzierte Entscheidungsbefugnisse im Sinne aufgabenspezifisch abgestufter Kompetenzen für Geschäftsleitungen, Abteilungen und Einzelmitarbeiter. Eine genauere Untersuchung der einzelnen Prozesse im Unternehmen zeigt, dass es viele grundsätzliche Rechtsentscheidungen gibt, die jeden Mitarbeiter gleichermaßen betreffen. Jeder Mensch ist hier als Träger von allgemeinen Menschenrechten angesprochen und sollte seine Stimme in die Unternehmensentwicklung einbringen können. Damit begründet sich das Prinzip demokratischen Vereinbarens im Unternehmen, welches im Wesentlichen folgende Bereiche umfasst, die im betrieblichen Alltag dem Prinzip des gemeinsamen Vereinbarens unterliegen: Das Festlegen der Aufgaben und Entwicklungsperspektiven des Unternehmens, das Festlegen der Arbeitsbedingungen, die Berufung und die Bevollmächtigung der Mitarbeiter zum Versehen eines bestimmten Aufgaben- und Pflichtenkreises und das Regeln der Einkommensfrage. Werden mindestens diese Themen von zukunftsfähigen Organisationen nach dem Prinzip des gemeinsamen und demokratischen Entscheidens gestaltet, sind die Mitarbeiter an allen grundsätzlichen Rechtsvorgängen im Unternehmen beteiligt, ihre Arbeit kann zu ihrer ureigenen Angelegenheit werden. Sie können sich mit ihrer Arbeit und mit ihrem Unternehmen identifizieren.

5.2   Mitarbeiterselbstverwaltung im Betrieb

5.2.1   Die Grundlagen der Selbstverwaltung

Der wirtschaftliche Alltag im Betrieb ist an vielen Stellen durch zumindest latent menschenunwürdige Rechtsstrukturen geprägt, welche die Menschen in ihrem Rechtsempfinden verletzen und verhindern, dass sie sich als freie Wesen verstehen und entsprechend handeln können.

Hierbei stellt sich natürlich die Frage, inwieweit der Mensch als freies Wesen betrachtet werden kann. Taugt der Mensch überhaupt zur Freiheit, und wie verstehen wir den Begriff der Freiheit, nicht zuletzt auch im Zusammenhang mit der Selbstverwaltung? Verstehen wir unter Freiheit die Möglichkeit des Menschen, grundsätzlich alle von ihm potenziell gewünschten Handlungen ausführen zu können? Sicherlich wäre ein solches Freiheitsverständnis zu unscharf und deshalb wenig geeignet, als Grundlage für betriebliche Selbstverwaltung herangezogen zu werden. Stellt sich doch in Verbindung mit der potenziellen Ausführbarkeit aller möglichen Handlungen stets auch die Frage nach den Gründen und Absichten für entsprechende Handlungswünsche. Welche Motive liegen meinen Handlungsabsichten zu Grunde, warum will ich überhaupt bestimmte Handlungen ausführen? All dies ist zur Beurteilung der Freiheitsfähigkeit und des Freiheitserlebnisses des Menschen von großer Bedeutung, denn Handlungen aus Motiven, die ich nicht kenne und über die ich mir keine Rechenschaft abgeben kann, sind der Sache nach eher unfrei und können nicht als freie Handlungen bezeichnet werden.

Deshalb stellt sich die Frage nach den (Beweg-)Gründen für meine Handlungen und nach entsprechenden Möglichkeiten, sich hierüber Rechenschaft abzulegen. Für einen tauglichen und im Wirtschaftsleben belastbaren Freiheitsbegriff müssten die Motive für die eigenen Handlungen von mir selbst beurteilt und erkannt werden können. Dies führt allerdings gleich zum nächsten hier relevanten Thema der Möglichkeit der Erkenntnis und nach dem Erkenntnisprozess überhaupt.

Für die Beantwortung dieses Fragenkomplexes bezog sich die Ideenbildung der Aktion Dritter Weg auf die erkenntnistheoretischen Arbeiten Rudolf Steiners, wie diese in verschiedenen Schriften im Zusammenhang mit der Darstellung seines sogenannten *Ethischen Individualismus* ausgeführt wurden.[271]

---

[271]   Zu diesem Themenbereich gehören Arbeiten wie Rudolf Steiner, *Grundlinien einer Erkenntnistheorie der Goetheschen Weltanschauung mit besonderer Rücksicht auf Schiller: Zugleich eine Zugabe zu Goethes naturwissenschaftliche Schriften in Kürschners Deutsche National-Literatur.* Rudolf Steiner Taschenbücher aus dem Gesamtwerk 629 (Dornach: Rudolf Steiner Verlag, 1984)., Rudolf Steiner, *Wahrheit und Wissenschaft: Vorspiel einer „Philosophie der*

Um hinter die Gründe für die eigenen Handlungen zu kommen, muss das eigene Denken eingesetzt werden, denn nur denkend können wir uns über unsere Handlungsmotive Klarheit verschaffen. Deshalb muss zunächst das Denken selbst zum Untersuchungsgegenstand gemacht werden, wenn die Frage nach der Freiheitsfähigkeit des Menschen beantwortet werden soll.[272] Wie umfangreich bei Rudolf Steiner dargestellt, darf das hier zur Diskussion stehende Denken nicht mit gedanklichem Herumraten und halb bewusstem Vermuten verwechselt werden. Die Rede ist von einem Denken als geschärftem Erkenntniswerkzeug, welches weder als dumpfe Erinnerung an schon einmal Gedachtes noch als mechanische Reproduktion des Denkens anderer zu verstehen ist. Gemeint ist hier vielmehr ein ausgebildetes Denken, dessen Einsatz zu einem jeweils neu erfassten Verstehen im Sinne eines Evidenzerlebnisses in Form des unmittelbaren Einleuchtens eines bestimmten Zusammenhanges führt. Ein Denken, welches die aktuelle Gewissheit vermittelt, den betreffenden Zusammenhang oder Sachverhalt vollständig durchdrungen, im eigentlichen Wortsinn *begriffen* zu haben. Ein solches Denken wäre in der Lage, Begriffe selbst zur Erscheinung zu bringen und dies eben ohne Beimischung von fremden Einflüssen, über deren Ursprung man wiederum keine Rechenschaft abzulegen in der Lage ist.

Über die Freiheit des Menschen im Sinne seiner Möglichkeit, wirklich freie Handlungen auszuführen, kann also in dem Maße gesprochen werden, in dem es gelingt – mit Hilfe unseres Denkens – alle äußeren und nicht in der Sache liegenden Motivationsfaktoren und Begründungszusammenhänge zunächst zu erkennen und dann als mögliche Triebkräfte der Handlungen auszuschließen.

Nach dem von Rudolf Steiner entwickelten Freiheitsbegriff eines *ethischen Individualismus*[273] definiert sich die wirkliche freie Handlung aus-

---

Freiheit". Rudolf Steiner Taschenbücher aus dem Gesamtwerk 628 (Dornach: Rudolf Steiner Verlag, 1980). und vor allem auch Rudolf Steiner, *Die Philosophie der Freiheit: Grundzüge einer modernen Weltanschauung*, 1. Aufl. Taschenbuch-Ausgaben Nr. 1 (Stuttgart: Verl. Freies Geistesleben, 1967).

Unter dem Begriff des *ethischen Individualismus* versteht man eine erkenntnistheoretisch-philosophische Position, die dem Individuum in Fragen der Ethik und Moral Vorrang vor den Forderungen und Interessen der Allgemeinheit gibt.

Siehe auch Springer Gabler Verlag (Hrsg.), „Gabler Wirtschaftslexikon: Stichwort ‚Individualismus'.". http://wirtschaftslexikon.gabler.de/Definition/individualismus.html (letzter Zugriff: 11. März 2014).

272 „Das Denken ist jenseits von Subjekt und Objekt. Es bildet diese beiden Begriffe ebenso wie alle anderen. [...] Das Subjekt denkt nicht deshalb, weil es Subjekt ist; sondern es erscheint sich als ein Subjekt, weil es zu denken vermag." Steiner, *Die Philosophie der Freiheit*. S. 46.

273 Rudolf Steiners Begriff des *ethischen Individualismus* findet sich vor allem dargestellt in ebd.

schließlich durch ihren ideellen Gehalt. Die Handlung ist nur dann frei, wenn das Individuum sie ausschließlich selbst fasst und keinem äußeren ebenso wie keinem inneren bewussten oder unbewussten Zwang folgt! Der Handlung zugrunde zu legen wären weder äußere noch innere Gebote, nicht das allgemein Übliche, nicht die allgemeine Sitte, keine religiösen oder ethischen Werte, noch nicht einmal die Stimme dessen, was man herkömmlich „das Gewissen" nennt. Auch höchst ehrenwerte Ziele wie etwa der gesellschaftliche oder kulturelle Fortschritt sind unter diesen Gesichtspunkten keine geeigneten Motive für wirklich freie Handlungen. Alle von außen kommenden Motivationsfaktoren führen letztlich nicht zu einer freien Handlung, denn meine ureigene freie Handlung kann es nur werden, wenn ich sie allein aus mir selbst und vollständig bewusst bestimme.

Was also sind die Konstituenten einer wirklich freien Tat? Bei der wirklich freien Tat frage ich keinen Menschen und keine Regel, ob ich die Handlung ausführen soll oder darf, ich führe sie aus, sobald und weil ich ihre Idee gefasst habe. Keine über mir stehende Macht leitet mich an, keine äußere Autorität oder Konvention macht mir Vorgaben und es ermahnt mich eben auch keine innere Stimme, über die ich nicht selbst Rechenschaft ablegen könnte.

Ich muss den Grund für die Handlung stets und ausschließlich in derselben finden, das Motiv der Handlung muss aus der Handlung selbst kommen und darf eben nicht von außerhalb stammen. Die freie Handlung erfolgt ohne fremde Beimischung, ohne innere und äußere Determinanten, die mehr mit mir selbst und meiner jeweiligen Befindlichkeit und weniger mit der Handlung als solcher zu tun haben. Nur dadurch wird sie *meine* Handlung.

Ich folge ausschließlich, so könnte man jetzt sagen, meiner Liebe zur Sache, ich vollziehe die Handlung schlicht deshalb, weil ich sie liebe.[274] Handeln aus Übereinstimmung mit einer Sache, Handeln in vollständiger Einigkeit mit der Handlung und mit der der Handlung zugrunde liegenden Gesetzmäßigkeit ist mehr, als wir landläufig mit *sachgemäß* oder *objektiv* meinen oder gar umgangssprachlich als *logisch* bezeichnen. Mit dem Begriff der Liebe ist vielmehr die Überwindung aller äußeren und inneren Zwänge in radikaler Hinwendung zur Handlung gemeint – auch wenn hier der Begriff der Liebe nicht ganz einfach zu verstehen sein mag. Doch scheint er für die Beschreibung des hier vorliegenden Phänomens geeignet zu sein, geht es doch genau um die Haltung, für die eben das Prinzip Liebe steht: Ich nehme etwas, wie es ist, und verbinde mich damit um seiner selbst willen.

---

[274] Ebd. S. 120ff.

Solange bei individuellen Handlungen immer noch Pflichten, Vorschriften, Normen und Programme als Motive feststellbar sind, ist nicht allein Liebe zur Sache das eigentliche Motiv und die Handlung ist in Folge nicht frei von äußeren Beimischungen. Handlung aus Liebe heißt vom eigenen Vorteil abzusehen, abzusehen von der eigenen Person und zwar in vollständiger Hinwendung auf das jeweilige Andere. Erst mit dieser Einstellung und Haltung kann eine Handlung als *frei* bezeichnet werden, insofern sie aus dem individuellen Teil in mir hervorgeht. Solange also in der menschlichen Handlung noch innere oder äußere Determinanten im Spiel sind, die nicht durch mich selbst ergriffen sind, solange ich noch fremde Gründe für meine Handlungen nachweisen kann, so lange handle ich fremdbestimmt, solange bin ich unfrei.

Es ging also bei dem Freiheitsbegriff der Aktion Dritter Weg nicht darum, den Menschen als prinzipiell frei oder unfrei zu erklären, denn letztlich setzt sich das Leben jedes Einzelnen stets aus freien und unfreien Handlungen zusammen. Vielmehr geht es darum deutlich zu machen, dass in jedem von uns zumindest die Möglichkeit zur freien Handlung im oben beschriebenen Sinne angelegt ist. Der Mensch versteht sich in diesem Sinne teils frei und teils unfrei und handelt immer dann aus Freiheit, wenn er äußere Bedingungen für seine Handlungen durch eigene ideelle Gründe zu ersetzen weiß. Der Mensch ist damit prinzipiell zur Freiheit geboren, muss sich allerdings zu seiner eigenen Freiheit selbst entwickeln. Und genau hierfür gilt es entsprechende Freiräume auch und gerade im beruflichen Alltag vorzusehen, in denen eine solche Herausforderung angenommen werden kann. Autoritäre Herrschaftsstrukturen mit entsprechenden Unterdrückungsmechanismen und sozial-psychologischen Belastungen durch Mobbing, Arbeitsplatzangst und vieles andere dienen jedenfalls nicht der Entwicklung der eigenen Freiheit.

Denn frei ist der Mensch in dieser Sichtweise immer nur, wo er in der Lage ist, frei von äußeren Determinanten seine eigenen Handlungsmotive nicht nur zu erkennen, sondern auch originär zu bilden: *„Frei ist der Mensch, insofern er in jedem Augenblick seines Lebens sich selbst zu folgen in der Lage ist.“*[275]

Der hier vorgestellte Freiheitsbegriff steht in deutlichem Widerspruch zu anderen philosophischen Lehrmeinungen die menschliche Freiheit betreffend, wie Kants *Kategorischem Imperativ*[276], nach dem die beste Handlung stets diejenige ist, deren Grundsätze und Motive grundsätzlich für alle gelten

---

[275] Siehe ebd. S. 125.

[276] „Der kategorische Imperativ ist also ein einziger und zwar dieser: *handle nur nach derjenigen Maxime, durch die du zugleich wollen kannst, daß sie ein allgemeines Gesetz werde.“* Immanuel Kant, *Grundlegung zur Metaphysik der Sitten,* Unveränderter Neudruck der 3. Aufl., hrsg. von Karl Vorländer. Philosophische Bibliothek 41 (Leipzig: Meiner, 1947). S. 44.

könnten. Hierbei zählt nicht, wie ich aus mir selbst heraus zu Handlungsmotiven komme, sondern wie meine Motive als Richtschnur für alle gelten können. Der Freiheitsbegriff des Dritten Weges ging weit über diesen engen Freiheitsrahmen hinaus und begnügte sich gerade nicht mit etwas allgemein Verbindlichem als Richtschnur für die individuelle Handlung.

Es stellt sich nun allerdings die Frage, wie mit einer derart radikalen Freiheitsphilosophie überhaupt irgendeine Form sozialen Zusammenlebens möglich sein könnte, wenn doch jeder nur seinen eigenen Maximen folgt, die gerade nicht an der sozialen Multiplizierbarkeit derselben ausgerichtet sind? Eine mögliche Antwort auf diese Frage ergibt sich aus der gewählten Versuchsanordnung, nach welcher der Wahrheitsgehalt einer bestimmten Sache nicht willkürlich zusammenfabuliert, sondern durch eine bestimmte (Erkenntnis-) Methode zur Erscheinung gebracht wird: Mit genau derselben Methode und Verfahrensweise müsste aus der Logik der Sache ein unvoreingenommener Zweiter, Dritter und Vierter zu genau dem gleichen Ergebnis kommen, über welches wiederum auf sozialem Felde Verständigung erzielt werden kann.

Eine mögliche Antwort wäre ebenfalls in der Verallgemeinerung des jeweils eigenen Freiheitsimpulses zu sehen, nachdem ein für mich selbst in Anspruch genommener Freiheitswille eigentlich immer auch für meine Mitmenschen gelten müsste. Dies ohne den Wunsch, der Andere möge sich an meine eigenen Vorstellungen und Dogmen anpassen; stattdessen mit dem ehrlichen Bemühen, den anderen in seinem Denken und Handeln wirklich verstehen zu wollen. Diese Haltung würde von der Möglichkeit auszugehen haben, dass gerade auch der jeweils Andere ebenfalls in Freiheit und ohne Beimischung von Fremdem, also ebenfalls aus Liebe zur Sache handelt und genau hierin wiederum die Möglichkeit echter Zusammenarbeit zu finden wäre. Steiner bringt diesen Sachverhalt wie folgt auf den Punkt: *„Leben in der Liebe zum Handeln und Lebenlassen im Verständnisse des fremden Wollens ist die Grundmaxime der freien Menschen.“*[277]

Diese Betrachtungen sind von großer Bedeutung für die Gestaltung betrieblicher Ordnungen, denn selbstverständlich hängt die Frage der Ausgestaltung der Selbstverwaltungsordnungen vom jeweiligen Menschenbild und von dem Grad des Freiheitswillens der beteiligten Menschen ab. Betrachtet man einen Mitarbeiter z.B. als triebgesteuert determinierten Egoisten, ist die Sicht auf den Menschen und die Form der (Selbst-)Verwaltung eine andere, als wenn man ihn als vernunftbegabtes und potenziell freies Wesen versteht, welches sich innerhalb notwendiger Freiräume entwickeln und möglichst frei entfalten

---

[277] Steiner, *Die Philosophie der Freiheit.* S. 124.

möchte. Deshalb waren nach Auffassung der Aktion Dritter Weg für die Gestaltung betrieblicher Selbstverwaltung einige wichtige Grundbedürfnisse des Menschen vorrangig zu berücksichtigen:

Der moderne Mensch trachtet danach, seine Anlagen und seine Persönlichkeit möglichst frei und uneingeschränkt zu entwickeln und seine Fähigkeiten in Verbindung mit seinen Mitmenschen selbstbestimmt für eine als sinnvoll erkannte Aufgabe einzusetzen.

Privilegien werden als Verletzung der demokratischen Gleichberechtigung und Menschenwürde empfunden. Der moderne Mensch möchte als mündiger Bürger in allen gesellschaftlichen Bereichen als Gleicher unter Gleichen gelten und auf demokratischem Wege bei allen wichtigen Gemeinschaftsfragen mitbestimmen.

Wie aktuelle Forschungen aus dem Bereich der Neurobiologie zeigen, ist der Mensch keineswegs Opfer des von Darwin beschriebenen gnadenlosen *„War of Nature"* [278], des ständigen *„Struggle for Live"* und daraus scheinbar resultierenden *„Survival of the Fittest"* sowie aller damit verbundenen Mechanismen der Konkurrenz und des permanenten Verdrängungswettbewerbs. Ganz im Gegenteil will der Mensch als soziales Wesen Solidarität schenken und Solidarität seiner Mitmenschen in Anspruch nehmen.[279]

Nachgewiesen werden konnte, dass das menschliche Gehirn nicht nur komplett flexibel ist und auf Grundlage tausendfacher neuronaler Vernetzungen und Verschaltungen erfahrungsabhängig permanenten Wandlungen unterliegt, sondern dass es im neurobiologischen Rahmen betrachtet ein gewissermaßen soziales Organ ist. Nichts wirkt nämlich so prägend auf unsere inneren Orientierungsmuster wie menschliche Beziehungsgefüge. Im Gegensatz zu alten Lehrmeinungen bezüglich des natürlich veranlagten Wettbewerb-Instinktes gelten völlig andere Motivationsstrukturen, die ihrerseits unser Handeln bestimmen. Zu diesen Motivationsstrukturen gehören nicht zuletzt bestimmte Funktionen des menschlichen Gehirns, unter deren Einfluss dieses entsprechende körpereigene Botenstoffe ausschüttet, die zu Wohlbefinden, Glücksgefühlen und seelischer und physischer Gesundheit führen. Die überraschende Erkenntnis war nun, dass unser Motivationssystem vor allem ein gelungenes soziales Miteinander mit der Ausschüttung entsprechender Botenstoffe wie Dopamin, Oxitoxin und anderer endogener Opioide belohnt.[280] Unabhängig von der Tatsache, dass der Mensch sicher nicht ausschließlich über körper-

---

278 Charles Darwin, Über die Entstehung der Arten, 1859, Kapitel 4, S. 97.
279 Joachim Bauer, *Prinzip Menschlichkeit: Warum wir von Natur aus kooperieren*, 6. Aufl., aktualisierte Taschenbucherstausg. Heyne 63003 (München: Heyne, 2013). S. 38ff.
280 Ebd. S. 30.

eigene Opioide gesteuert wird, kann nach aktuellem Stand der Wissenschaft doch festgehalten werden, dass wir Menschen nicht primär auf Grundlage von steinzeitlichen Instinkten funktionieren, die Egoismus, Konkurrenzdenken, Futterneid, Wettbewerbsstreben, Siegen, Unterdrücken etc. evozieren, sondern vielmehr auf Kooperation und soziale Resonanz ausgelegt sind.

Ganz offensichtlich handelt es sich damit bei dem Menschen um ein soziales Wesen, dessen essenzielle Bedürfnisse es bei der Gestaltung moderner Gesellschaftsordnungen zu berücksichtigen gilt.

- Der *Aufruf zur Alternative* konkretisiert die wichtigsten mit dem Prinzip der Menschenwürde verbundenen Grundanliegen des Menschen: Es möchte der Mensch sich selbst und seine Anlagen frei entfalten und seine Fähigkeiten sinnhaft und gemeinsam mit seinen Mitmenschen einsetzen.

- Er möchte im Weiteren als Gleicher unter Gleichen jenseits von Privilegien auf demokratischem Wege alle wichtigen Gemeinschaftsfragen mitentscheiden können.

Im Vorgriff auf die späteren Forschungsergebnisse der modernen Neurobiologie formuliert der Aufruf das dritte diesbezügliche Axiom, welches in dem natürlichen Bedürfnis des Menschen besteht, den Mitmenschen solidarisch zu begegnen und deren Solidarität wiederum selbst in Anspruch zu nehmen.[281]

---

[281] „Nach Gefühl und Erkenntnis der Menschenwürde gelten dem Menschen heute drei Grundbedürfnisse als vorrangig:
1. Er will seine Anlagen und seine Persönlichkeit *frei entwickeln* und seine Fähigkeiten in Verbindung mit den Fähigkeiten seiner Mitmenschen *frei* für einen als *sinnvoll* erkannten Zweck einsetzen können.
2. Er erkennt jede Art von Privileg als untragbare Verletzung der demokratischen Gleichberechtigung. Er hat das Bedürfnis, als mündiger Mensch hinsichtlich aller Rechte und Pflichten – ob sie in einen wirtschaftlichen, sozialen, politischen oder kulturellen Zusammenhang gehören – als *Gleicher unter Gleichen* zu gelten und am demokratischen Vereinbaren auf allen Ebenen und in allen Bereichen der Gesellschaft mitbestimmen zu können.
3. Er will *Solidarität schenken und Solidarität in Anspruch nehmen.* Es mag vielleicht bezweifelt werden, dass darin ein vorrangiges Grundbedürfnis des heutigen Menschen zum Ausdruck kommt, weil der Egoismus das weithin dominante Motiv im Verhalten der Einzelnen ist.
Eine gewissenhafte Prüfung zeigt jedoch etwas anderes. Zwar mag der Egoismus noch im Vordergrund stehen und das Verhalten bestimmen. Aber: Ein Bedürfnis, ein angestrebtes Ideal ist er nicht. Er ist ein Trieb, der herrscht und beherrscht. Gewollt jedoch ist: *die gegenseitige Hilfe aus freier Entscheidung.*"
Joseph Beuys, „Aufruf zur Alternative: Erstveröffentlichung in der Frankfurter Rundschau vom 23.12.1978." in *Aufruf zur Alternative* (s. Anm. 27), Heft 3. S. 5f.

138

Konsequent vertrat die Aktion Dritter Weg die Auffassung, moderne Betriebsverfassung genau an diesen Parametern auszurichten, auch und gerade dann, wenn heute noch immer Macht- und Abhängigkeitsverhältnisse in hierarchisch-autoritären Organisationsformen gelten, die diesen Grundbedürfnissen des Menschen deutlich widersprechen.

Diese Überlegungen wurden der Arbeit des Unternehmensverbandes bezüglich Ausgestaltung der betrieblichen Selbstverwaltung zugrunde gelegt. Aus diesen Anforderungen wurden konkrete Unternehmensleitbilder geformt und ständiger Überprüfung und Anpassung unterzogen. Die Herausforderung bestand unter anderem darin, Ideen, Anregungen, Wünsche und Forderungen anderer Mitarbeiter im Betrieb nicht nur einigermaßen ernst zu nehmen und Argumente zumindest in Ruhe anzuhören, sondern Formen zu institutionalisieren, in denen diese Absicht konkreten Ausdruck finden konnte. Dies trotz der persönlichen Gewissheit der vermeintlichen Richtigkeit der jeweils eigenen Anschauungen. Deshalb galt es in den praktischen Unternehmensverfassungen und Verbandsordnungen der Aktion Dritter Weg möglichst offensive Freiräume und Gestaltungsebenen zu implementieren, die die beschriebenen Entwicklungen auf dem Wege zu Freiheit auch und gerade auf höchst individuellem Felde ermöglichen sollten.

Aus den erkenntnistheoretischen Überlegungen ergab sich damit die Anforderung, lernfähige Organisationsformen zu schaffen, die auf entsprechende individuelle wie auch gemeinschaftliche Veränderungsprozesse lebendig zu reagieren vermochten. Aus den gleichen Begründungszusammenhängen war es notwendig, nicht nur entsprechende Organisationsformen, sondern auch geeignete innere Haltungen zu entwickeln und zu pflegen, nach denen einmal gesetzte Beschlüsse auch weiterentwickelt werden und dem Einzelnen und entsprechenden Gruppen auch Fehler zugebilligt werden konnten. Gleichzeitig musste mit den genannten Anforderungen im Marschgepäck auf das beruhigende Konstitut allgemein gültiger Normen und Voraussetzungen weitgehend verzichtet werden. „Das wird hier immer schon so gemacht" war kein besonders taugliches Argument zur Pflege von Freiheits-, Kreativitäts- und Entfaltungsräumen.

Mit der Idee der Mitarbeiterselbstverwaltung ging es damit um die Entwicklung einer Alternative zu den geltenden Macht- und Abhängigkeitsverhältnissen im Arbeitsablauf und -alltag der Menschen. Konzeptionell wurde hierbei vom Grundsatz der Rechtsgleichheit der Menschen untereinander ausgegangen, der machtgesteuerte Über- und Unterordnung im Betrieb in (menschen-)rechtlicher Hinsicht ausschließt. Die Menschen begegnen sich auf der Ebene eines für alle gültigen Rechts. Auf der Grundlage dieses für alle geltenden Rechtsschutzes der Menschen im Wirtschaftsleben waren nach Auffassung der Aktion Dritter Weg die erforderlichen Strukturen geschaffen, mit denen dem oben beschriebenen Aspekt des individuellen Freiheitswillens und Freiheitsanspruchs jedes Menschen sowie das Recht auf dessen Verwirklichung inklusive hierfür notwendiger Gestaltungsfreiräume weitgehend Geltung verschafft werden konnte. Dies als wesentliche Eckpfeiler jeder vernünftigen Betriebsverfassung der Zukunft, also auch als konzeptionelle Richtschnur für die Aktion Dritter Weg.

Letztlich ging es um die Frage, was an freiheitlichen Perspektiven an die Stelle von hierarchischen und autoritären Organisationsformen treten kann, welche die Unterdrückung des Menschen und seiner Fähigkeiten nicht befördern, sondern verhindern helfen?

5.2.2 Betriebsverfassung machtfrei

Der geschilderte Geld-, Arbeits- und Eigentumsbegriff ist die Grundlage für eine neue rechtliche Positionierung des Menschen im Betrieb. Für die Aktion Dritter Weg konnte erst auf dieser neuen Grundlage dem Freiheits- und Selbstverwaltungsanspruch des Menschen entsprochen werden. Erst auf Grundlage einer gesamtgesellschaftlichen Neuordnung der mit Geld, Lohn und Eigentum verbundenen Problemlagen kann wirklich machtfreier Umgang auch im Unternehmen realisiert werden. Erst der neue Einkommens- und Eigentumsbegriff auf Basis einer Neubestimmung des Geldes bietet die entscheidenden Voraussetzungen für die Einrichtung wirkungsvoller betrieblicher Selbstverwaltung. Solange noch die alten Strukturen privater Aneignung gelten, solange die Einkommen nicht als Rechtsvoraussetzung für den Einsatz der Fähigkeiten gehandhabt werden und solange das Geld weiterhin als multifunktionales Tauschmittel und als Ware gehandhabt wird, gibt es zu viele äußere Störfaktoren, die echte Selbstverwaltung im Betrieb letztlich unmöglich machen.

Der systematische Ansatz zur Lösung der Machtfrage für die Aktion Dritter Weg bestand konkret in der Entwicklung und Umsetzung von verbindlichen und für alle gültigen Rechtsordnungen, die dem Einzelnen größtmögliche Freiheits-, Entfaltungs- und Mitwirkungsräume bieten würden.

5.2.3 Wider den Gegensatz von Arbeitgeber und Arbeitnehmer

Ein zentrales Merkmal des Selbstverwaltungsansatzes der Aktion Dritter Weg war der Versuch, durch zeitgemäße innerbetriebliche Strukturen den scheinbar unüberbrückbaren Gegensatz von Arbeitgeber und Arbeitnehmer zu überwinden.

Wirklich gemeinsames Handeln von Geschäftsleitung und Mitarbeiterschaft scheint nur dann möglich, wenn alle Beteiligten in die entscheidenden

Rechtsvorgänge des Unternehmens eingeschaltet und einbezogen sind. Diese Mitwirkung geschieht am besten immer da, wo alle als Rechtsträger betroffen sind, also als rechtlich Gleichgestellte angesprochen werden. Hierbei kann es sich natürlich nicht darum handeln, Entscheidungen demokratischen Prozessen zu unterwerfen, die nur durch speziellen Sach- und Fachverstand getroffen werden können. Diese müssen in der Entscheidungskompetenz der jeweils dazu Befähigten und entsprechend Legitimierten verbleiben. Allerdings – und dies ändert die Qualität der Zusammenarbeit ganz grundsätzlich – müssen die jeweiligen Leitungsorgane tatsächlich durch die Betriebsgemeinschaft demokratisch legitimiert sein. Erst dann können diese, getragen und unterstützt von der gesamten Belegschaft, ihre Funktion der Verwaltung der Produktionsmittel und der Steuerung des Fähigkeiteneinsatzes optimal ausüben.[282]

Unter der Voraussetzung gemeinschaftlicher, demokratischer Legitimation und eindeutiger Definition entsprechender Gestaltungsspielräume für einzelne hierfür bevollmächtigte Führungskräfte kann diesen wiederum weitgehende Handlungsfreiheit eingeräumt werden. Auf dieser Grundlage konnte auch die aus Sicht des Dritten Weges zentrale unternehmerische Freiheit ohne Machtaspiration und potenziellen Missbrauch sozialverantwortlich ausgefüllt werden, indem jeder Betriebsangehörige aus freier Entscheidung und Einsicht in die Notwendigkeiten bei der Besetzung entsprechender Positionen mitentschieden hat. Die Einbindung der Führungskräfte in ihre jeweilige Betriebsgemeinschaft erzeugt wiederum stützenden Halt bei faktisch gegebenen Freiräumen und Entfaltungschancen. Zu ihrer Selbstbestätigung bedürfen sie daher keiner Anmaßungen und Übergriffe.

Mitarbeiterschaften sollten also an der Berufung von Führungspositionen beteiligt sein, auch weil diese eine enorme faktische Bedeutung für die tägliche Gestaltung ihres Arbeitslebens haben, nachdem die von diesen Personen geleiteten Unternehmen einen ganz zentralen Platz im Leben jedes Mitarbeiters einnehmen. Hier im Arbeitszusammenhang eines Betriebes verbringt der Mensch den größten Teil seines bewussten Lebens. Hier vollzieht sich die Entfaltung seiner Fähigkeiten, hier arbeitet er gerne und effizient zum Nutzen der Gesellschaft oder eben ungern und mit großen Reibungsverlusten. Unter den heutigen Rechtsverhältnissen sind Mitarbeiter tagtäglich in einen Lebenszu-

---

[282] „Der überwundene Gegensatz von ‚Arbeitgeber' und ‚Arbeitnehmer' öffnet das Feld für eine Sozialgestalt, in der miteinander verwoben sind Prozesse des *freien Beratern,* des *demokratischen Vereinbarens* und schließlich des *gemeinsamen Wirkens* für die soziale Umwelt. Das Recht der freien unternehmerischen Initiative hat jeder Mensch. Denn der Mensch ist ein initiatives Wesen." ebd. S. 11.

sammenhang eingebunden, der ihre Freiheits-, Bürger- und Persönlichkeits-
rechte deutlich einschränkt.

Deshalb sollten Mitarbeiter diejenigen mit auswählen können, die als Lei-
tende und „Regierende" im Betrieb für die jeweilige Form der Zusammenarbeit verantwortlich sind, die für das „Was" und „Wie" der Produktion, das
Betriebsklima, für Herrschaftsstrukturen im Betrieb oder eben für kooperative
Formen der Zusammenarbeit maßgebliche Entscheidungen zu treffen haben.
Hängen für die Mitarbeiter doch von dieser Auswahl die Gestaltung ihres konkreten Arbeitsplatzes, ihre täglichen Lebensumstände, ihr persönliches Wohlbefinden, ihre individuellen Entwicklungsmöglichkeiten oder eben ihr perma-
nenter Stress durch Überforderung, Mobbing und Ausbeutung ab.

Diese Anforderung mag utopisch anmuten, ist jedoch im Prinzip keine
ganz ungewöhnliche Überlegung, werden doch in demokratischen Gesellschaften Führungspositionen innerhalb der öffentlichen Verwaltung vom Bür-
germeister bis zur Regierungschefin grundsätzlich immer über demokratische
Verfahren besetzt. Gleiches gilt für die Mitwirkung der Arbeitnehmer im Rahmen der betrieblichen Mitbestimmung. Im Übrigen stellt sich mit dem Wegfall
der bisherigen Eigentümerstrukturen ohnehin die Frage nach neuen Formen
der Besetzung von Führungspositionen in der Wirtschaft, weil die Auswahl
derselben natürlich nicht länger durch Unternehmenseigner, Aktionärsver-
sammlungen oder Bankvorgaben unter Gesichtspunkten maximaler Profiter-
wartung erfolgen kann.

Für die Beurteilung der sachgemäßen Besetzung von Führungspositionen
kommt aus der Logik des bislang Dargestellten an dieser Stelle ein weiterer
Gesichtspunkt hinzu. Wie bereits in Kapitel 2.3 (Kommunikation, Kooperation
und Assoziation) ausgeführt, ergibt sich aus der vorbehaltlosen Betrachtung
der wirtschaftlichen Realität die Notwendigkeit, firmenübergreifenden Sachverstand ins Spiel zu bringen, um die komplexen Abhängigkeiten und Zusammenhänge der global vernetzten Weltwirtschaft in adäquater Form zu mana-
gen und in richtiger Weise auf das Einzelunternehmen zu projizieren. Deshalb
scheint es sinnvoll zu sein, wenn die Belegschaft Personalentscheidungen stets
im Einvernehmen mit kompetenten externen Beratungsebenen wie den bereits
erwähnten Kuratorien fällt.[283] Dies scheint schon deswegen wichtig, weil neben dem berechtigten Interesse der Mitarbeiter stets auch betriebsübergreifende Aspekte zu berücksichtigen sind. Ein einzelnes Unternehmen ist eben
keine isolierte Einheit, die autonom über Art, Quantität und Qualität der jeweiligen Produkte entscheiden kann, sondern vielmehr stets Teil eines größeren

---

[283] Schmundt, *Zeitgemäße Wirtschaftsgesetze.* S. 35.

vernetzen Ganzen, in dessen Rahmen die jeweiligen Leistungen erbracht werden. Dies allerdings nicht, ohne die gesamte gesellschaftlich erbrachte Infrastruktur zu verwenden und jeweils eine große Anzahl an *Gemeingütern* wie Wasser, Luft, Grund und Boden, Bodenschätze, Energie etc. dabei zu verbrauchen.

So gilt es bei der Auswahl eines Managers z. B. in einem Energieunternehmen nicht nur dessen soziale Kompetenz bei der Führung von Mitarbeitern zu beachten, sondern auch sein Verhältnis zu Umwelt und Gesellschaft zu berücksichtigen, weil gerade diese in massiver Weise von den Handlungen des Betreffenden abhängen. Aus diesem Begründungszusammenhang hat die Gemeinschaft in geeigneter Form ebenfalls immer dann „mitzureden", wenn es um die Besetzung wichtiger Positionen der Wirtschaft geht.

5.2.4 Existenzbedingungen des Einzelnen in der Gemeinschaft

Wie auch bei dem Geld- und Arbeitsbegriff der Aktion Dritter Weg, basierte die Ideenbildung zum Thema Selbstverwaltung ebenfalls auf Anregungen und Hinweisen aus der Soziallehre Steiners, die auch hier wiederum durch die Arbeiten Schmundts Ergänzung finden.

Rudolf Steiner beschreibt mit seinem 1898 formulierten *Soziologischen Grundgesetz*[284], ein dem erwähnten *Sozialen Hauptgesetz*[285] verwandtes soziales Entwicklungsgesetz, dass die freie Entfaltung des Einzelnen im Laufe der Zeit an die Stelle der Unterordnung des Individuums unter soziale Verbände getreten ist. Mit Steiner lässt sich aus dieser Gesetzmäßigkeit ableiten, dass moderne soziale Gemeinschaftsbildung in Staat und Gesellschaft – und damit auch im wirtschaftlichen Leben – ausschließlich an dem Menschen und seiner Individualität zu orientieren ist. Staats- und Gesellschaftsordnungen, die den Einzelnen zum Zwecke „höherer Bestimmungen" dem System unterordnen, sind anachronistisch und stets sozial zerstörend. Steiner leitet diese Gesetzmäßigkeiten aus seiner Sicht der menschlichen Bewusstseinsentwicklung ab und fordert Systemstrukturen, die „für sich selbst gar nichts, für den Einzelnen

---

[284]   „Die Menschheit strebt im Anfange der Kulturzustände nach Entstehung sozialer Verbände; dem Interesse dieser Verbände wird zunächst das Interesse des Individuums geopfert; die weitere Entwicklung führt zur Befreiung des Individuums von dem Interesse der Verbände und zur freien Entfaltung der Bedürfnisse und Kräfte des Einzelnen." Rudolf Steiner, *Gesammelte Aufsätze zur Kultur- und Zeitgeschichte 1887–1901*, 3. Aufl. Gesamtausgabe 31 (Dornach: Rudolf Steiner Verlag, 1989). S. 255f.

[285]   Steiner, *Geisteswissenschaft und soziale Frage*. S. 34; zitiert auch in Fußnote 145.

alles"[286] anstreben. Hieraus folgt wiederum die Notwendigkeit, dem Einzelnen größtmögliche Freiheit und Entfaltungsmöglichkeit anzubieten und zukunftssicher zu gewährleisten.

Natürlich finden die Freiheit und Entfaltungsmöglichkeiten des Einzelnen wie auch der gesamten Betriebsgemeinschaft auch hier ihre Einschränkung durch die umgebenden Strukturen moderner Industriegesellschaften. Wie bereits festgestellt, setzte konsequente Selbstverwaltung im Betrieb nach dem Verständnis der Aktion Dritter Weg die Umsetzung umfassender gesamtgesellschaftlicher Neuordnung voraus.[287]

5.2.5   Gemeinwohlorientierte Prozesssteuerung in Unternehmen

Solange unkontrollierbare Machtzentren nahezu alle finanziellen Prozesse steuern und weitgehende Abhängigkeitsverhältnisse zwischen den Unternehmen und der Bankenwelt bestehen, kann betriebliche Selbstverwaltung nur bedingt funktionieren. Die Umsetzung von Selbstverwaltung setzt die Gestaltung und Verantwortung der Geldordnung einer Gesellschaft durch entsprechende hierfür bevollmächtigte Selbstverwaltungsorgane voraus.[288] Dies verlangt eine Neuordnung des Geld- und Kapitalverkehrs, welche Kreditvergabe und Investitionsplanung nicht als gewinnorientierte Wirtschaftsabsicht, sondern als reine Dienstleistungsfunktion und quasi gemeinnützige Aufgabe demokratischer Geldkreislaufsteuerung versteht. Auf dieser Grundlage können Wirtschaftsprozesse an den Bedürfnissen der Verbraucher statt an der Ertragsmaximierung der Produzenten orientiert werden.

Prozesssteuerung aus Einsicht in die *Lebensnotwendigkeiten des Ganzen*[289] bedingt allerdings die Erarbeitung und Aktualisierung von Urteilsgrundlagen über die wirtschaftliche und gesellschaftliche Gesamtentwicklung.[290] Für die

---

[286]   Steiner, *Gesammelte Aufsätze zur Kultur- und Zeitgeschichte 1887–1901.* S. 255f: „Die Menschheit strebt im Anfange der Kulturzustände nach Entstehung sozialer Verbände; dem Interesse dieser Verbände wird zunächst das Interesse des Individuums geopfert; die weitere Entwicklung führt zur Befreiung des Individuums von dem Interesse der Verbände und zur freien Entfaltung der Bedürfnisse und Kräfte der Einzelnen."

[287]   „Im Verständnis der IG Dritter Weg ist Selbstverwaltung ohne Boden, wenn nicht der skizzierte Geldbegriff gesamtgesellschaftliche zur Geltung gebracht wird. Die Unternehmen (Arbeitskollektive) geraten unvermeidlich in die Abhängigkeit derjenigen, die aus Machtpositionen heraus die Geldströme dirigieren." Aktion Dritter Weg, „Die Aktion Dritter Weg." in *Aufruf zur Alternative* (s. Anm. 6), Heft 1. S. 10.

[288]   „Zum Prinzip der *Selbstverwaltung der Arbeitsprozesse* gehört also wesentlich, daß bevollmächtigte Selbstverwaltungsorgane des sozialen Organismus gegenüber dessen Wirtschaftsleben die Verantwortung für die Geldordnung der Gesellschaft tragen." ebd. S. 10.

[289]   Ebd. S. 10.

[290]   Siehe ebd. Seite 10ff.

144

Aktion Dritter Weg konnte diese Einsicht in die Entwicklungsbedingungen des Ganzen aufgrund des hohen Komplexitätsgrades weltumspannender Verflechtungen nur dann gewonnen werden, wenn möglichst viele Einzelerfahrungen und Erkenntnisse zusammengetragen und zu einem möglichst umfassenden Gesamtbild kompiliert würden, dies vorzugsweise ohne Einmischung partikularer Interessen.

Gesamtgesellschaftliche Selbstverwaltung erfordert hier ein weitverzweigtes Geflecht beratender Gremien und Kuratorien als Voraussetzung für eine fruchtbare Zusammenarbeit aller mit dem Wirtschaftsleben verbundenen Kräfte. Hierunter wird ein zukünftig breit ausgebildetes Funktionssystem der gesellschaftlichen Beratung und Planung verstanden, welches als Orientierungsebene für die Planung und Steuerung gesellschaftlicher Entwicklungsprozesse Sorge zu tragen hat und in Kapitel 2.3 (Kommunikation, Kooperation und Assoziation) im Kontext der Gremien und Assoziationen behandelt wurde. Aufgabe dieses gesellschaftlichen Funktionsgliedes ist die Planung und Beratung all dessen, was durch die Zusammenarbeit aller im Wirtschaftsleben Tätigen für die Befriedigung des Bedarfs der Menschen getan werden soll und muss.

Selbstverwaltung und Selbstbestimmung der Mitarbeiter auf Unternehmensebene bedeutet damit die Umsetzung von Strukturen einer möglichst umfassenden Mitwirkung, als deren wesentlichstes Element das Prinzip der demokratischen Übereinkunft in wesentlichen Unternehmensfragen zählt. Konzeptionell wären aus dieser Sicht, wo die Größe eines Unternehmens es erlaubt, stets alle Mitarbeiter an diesen Beratungs- und Entscheidungsvorgängen zu beteiligen. Eine institutionalisierte Versammlung aller Mitarbeiter wäre der Sache nach das einzige Organ, welches zur Abwicklung der entsprechenden Prozesse notwendig ist.

Wo es sinnvoll und wegen entsprechender Größenordnungen notwendig ist, werden Aufgaben durch Delegation an Einzelne oder an Gruppen übertragen, in Mitarbeiter- und Betriebsversammlungen jedenfalls ist jeder Unternehmensangehörige gleichberechtigt. Mittlere und große Unternehmen werden nur sehr grundlegende Entscheidungen – wie z. B. die Bevollmächtigung der Unternehmensleitung – durch die betreffende Mitarbeiterversammlung treffen können. Hier wäre die jeweilig passende Selbstverwaltungsordnung konkret zu strukturieren und auf den verschiedenen Ebenen der Unternehmensorganisation einzurichten. Hierzu gehören der Arbeitsplatz, die Abteilung, der Betrieb als Ganzes sowie betriebsübergreifende Organisationseinheiten.

5.2.6 Gremien bilden und Rechtsvereinbarungen treffen

Selbstverständlich müssen auch innerhalb einer Wirtschaftsordnung ohne Profitzwänge Entscheidungen getroffen werden, die unter Umständen weitreichende Auswirkungen besonders auf die Rechte der im Wirtschaftsleben und im jeweiligen Unternehmen tätigen Menschen haben. In diese Rechtsentscheidungen sind die Mitarbeiter eines Unternehmens sinnvollerweise einzubeziehen, sofern diese die Mitarbeiter persönlich betreffen. Hierzu gehört die Bevollmächtigung der Mitarbeiter zum Versehen der jeweiligen Arbeitsbereiche, das Festlegen der konkreten Arbeitsbedingungen und das Regeln der Einkommen für alle Mitarbeiter eines Unternehmens. Alle diese Aufgaben werden durch die jeweiligen Belegschaften unter Hinzuziehung entsprechender beratender Gremien geregelt.[291]

Die Berufung und Bevollmächtigung, die konkrete Vereinbarung von Arbeitsbedingungen und Einkommensregelungen im Betrieb ist aus grundsätzlichen Erwägungen immer Aufgabe der gesamten Betriebsgemeinschaft und läuft zukunftsorientiert stets nach gemeinschaftlich festgelegten Regeln ab. Die Regelung der letztgenannten Einkommensfrage kann dabei nicht nach Maßgabe interner Eckwerte erfolgen, sondern wird immer auch an dem Leistungsvermögen eines Wirtschaftsraumes orientiert sein. Auf diese Weise würde eine derartige Regelung mit den Einkommen aller im Produktionsbereich Tätigen z. B. einer Region oder eines Landes in Einklang stehen.

Dies setzt allerdings gesamtgesellschaftlich vereinbarte Einkommens-Rahmenordnungen voraus, die allen individuellen Regelungen zugrunde liegen und die selbstverständlich auch die Einkommen der Unternehmensleitungen umfassen.[292]

5.3 Fazit

Die Idee der Mitarbeiterselbstverwaltung aus Sicht der Aktion Dritter Weg bestand im Kern darin, die dem jeweiligen Unternehmen gemäße Freiheits- und Selbstorganisationsstruktur möglichst sachgemäß auszubilden. An die Stelle der bisherigen Macht- und Abhängigkeitsverhältnisse in hierarchisch-autoritäreren Organisationsformen werden neue Maßstäbe für selbstverantwortliches Handeln treten. Dies jenseits von Wachstumsdruck und Profitzwang und auf der Grundlage demokratischer Gleichberechtigung unter konsequenter Beachtung der Menschen- und Bürgerrechte aller Beschäftigten.

---

[291] W. Schmundt, *Zeitgemäße Wirtschaftsgesetze.* S. 33.
[292] Ebd. S. 35.

Dieser grundlegende Ansatz der Beteiligung der Mitarbeiter an allen Rechts-Fragen scheint auch aus heutiger Sicht sehr berechtigt. Die Fähigkeiten der Menschen sind das allerwichtigste Kapital im Wirtschaftsleben und entfalten sich optimal nur unter Bedingungen, die der Kreativität des Einzelnen förderlich sind und seiner Entfaltung nicht im Wege stehen. Wenn äußere Motivationsfaktoren immer mehr an Wirkung verlieren, gilt es in besonderer Weise, Mitarbeiter in die konkrete Gestaltung ihres beruflichen Alltags aktiv einzubeziehen und dafür Sorge zu tragen, dass sie sich mit ihrer Arbeit wirklich identifizieren können, denn nur dann – in Freiheit und weitgehender Selbstbestimmung – können die Fähigkeiten des Einzelnen zum Nutzen aller voll zur Entfaltung gelangen.

6   Nur noch 2.272 Tage bis zum Ende des Kapitalismus

Wie nicht zuletzt einer Tonbandaufzeichnung von Joseph Beuys, Johannes Stüttgen und Karl Fastabend vom 1. April 1981 zu entnehmen ist, sind die Tage des Kapitalismus gezählt.[293] Dies gilt auch, obwohl das genaue Verfallsdatum entgegen der Voraussage von Beuys immer wieder verlängert wurde. Sind es doch die Grundfesten des geltenden kapitalistischen Wirtschaftssystems, die für die zentralen Probleme der Gegenwart verantwortlich sind und die nicht durch wohlgemeinte Reformen grüner, linker oder auch libertärer Provenienz beseitigt werden können.[294]

Der Kapitalismus ist eine Wirtschaftsform, die durch die freie Verfügung über Privateigentum vor allem an Produktionsmitteln sowie der Selbststeuerung des Marktes durch Angebot und Nachfrage geprägt ist. Ein durch die staatliche Ordnung gesicherter Eigentumsbegriff ermöglicht ein ansonsten von staatlichen Eingriffen weitgehend freies Wirtschaften, dessen konstitutives Merkmal das Streben nach Gewinn durch maximale Ausbeutung der menschlichen Arbeit und der Naturgrundlagen darstellt.[295] Im Kapitalismus wird nicht

---

[293] Joseph Beuys, Johannes Stüttgen und Karl Fastabend, „Joseph Beuys: Nur noch 2272 Tage bis zum Ende des Kapitalimus (Tonbandkassette 1.4.1981)." in *Similia similibus: Joseph Beuys zum 60. Geburtstag,* hrsg. von Johannes Stüttgen. 1.200 gestempelte u. nummerierte Ex., die ersten 200 Ex. als ‚Edition Joseph Beuys 12. Mai 1981' mit Tonbandkassette, 90 Min. (Köln: DuMont, 1981).

[294] „Ich bin gegen Privat- und Staatskapitalismus, ich bin für einen freien demokratischen Sozialismus. Meine Kunst ist Befreiungspolitik" … „Eine Gesellschaftsordnung wie eine Plastik zu formen, das ist meine und die Aufgabe der Kunst. Sofern der Mensch sich als Wesen der Selbstbestimmung erkennt, ist er auch in der Lage, den Weltinhalt zu formen." Beuys zitiert nach Peter Schata, „Das Œuvre des Joseph Beuys: Ein individueller Ansatz zu universeller Neugestaltung." in Soziale Plastik: Materialien zu Joseph Beuys, hrsg. von Volker Harlan, Rainer Rappmann und Peter Schata. 3., erw. u. erg. Aufl, 73–117 (Achberg: Achberger Verl., 1984). S. 107.
Peter Schata konkretisiert den Beuys'schen Revolutionsbegriff in Verbindung mit der Evolution der gesellschaftlichen Verhältnisse: „Revolution das ist zunächst der Akt, in welchem der Einzelne seiner selbst bewußt wird und sich nur noch auf die Spitze seiner eigenen Persönlichkeit stellt. Wesentlich an diesem Befreiungsakt ist, daß nur der Einzelne selbst revolutionären Schritt der Selbstbefreiung vollziehen kann. Evolution, das ist der Prozeß, in welchem Selbstbewußtsein und Freiheit zu gesamtgesellschaftlichen Errungenschaften und damit zu gesamtgesellschaftlich bestimmenden Faktoren werden." ebd. S. 107.

[295] „Grundlagen des Kapitalismus sind eine Eigentumsordnung, die die freie Verfügung über das Privateigentum (z. B. an den Produktionsmitteln) schützt, ferner ein auf der Basis des Marktmechanismus und der Selbststeuerung durch Angebot und Nachfrage. Diese Rahmenbedingungen und die weitgehend ungeregelte Ausbeutung der anderen beiden Produktionsfaktoren

primär für menschliche Bedürfnisse produziert, sondern für einen gewinn-
trächtigen Absatz, wobei alle Unternehmen in einer ständigen und unmittelbaren Konkurrenz zueinander stehen und hierbei einem systemimmanenten
Wachstumszwang unterliegen, der wiederum zu immer mehr Ressourcenverbrauch und Umweltbelastung führt. Hierbei werden allein in Deutschland jährlich 6,7 Mio. Tonnen Lebensmittel, 800.000 Tonnen Kleider oder auch 1 Mio.
Tonnen noch weitgehend funktionsfähiges technisches Gerät wie Computer,
Mobiltelefone oder TV-Geräte einfach weggeworfen.[296]

Wie die jüngste Vergangenheit eindrücklich belegt, bieten weder die klassischen Marktgesetze eine Gewähr für eine sozial- und umweltverträgliche sowie am Gemeinwohl der Menschen orientierte Entwicklung, noch taugen die
geltenden Geldordnungen für den Einstieg in eine nachhaltige Moderne. Die
großen Finanzkrisen der letzten Jahre haben gezeigt, wie schwer der zerstö-
rerischen Profitgier der Finanzwirtschaft Grenzen gesetzt werden können, einer Entwicklung, die gesellschaftliche Schäden in dreistelliger Milliardenhöhe
hervorgerufen hat, für die nun die Allgemeinheit in Form von Rettungsschir-
men und Hypotheken für die kommende Generation aufkommen muss.

Auch wenn in den letzten 30 Jahren die Einkommen der Mehrheit der
Beschäftigten z.B. in den USA nicht angewachsen sind, wie *Joseph Stiglitz*
unter Bezugnahme auf Daten der zuständigen US-Verwaltung konstatiert[297],
funktioniert das kapitalistische System – trotz gewaltiger finanz- und geopoli-
tischer Verwerfungen – oberflächlich betrachtet immer noch recht gut. Dies jedenfalls zum maximalen Nutzen der vermögenden Schichten der Gesellschaft.
Hier lassen sich in den letzten 30 Jahren gewaltige Vermögensakkumulatio-
nen feststellen, bei denen der Reichtum Weniger zu Lasten der Allgemeinheit
expotenziell anwächst. Diesen Sachverhalt belegen die jüngsten Studien von
Thomas Piketty auf höchst eindrucksvolle Weise: Piketty weist in seinem Buch
Das Kapital im 21. Jahrhundert u. a. detailliert nach, dass die im Vergleich zur

---

erlaubten eine enorme Kapitalanhäufung und führten im Verlauf der industriellen Revolution
des 19. Jh. zu politischen und sozialen Gegenbewegungen, deren politische und wirtschaftliche Auswirkungen bis in unsere Zeit reichen. Zu unterscheiden sind a) der ab dem 15. Jh.
aufkommende Frühkapitalismus, b) der liberale Hoch- oder Manchester-Kapitalismus des
18./19. Jh. und c) der Spätkapitalismus Ende des 19. Jh." Klaus Schubert und Martina Klein,
„Kapitalismus: Nachschlagen [Bundeszentrale für politische Bildung]." http://www.bpb.de/
nachschlagen/lexika/politiklexikon/17696/kapitalismus (letzter Zugriff: 26. Februar 2015).

296 Wolfgang Uchatius, „Jan Müller hat genug.". http://www.zeit.de/2013/10/DOS-Konsum/
komplettansicht (letzter Zugriff: 27. Januar 2015).

297 So verdiente inflationsbereinigt ein durchschnittlicher US-Arbeiter im Jahre 2010 32.137 $
während dieser 1968 32.844 $ mit nach Hause brachte. Stiglitz, *Der Preis der Ungleichheit*.
S. 31 f. sowie S. 384.

Realwirtschaft deutlich höheren Erträge der Finanzwirtschaft zur immer größeren Kapitalkonzentration in der Hand von immer weniger Menschen führen. So besitzen 10% der Bürger der USA mittlerweile 70% des nationalen Gesamtvermögens, wobei sich davon die Hälfte in der Hand nur eines Prozentes der US-Bevölkerung befindet. Hingegen verfügen die unteren 50% der US-Bevölkerung lediglich über 5% des Gesamtvermögens.[298] Diese Entwicklung wird sich in den nächsten Jahren nach Piketty weiter verschärfen und noch absurdere Ausmaße annehmen. Kein Wunder, wenn sich die Occupy-Bewegung mit dem Slogan „We are the 99%" lautstark, dabei weitgehend friedlich zu Wort meldet und auch in der Wallstreet ihre Zelte aufschlägt. Perspektivisch kann allerdings nicht davon ausgegangen werden, dass die internationale Völkergemeinschaft derart eklatante Einkommens- und Vermögensungleichverteilungen akzeptieren wird. Der grenzenlose Finanzmarktkapitalismus, eine hierzu vergleichsweise kleine Realwirtschaft mit Profit- und Wachstumszwang, massive Überproduktion, abnehmende Ressourcen, Vermögensakkumulation bei immer kleineren Finanzeliten etc. werden sich selbst ad absurdum führen und mangels kollektiver Akzeptanz fundamentale Veränderungen nötig machen. Die Frage ist nur, ob sich der gesellschaftliche Wandel zu einer gleichermaßen nachhaltigen wie auch reduktiven Moderne[299] – mit Mathis Wackernagel – „by Design oder by Disaster" [300] vollziehen wird oder, um mit Steiner zu sprechen, ob die Menschen aus Einsicht oder durch „soziale Kataklysmen und Revolutionen" gezwungen die notwendigen Schritte einleiten werden.[301] Genau diese Frage stellt auch *Ulrike Herrmann* am Schluss ihres 2013 erschienenen Buches *Der Sieg des Kapitals* und weist darauf hin, dass der Kapitalismus nur durch immer weiteres Wachstum am Leben erhalten werden kann, welches allerdings die Lebensgrundlagen der Menschen vernichtet und damit auch den Kapitalismus selbst zerstört.[302]

---

298 Piketty, *Das Kapital im 21. Jahrhundert.* S. 327.
299 Bernd Sommer und Harald Welzer, *Transformationsdesign: Wege in eine zukunftsfähige Moderne.* Transformationen 1 (München: Oekom, 2014). S. 13ff.
300 Mathis Wackernagel, zitiert nach ebd., S. 26.
301 Rudolf Steiner, *Die soziale Frage als Bewußtseinsfrage: Acht Vorträge, gehalten in Dornach zwischen dem 15. Februar und 16. März 1919,* 3., neu durchges. Aufl. Gesamtausgabe 189, Die geistigen Hintergründe der sozialen Frage (Dornach: Rudolf Steiner Verlag, 1980). S. 24.
302 „Die Industrieländer stehen vor einer Alternative, die eigentlich keine ist: Entweder sie verzichten freiwillig auf Wachstum – oder die Zeit des Wachstums endet später gewaltsam, weil die Lebensgrundlagen zerstört sind. Für die Industrieländer wäre es daher rational, lieber gleich auf die Bremse zu treten, zumal es kein Verlust wäre, den Konsum zu reduzieren. (S. 245) ... Es ist ein Dilemma: ohne Wachstum geht es nicht, komplett grünes Wachstum gibt es nicht, und normales Wachstum bedeutet eine Öko-Katastrophe. Der Kapitalismus erscheint wie ein Fluch. Er hat den Reichtum und den technischen Fortschritt ermöglicht, der

Die vorausgehenden Ausführungen zu den ideellen Grundlagen der Aktion Dritter Weg wiesen hierbei in eine eindeutige Richtung: Gesellschaftliche Entwicklungen und Umwälzungen sollten vorzugsweise „by Design" und nicht über soziale und ökologische Verwüstungen erfolgen. Für diesen notwendigen Transformationsprozess auch hinsichtlich der Systemfrage einige Anregungen aus der Arbeit der Achberger Schule beizusteuern, ist die nicht ganz unbescheidene Absicht des ersten Teils dieser Arbeit. Dieser erste Teil soll im Folgenden durch Betrachtungen und Analysen zur 20-jährigen Verbandspraxis ergänzt werden. Hierbei ist zu fragen, ob und wie die Überlegungen zu den genannten Parametern in die Praxis des Wirtschaftslebens übertragen werden konnten und welche Erfahrungen dabei gemacht wurden. Es stellt sich auch die Frage, welche Konsequenzen aus den Praxisbemühungen gezogen werden können und ob diese für den Weg in eine nachhaltige, demokratische und soziale Moderne von Bedeutung sein können.

---

es eigentlich erlauben würde, mit weniger Arbeit auszukommen. Aber stattdessen muss unverdrossen weiter produziert werden, obwohl dies in den Untergang führt. (S. 246) ... Wir produzieren immer mehr, weil der Kapitalismus Wachstums benötigt und ohne Wachstum kollabiert. (S. 245)" Ulrike Herrmann, *Der Sieg des Kapitals: Wie der Reichtum in die Welt kam: die Geschichte von Wachstum Geld und Krisen,* 2. Aufl. (Frankfurt am Main: Westend, 2013).

Teil II

Die Wirtschaftspraxis der Aktion Dritter Weg und der Media-Unternehmensgruppe

7   Einleitung

Die dargestellten Überlegungen zu Geldbegriff, Eigentum, Einkommen und Selbstverwaltung waren die Grundlage für die 1979 erfolgte Gründung der *Interessengemeinschaft Dritter Weg (Unternehmensverband)*, die sich in den Jahren 1979 bis 2002 zu einer Gruppe von bis zu 20 verschiedenen Unternehmen mit ca. 200 Mitarbeitern in Arbeitsstätten von Hamburg bis Lindau entwickelte.[303]

Die Interessengemeinschaft Dritter Weg, die später in Media-Unternehmensgruppe umbenannt wurde, bestand aus erwerbsorientierten und gemeinnützigen Betrieben, die in ihrer jeweiligen Binnenstruktur und Betriebsverfassung, aber auch in der Form ihrer Zusammenarbeit neue Wege einer alternativen Ökonomie einschlagen wollten. Die Idee basierte auf dem Wunsch, neue Konzepte für eine menschengemäße Ökonomie nicht nur politisch zu fordern, wie dies nicht zuletzt auch durch die Mitarbeit des Verbandes bei den Grünen geschah[304], sondern diese in der eigenen Praxis konkret unternehmerisch umzusetzen.

Wie bereits erwähnt, hatte sich die Aktion Dritter Weg als *Achberger Kreis* initiativ bei den Grünen eingebracht, dies nicht zuletzt mit der Absicht, Themen wie „Direkte Demokratie", ein „Freies Schul- und Hochschulwesen", eine neue „Geldordnung", das „Bedingungslose Grundeinkommen" und weitere an die Wurzeln des bestehenden Systems gehende Positionen in die programmatische Arbeit der Partei einzubringen.[305]

Trotz verschiedenster systemkritischer linker Positionen im Gründungsumfeld der Grünen waren dennoch mehr die ökologischen und sozialen Positionen konsensfähig, die sich programmatisch gegen die Zerstörung der Natur- und Lebensgrundlagen richteten. Die Aufgabe wurde mehrheitlich vor allem darin gesehen, die Auswüchse rücksichtslosen Umgangs mit der Natur einzudämmen, ohne dabei die Systemfrage zu stellen.[306] Diese hätte darin bestan-

---

303 Vgl. Aktion Dritter Weg, *Aktion Dritter Weg, – Aufbauinitiative –*.

304 Der Achberger Kreis sowie die Aktion Dritter Weg war offizieller Gründungspartner der Partei „Die Grünen", vgl. hierzu vor allem das vierte Kapitel in Mende, *‚Nicht rechts, nicht links, sondern vorn'.* S. 135ff.

305 Wilfried Heidt, „Die Position des ‚Achberger Kreises' in den Grünen." in *Sozial handeln aus der Erkenntnis des sozial Ganzen* (s. Anm. 270). S. 245.

306 Für die Aktion Dritter Weg gehörte es demgegenüber zum Selbstverständnis, die Ökologiefrage nicht nur auf die Natur, sondern ebenso auf die Gesellschaft zu beziehen, siehe z. B. Wilfried Heidt, „Die ökologische Krise als soziale Herausforderung: Zur gesellschaftlichen Konzeption der grünen Alternative – Ein dritter Weg jenseits von Kapitalismus und

den, nicht nur die Folgen von Raubbau und Umweltzerstörung zu bekämpfen, sondern vor allem die Ursachen aufzuspüren und zu beseitigen. Ursachen, die mit der kapitalistischen Wirtschaftsordnung als solcher zusammenhängen und mit dem Prinzip der Gewinnmaximierung, dem Zwang zu immer mehr Wachstum, dem Prinzip des Privateigentums an Produktionsmitteln, dem Leistungslohn und der Allmacht der Banken verbunden sind.

Den Grünen ging und geht es bis heute mehr um die reformerische Dimension des Erhaltens und Beschützens der Lebensgrundlagen, gerade ohne die herrschenden Wirtschafts- und Produktionsverhältnisse konsequent in Frage zu stellen. Im Gegenteil wird – von einigen Ausnahmen abgesehen – das grundsätzliche Funktionsprinzip des Kapitalismus als solches nicht in Frage gestellt. Nicht thematisiert wird der Zusammenhang von wirtschaftlichem Wachstum, Profitinteresse und kapitalistischer Herrschaft, wie z. B. auch Ulrich Brand dies seinerzeit in einem Beitrag für faznet.de formulierte.[307] Die grüne Politik steht damit, etwas überspitzt formuliert, heute für eine Art grünen „Wohlfühlkapitalismus"[308] mit grünem Wachstum unter Beibehaltung der bisherigen Eigentums-, Herrschafts- und Kapitalverhältnisse.[309]

Die Grünen vertreten also eher den Typus einer Reformpartei, die – ohne große eigene Utopien zukünftiger Sozialgestaltung – ihr Ziel nicht in der Überwindung des Kapitalismus, sondern in der Bewältigung der durch ihn hervorgerufenen Schäden verstehen. Bereits früh spaltete sich die Bewegung auch in zwei Lager, von denen die Einen zu pragmatischen Realpolitikern mit der Perspektive des politisch Machbaren wurden, während die anderen als „Fundamentalisten" radikale, aber von den Kollegen wenig geliebte Fundamental-Opposition betrieben oder sich auf die Entwicklung von Bio-Bauernhöfen,

---

real existierendem Sozialismus." in *Die Grünen: Personen, Projekte, Programme,* hrsg. von Hans-Werner Lüdke und Olaf Dinné, S. 81–99 (Stuttgart-Degerloch: Seewald, 1980).

[307] Ulrich Brand, „Das borniere Streben nach Profit.". http://www.faz.net/-gqz-7rnfw (letzter Zugriff: 27. Januar 2015).

[308] Rainer Rilling, „Die Linke wählen? Sozialismus statt Wohlfühlkapitalismus." in *Richtig wählen,* hrsg. von Armin Nassehi, 113–122, Kursbuch 174 (Hamburg: Murmann, 2013). S. 122.

[309] So bezeichnet der Vorsitzende der Heinrich Böll Stiftung, Ralf Fuchs z. B. 2013 innerhalb eines Aufsatzes im Kursbuch zum Thema „Wahlen" die ökologische Erneuerung der Industriegesellschaft mit deren Schlüsselelement der Energiewende als eine der großen Herausforderungen der Grünen, mit der die Grundlage für „nachhaltiges Wachstum" gelegt werden könne. Damit wird perspektivisch eben Ökostrom statt Atomstrom unter den gleichen Wachstums und Eigentumsvorgaben produziert. Ralf Fücks, „Grüne wählen? Vom alternativen Projekt zur linken Mitte." in *Richtig wählen,* hrsg. von Armin Nassehi, 104–112, Kursbuch 174 (Hamburg: Murmann, 2013). S. 105.

Ökodörfern und wirtschaftlich wie technisch durchaus auch sehr anspruchs-
vollen „Alternativbetrieben" verlegten.[310]

Nicht zuletzt diesem Umstand der zunehmend reformpolitischen und anti-
utopischen Orientierung der grünen Partei war der sukzessive Rückzug des
Achberger Kreises aus der aktiven Parteiarbeit geschuldet. Die fundamentale
System- und Kapitalismuskritik, wie sie seinerzeit durch den Achberger Kreis
vertreten wurde, war innerhalb der Partei nicht mehrheitsfähig und stand dem
mehrheitlich verfolgten politischen Ziel des Einzugs in die Parlamente eher
im Wege.[311]

Im Unterschied zu diesen parlamentarisch politischen Aktivitäten, bestand
das Vorhaben der Aktion Dritter Weg darin, nicht nur bessere ökologische Zeiten zu propagieren und grüne Konzepte in Gesetzesvorlagen für übermorgen
umzumünzen, sondern ganz real Idee und Tat zu verbinden und damit anzufan-
gen, insbesondere auch das eigene Leben entsprechend den neu gewonnenen
Einsichten zu organisieren.

Wie der Begriff *Aktion Dritter Weg* bereits verdeutlichte, ging es bei dem
Vorhaben um eine *Aktion,* also um einen Handlungs- und Bewegungsansatz,
zur Exemplifizierung neuer Sozial- und Wirtschaftsformen, als Demonstra-
tion heute schon machbarer Veränderungen auf den verschiedenen Arbeitsfeldern sozialer und wirtschaftlicher Gestaltung. Der Unternehmensverband mit
Betrieben in Lindau, Achberg, Göppingen, Frankfurt und Hamburg hatte die
Aufgabe, die Ergebnisse der wissenschaftlich-konzeptionellen Vorarbeit unmittelbar in die Praxis zu überführen, um so ein konkretes Modell für die Rea-
lisierungsmöglichkeit neuer Wirtschaftsformen zu schaffen. *Modell* ist in diesem Zusammenhang natürlich nicht im Sinne von Vorbildlichkeit zu verstehen,
wie dies etwa in der Floskel „Modell Deutschland" zum Ausdruck kommt.
Nicht ein Modell im Sinne irgendeines Idealtypus sollte realisiert werden, sondern es sollte ein veranschaulichendes Experimentier- und Übungsfeld für einzelne Aspekte neuer sozialer Ideen geschaffen werden, um diese gleichzeitig zu überprüfen, zu konkretisieren und weiterzuentwickeln. Alle praktischen
Umsetzungen verstanden sich dergestalt als Vorschläge praktischer sozialer
Fantasie, die als Anschauungsobjekt und nicht als die Sache selbst verstanden werden sollten. Waren konkrete Ideen gefasst und hinreichend formuliert
und begründet, wurde versucht, diese praktisch im betrieblichen Alltag um-

---

310 Vgl. hierzu auch Welzer, *Selbst denken.* S. 102ff.
311 Ungeachtet dieser Sichtweise ist der Autor dieser Arbeit der grünen Partei und Bewegung
     bis zum heutigen Tage freundschaftlich verbunden, er war mehr als 12 Jahre als Präsident
     der grünen Stiftung *(E. F. Schumacher)Gesellschaft für politische Ökologie e. V.* tätig, der
     heutigen *Heinrich Böll Stiftung Baden-Württemberg e. V.*

zusetzen. War man also z. B. zu der Erkenntnis gekommen, dass Arbeit und Einkommen getrennt werden müssten, ging es bei der Praxisumsetzung genau darum, entsprechende Wege für diese Trennung zu finden und auf Tauglichkeit hin zu überprüfen. Alle praktischen Ansätze, wie in den Statuten des Verbandes dargestellt, sind in diesem Sinne als Wegmarken und nicht als verabsolutierbare Handlungsanweisungen für eine bessere Welt zu betrachten.

Die Statuten selbst beinhalten in komprimierter Form alle wesentlichen Aspekte der praktischen Umsetzung der neuen Wirtschaftsideen, wie diese sich aus den ideellen Vorgaben ergeben. Sie beinhalten auch einige knappe Begründungen für die gewählten Verfahrensweisen, die in ihrer Kürze natürlich nur auf das Allerwesentlichste beschränkt sind. Sie beschreiben damit alle wichtigen Handhabungsformen und Umgangsweisen in möglichst präziser und knapper Form und Sprache, die gewählten Formulierungen wirken deshalb rückblickend an manchen Stellen etwas normativ, verkürzt oder zumindest streng und lassen mitunter den ansonsten gepflegten freiheitlichen Geist der Initiative vermissen. Dennoch entsprachen diese Statuten vollumfänglich den intendierten Absichten und bildeten ein relativ klares und eindeutiges Gerüst für die gemeinsame Arbeit, welches nicht allzu viel Raum für Spekulationen über „vielleicht" Gemeintes oder Gedachtes ließ.

Insgesamt bildete die Gesamtinitiative mit allen Gliederungen und Organen ein höchst komplexes Ensemble von Strukturen, welche rückblickend auch und gerade in ihrem umfassenden und ganzheitlichen Ansatz in Form, Größenordnung und Konsequenz zu dieser Zeit relativ einmalig waren. Hierauf hatte nicht zuletzt Wilfried Heidt, kurz vor seinem Tod am 2. Februar 2012, nochmals explizit hingewiesen.[312] Das Besondere der Initiative lag hierbei in der Gleichzeitigkeit und Parallelität verschiedener Wirkungsstränge gemäß einer so bezeichneten *Dreifrontenstrategie,* die darin bestand, erstens die sozialwissenschaftlichen Grundlagen gesellschaftlicher Veränderung möglichst exakt zu beschreiben und weiterzuentwickeln, dabei zweitens konkrete praktische Umsetzungsversuche nach theoretischen Vorgaben zu implementieren und drittens auch noch publizistisch und aufklärend zu wirken, Kongresse zu besuchen und zu veranstalten u. v. m. Die Besonderheit des Ansatzes lag außerdem auch in den systemisch und parallel gedachten Ansätzen für eine gleichzeitige Erneuerung des Eigentums-, Einkommens-, Selbstverwaltungs-, Ar-

---

312 Am 14. Januar 2012 kam es im Humboldt-Haus zu einem mehrstündigen Gespräch über die Aktion Dritter Weg. Michael Bader und Jochen Abeling sprachen mit Wilfried Heidt und Mitarbeitern des Internationalen Kulturzentrums Achberg.

beits- und Geld- bzw. Profitbegriffes.[313] Gerade in dieser Verbindung kann ein besonderes Merkmal der Initiative gesehen werden.[314]

Die praktische Umsetzung der dargestellten Ideen im Rahmen vor allem auch des Unternehmensverbandes der Aktion Dritter Weg verstand sich nicht zuletzt als Anschauungs- und Gestaltungsfeld im Sinne der Idee der *Sozialen Plastik,* wie diese durch Joseph Beuys als Arbeitsmethode in den 1970er-Jahren entwickelt und in unterschiedlichen Aktionen umgesetzt wurde.

Soziale Plastik bedeutet in diesem Zusammenhang eine Methode, alte Denkgewohnheiten insbesondere auch bei der Beschreibung gesellschaftlicher Realitäten über Bord zu werfen und die Verhältnisse mit adäquaten Begriffen neu zu beschreiben. Der Prozess gesellschaftlicher Transformation setzt damit beim Denken jedes Einzelnen als alleiniger Quelle für Freiheit und Kreativität an. Die entscheidende Herausforderung besteht dabei in der Aufgabe, den eigentlichen Quellpunkt der menschlichen Freiheit innerhalb des menschlichen Denkens selbst zu entdecken und dort das Motiv der eigenen Handlung als selbstbestimmt und frei – anstatt fremdbestimmt und unfrei – zu erfahren. Mit der Entdeckung dieses Ausgangspunktes potenzieller menschlicher Freiheit und Kreativität besteht die Möglichkeit, im Sinne von Joseph Beuys ein kreativer Mitgestalter an der Gestaltung gesellschaftlicher Zukunft zu werden: *„Jeder Mensch ein Künstler."*[315]

Soziale Plastik kann des Weiteren als Arbeitsmethode verstanden werden, Menschen in die Lage zu versetzen und zugleich zu ermutigen, Teilhaber und Mitgestalter an dem umfassenden Prozess der Entwicklung und Gestaltung gesellschaftlicher Wirklichkeit zu werden. Soziale Plastik bezieht sich damit auch auf erforderliche Transformationsprozesse im Sinne plastischer Gestaltungsprozesse an der lebendigen Skulptur moderner Gesellschaften. Diese plastischen Prozesse basieren ausschließlich auf der kreativen und verändernden Kraft des Menschen und haben das Ziel, jeden Einzelnen zum Mitgestalter seiner kulturellen, sozialen, rechtlichen und wirtschaftlichen Zukunft werden zu lassen. Die Idee besteht darin, alle Formen der Fremdbestimmung zu überwinden und an ihrer Stelle Selbstbestimmung, Selbstverwaltung und Selbstorganisation in allen Bereichen des menschlichen Lebens zu ermöglichen und

---

313 Wilfried Heidt, 14.01.2012, Achberg, interner Tonbandmitschnitt.

314 Die Vorgehensweise der Aktion Dritter Weg zeigt damit eine Affinität zum von Kurt Lewien geprägten *action reseach,* siehe Wikipedia, „Aktionsforschung.". http://de.wikipedia.org/wiki/Aktionsforschung (letzter Zugriff: 15. Juli 2014).

315 Siehe Joseph Beuys und Clara Bodemann-Ritter, *Jeder Mensch ein Künstler: Gespräche auf der documenta 5/1972,* Geringfügig veränd. Ausg., 5. Aufl. Ullstein-Buch Sachbuch 34450 (Frankfurt am Main: Ullstein, 1994).

alle jeweils an entsprechenden Prozessen Beteiligten und von entsprechenden Entwicklungen Betroffenen weitestgehend zu integrieren. Soziale Plastik bedeutet in diesem Sinne die Aufgabenstellung, das Vertrauen der Menschen in die Veränderbarkeit sozialer Realität zu entwickeln und zu stärken, weil jedes Gesellschaftssystem als *System sui generis* von Menschen geschaffen und deshalb von Menschen auch wieder verändert werden kann.[316] Damit ist die Aufforderung an jeden Einzelnen gerichtet, Mut zu fassen und diese Gestaltungsaufgabe zu ergreifen.

---

[316] Siehe hierzu auch *Shelly Sacks:* Shelley Sacks erforscht und inszeniert Formen kreativen Austauschs zur Freisetzung des jedem Menschen innewohnenden schöpferische Potenzials. Ihr Werk umfasst Live-Aktionen, ortsspezifische Arbeiten sowie Soziale-Skulptur-Prozesse, darunter *Exchange Values* (seit 1996), das internationale Netzwerkprojekt *University of the Trees* (seit 2006) und *Ort des Treffens* in Hannover, siehe Shelley Sacks und Wolfgang Zumdick, Atlas zur sozialen Plastik ‚Ort des Treffens' (Stuttgart, Berlin: Mayer, 2009). Als Schülerin und Mitarbeiterin von Joseph Beuys, gründete sie 1998 an der Brookes University in Oxford mit der Social Sculpture Research Unit (SSRU) die weltweit erste universitäre Forschungseinrichtung zur Sozialen Skulptur.
Siehe hierzu ebenfalls den tschechoslowakischen Reformer Eugen Löbl, auf den die Idee des *Systems sui generis* zurückgeht und der damit die dargestellte Grundaxiomatik beschreibt, nach der alles von Menschen Gemachte von Menschen auch wieder verändert werden kann. Löbl, *Wirtschaft am Wendepunkt.* S. 39.

8 Das Geld

8.1 Praktische Umsetzung des neuen Geldbegriffes

Der Versuch der praktischen Umsetzung eines gesamtgesellschaftlich gedachten neuen Geldbegriffes im Modell einer kleinen Unternehmensgruppe stößt naturgemäß rasch an seine Grenzen. Dennoch konnten verschiedene Aspekte einer solchen alternativen oder besser komplementären Ökonomie – wenn auch in kleinem Maßstab – relativ erfolgreich experimentell erforscht und umgesetzt werden. Dies mit dem Ziel, neue Denkansätze praktisch zu veranschaulichen und dabei konkrete Umsetzungserfahrungen zu sammeln.

Eine der wichtigsten Umsetzungsübungen dieser Jahre bestand in der Versuchsanordnung, die Überschüsse der beteiligten Betriebe nicht als Privatbesitz des jeweiligen Produzenten zu betrachten, über den dieser frei verfügen kann. Die Herausforderung bestand darin, über entsprechende Gewinne gemeinsam mit allen Verbandsmitgliedern zu disponieren und auf einer jährlichen *Etatkonferenz* alle diesbezüglichen Einnahmen als *wertloses Geld*[317] *im Rückfluss* neu zu *bewerten* und einer entsprechenden neuen Verwendung zuzuführen.

Dies war insbesondere auch deshalb keine ganz einfache Übung, weil ein weiteres wichtiges Merkmal der Konstruktion des Unternehmensverbandes der Aktion Dritter Weg die Kopplung von Betrieben mit Überschusscharakter mit gemeinnützigen Arbeitsstätten und Einrichtungen war, die naturgemäß eher Unterschüsse erwirtschafteten.

Was sollte mit den Gewinnen der Überschussbetriebe passieren, von wem sollten wichtige Investitionsentscheidungen getroffen werden, wie konnten die Unterschüsse der beteiligten gemeinnützigen und wissenschaftlichen Arbeitsstätten ausgeglichen werden? Wäre es nicht besser, z. B. die Gehälter der Mitarbeiter in den „profitabel" tätigen Unternehmen zu erhöhen, anstatt Gelder in soziale, wissenschaftliche und politische – ganz allgemein gemeinnützige – Einrichtungen und Projekte zu stecken? Natürlich prallten bei solchen Fragestellungen unterschiedliche Sichtweisen und Interessen aufeinander. Hier galt es, Eigennutz gegen Gemeinsinn zu wägen, hier galt es bei allem verständlichen „Sendungsbewusstsein" des Verbandes und seiner Repräsentanten auch

---

[317] Diese Sichtweise ergibt sich aus der grundsätzlichen Betrachtungsweise, nach der letztlich alles vom Unternehmen eingenommene Geld letztlich als „wertloses Geld" zu betrachten ist, weil es keinem Wirtschaftswert mehr zugeordnet und nicht mehr auf einen Wirtschaftswert bezogen ist. Siehe Kapitel 2.2.7 „Der Geldkreislauf als Rechtskreislauf".

berechtigte Einzelinteressen gelten zu lassen. Hier mussten entsprechende Formen der Auseinandersetzung entwickelt und praktisch erprobt werden. Hier galt es vor allem auch, die richtigen rechtlichen – vor allem auch steuerlichen – Verfahrensweisen zu finden, die nicht zu Konflikten mit den beteiligten Finanzämtern führen würden. Alles in allem eine Aufgabe höchster Komplexität, welche die Beteiligten oft an ihre persönlichen Grenzen führte, viel soziale Kompetenz und vor allem einen langen Atem erforderte.

8.1.1 Die Geldprozesse

Alle Geldprozesse innerhalb der Betriebe ebenso wie zwischen den beteiligten Betrieben wurden – wie unter Kapitel 2.2.7 (Der Geldkreislauf als Rechtskreislauf) ausgeführt – an dem neuen Geldbegriff als Rechtselement ausgerichtet. Geld war unter dieser Voraussetzung nicht mehr länger als Tauschmittel zu betrachten, sondern als eine auf Wirtschaftswerte bezogene *Rechts-Anweisung* und damit als Rechtsdokument zu verstehen und zu handhaben.[318] Hieraus folgte eine komplett neue Umgangsweise mit dem Geld innerhalb des Unternehmensverbandes der Aktion Dritter Weg:

- Geld in der Hand der Unternehmensleitungen der Verbandsbetriebe verstand sich prinzipiell als ein auf Fähigkeiten bezogener Kredit und damit als (Rechts-)Verpflichtung zum Einsatz dieser Fähigkeiten.

- Geld in der Hand der Mitarbeiter war Konsumkapital, ein Einkommen, das zum Bezug von Konsumwerten berechtigte. Konsum- und Einkommenssteuern sowie Versicherungen sind ebenfalls Konsumkapital.

- Grundsätzlich wurden alle Geldeinnahmen der IG-Partner, wie Erträge aus dem Verkauf von Waren und Dienstleistungen, Spenden oder Subventionen, als Geld ohne Wertbeziehung betrachtet.[319] Hiermit konnten der Idee folgend eigentlich nur die sogenannten „Produktionskredite"[320] abgedeckt oder eventuelle Unterschüsse ausgeglichen werden. Faktisch allerdings mussten natürlich die bereits erfolgten oder entsprechend disponierten Ausgaben gesondert betrachtet bzw. abgezogen werden, bevor in den Etatberatungen des Verbandes zumindest der Gewinnanteil der eingehenden Gelder durch die zuständigen Organe der IG und durch originäre Rechtsakte wieder neu bewertet und einer

---

[318] Siehe Seite 29.
[319] Siehe Seite 35.
[320] Vgl. Kapitel 2.2.8.

neuen Aufgabe als Produktionskredit zugeeignet werden konnte. Die unternehmerische Aufgabe des Kaufens und Verkaufens bzw. des Bestellens und Bezahlens von Waren und Dienstleistungen verblieb damit außerhalb der Entscheidungshoheit des Verbandes.

- Unter dem Gesichtspunkt eines neuen Geldbegriffes war natürlich auch die Umsetzung der Neutralisierung des Kapitaleigentums und der am Gemeinwohl orientierten assoziativen Verwendung der Gewinne von Bedeutung, über deren praktische Umsetzung an anderer Stelle berichtet werden wird.

Damit hatte der Begriff des Unternehmensgewinns seine alte Bedeutung verloren. Es waren die mit Geld, Eigentum und dem Gewinn verbundenen potenziellen Unrechtsverhältnisse der Menschen untereinander hinfällig geworden. „Regiert" wurde nicht länger auf der Grundlage von wirtschaftlicher Macht, sondern auf Grundlage gemeinsamer Delegation und Entscheidungsfindung. Dies war natürlich für die betroffenen Führungskräfte ebenso wie für die Mitarbeiter nicht immer einfach zu tragen und führte im Extremfall sogar zu der Abwahl eines Alteigentümers als Geschäftsführer durch die Belegschaft. Insbesondere dieser letztgenannte und für alle Beteiligten äußerst schmerzhafte soziale Prozess war jedoch ein enorm wichtiger Schritt in der Konkretisierung der Verbandsarbeit und konsequenten Umsetzung des Modellversuchs. Für alle Beteiligten war spätestens zu diesem Zeitpunkt klargeworden, dass die neuen Strukturen sehr ernst gemeint waren und tatsächlich wirksam umgesetzt werden konnten.

8.1.2 Modellhafter Ausgleich von Über- und Unterschussbetrieben

Im Vorgriff auf zukünftige gesamtgesellschaftliche Organisationsformen ging es bei der Praxis des Unternehmensverbandes hinsichtlich des neuen Geldbegriffes um den modellhaften Ausgleich von Über- und Unterschussbetrieben mit der Idee der Überwindung des Profitprinzips als wesentlichem Wirtschaftsmotiv.[321] An seine Stelle trat der assoziative Ausgleich zwischen den erwerbswirtschaftlichen Unternehmen mit Überschüssen und solchen mit Unterschüssen innerhalb der IG Dritter Weg. Entsprechende Überschüsse wurden in einer Art virtuellem Fonds zusammengefasst und für entsprechende Aufgaben der Erwerbsbetriebe ebenso wie für den Ausgleich der Unterschüsse verwendet. Letzteres galt für diejenigen gemeinnützigen Partnerunternehmen, die ihre

---

[321] Siehe S. 32 sowie S. 29.

Kosten nicht selbst oder nur teilweise decken konnten. In welchem Umfange dies geschehen sollte, wurde von der jährlichen Etatkonferenz festgelegt.[322]

Idealtypisch beschrieben wurden die Gewinne der beteiligten Partnerunternehmen an die angeschlossene Stiftung der IG Dritter Weg übertragen. Die Stiftung war damit zugleich Träger der Vermögenswerte des Verbandes und Gesellschafter der angeschlossenen Betriebe. Gemäß den individuell geschlossenen Übertragungs- und Assoziationsverträgen, die wie dargestellt auch Teilübertragungen der Gesellschaftsanteile der beteiligten Betriebe beinhalten konnten, fungierte die Stiftung als – auch unter steuerrechtlichen Gesichtspunkten – vollberechtigte Empfängerin entsprechender Gewinnausschüttungen.

Soweit zum grundsätzlichen konzeptionellen Gerüst der neuen Geldordnung des Verbandes, welches entsprechend ausgebildet und eingerichtet wurde. In der langjährigen Praxis des Verbandes wurden allerdings die Finanzmittel meist nicht in dieser idealtypischen Form der Gewinnausschüttung an die Stiftung transferiert, sondern in Form von bilateralen Subventions-, Spenden-, Organschafts- oder Darlehenskonstruktionen unter Beachtung der steuerlichen Vorschriften und Gestaltungsmöglichkeiten ihrer jeweiligen Bestimmung zugeführt.

Nachdem die verschiedenen Verbandspartner aufgrund rechtlicher und steuerlicher Gegebenheiten ihre juristische Selbstständigkeit bewahren mussten, war z.B. eine organisatorische Vermischung von Erwerbsbetrieben und gemeinnützigen Einrichtungen unmöglich. Dies bedeutete, dass die buchhalterische Abrechnung stets über die Einzelunternehmen erfolgte und die Mitfinanzierung der gemeinnützigen Partner unter der geltenden Rechtsordnung nur über Spendenprozesse erfolgen konnte.

Grundsätzlich allerdings wurden alle Entscheidungen, die den Einsatz finanzieller Mittel betrafen, als Rechtsentscheidungen verstanden, die gemeinsam demokratisch legitimiert und kontrolliert werden mussten. Die Entscheidungen über den Einsatz verfügbarer Mittel wurden so in gemeinsamen Beratungen über die Entwicklung der assoziierten Unternehmen, Initiativen und Aktivitäten der IG und der Aktion Dritter Weg getroffen. Dabei galt es, die Entwicklung des einzelnen Arbeitsgebietes in Einklang mit den jeweiligen Entwicklungsaufgaben der gesamten Aktion zu bringen, stets unter Beachtung der insgesamt knappen zur Verfügung stehenden Finanzmittel.[323]

---

322 Aktion Dritter Weg, „Die Aktion Dritter Weg." in *Aufruf zur Alternative* (s. Anm. 6), Heft 1. S. 9.
323 Ebd. S. 9.

Was als Ergebnis einer virtuellen jährlichen Gesamtbilanz aller Verbandsmitglieder nach Abzug aller Kosten übrig blieb, stand für neue Aufgaben zur Verfügung. Über die Aufteilung wurde von der Etatkonferenz beraten und entschieden, jeweils nach den Vorlagen der Geschäftsführung der assoziierten Partner.

Eine der wichtigen Aufgaben der Stiftungsleitung im Zusammenwirken mit den Geschäftsführungen der Einzelunternehmen war hierbei, die finanziellen Prozesse, die sich aus der IG-Geldordnung ergaben, mit den rechtlichen Rahmenbedingungen einer anders strukturierten Rechtsordnung und auch mit der Frage in Einklang zu bringen, wo entsprechend erforderliche Kredite herkommen und wie diese besichert werden sollten.

8.2 Herausforderungen des neuen Geldbegriffes

Wie bereits angedeutet, bestand die größte Herausforderung bezüglich der Umsetzung des neuen Geldverständnisses darin, die idealtypische Grundgestalt des gewandelten Geldbegriffes soweit wie möglich in die Praxis zu überführen. Hierbei galt es, die neuen Ordnungen und Organbildungen nicht aus Gründen der einfacheren Handhabung und steuerlich sinnvollen Gestaltung rein virtuell und ohne reale Umsetzung zu handhaben, sondern für jedermann möglichst einsehbar und nachvollziehbar zu gestalten.

Wie bereits festgestellt, war die praktische Umsetzung eines gesamtgesellschaftlich gedachten neuen Geldbegriffes im Modell einer kleinen Unternehmensgruppe nur schwer zu realisieren. Die Simulation eines gesellschaftlichen Ausgleichs von Unter- und Überschussbetrieben im Rahmen einer Gruppe von nur wenigen Betrieben war schon deshalb von Anfang an ein schwieriges Unterfangen, weil für ein solches Vorhaben viele und vor allem viele wirtschaftlich erfolgreiche Unternehmen notwendig wären, um eine entsprechende Anzahl von Unterschussbetrieben langfristig und stabil mitzufinanzieren.

Die Frage war, ob sich unter heutigen eigentums- und steuerrechtlichen Bedingungen überhaupt Über- und Unterschussbetriebe so miteinander verbinden ließen, um damit eine Antwort auf die Verwendung von erwirtschafteten Unternehmensgewinnen und eine Lösung der *Profitfrage* zu entwickeln. Der Verbund unterschiedlicher Betriebe erwerbswirtschaftlicher und gemeinnütziger Art, um die herkömmlichen Begriffe zu verwenden, war bei gegebener Größe und dem vorhandenen wirtschaftlichen Ertrag nur in begrenztem Umfang realisierbar, speziell hinsichtlich der Frage, ob durch die Gewinne der Einen eine stabile Finanzierung der Anderen gewährleistet werden konnte.

Zentrales Problem der Verbandsarbeit war an dieser Stelle aber weniger die konzeptionelle Umsetzung der neuen Begriffe im praktischen Alltag als schlicht die meist knapp bemessenen Finanzmittel. Dies vor allem auch deshalb, weil die gestellten Aufgaben und Ziele des Verbandes in politischer, sozialer, kultureller, wissenschaftlicher und publizistischer Hinsicht stets die real verfügbaren Mittel überstiegen. Die Folge war eine gewisse Mangelverwaltung, die der Vielzahl an Ideen, Vorschlägen und Projekten vor allem auch der sozial und wissenschaftlich arbeitenden Partner kaum entsprechen konnte.

Die allergrößten wirtschaftlichen Herausforderungen ergaben sich allerdings auch nicht primär durch den Kanon politisch-sozialer Verpflichtungen, sondern durch die gewählte Expansionsmethode, initiativ verschiedene Verbandsbetriebe selbst zu begründen und aufzubauen.[324]

Die begrenzte Anzahl an Betrieben, Umsätzen und Erträgen bot insgesamt relativ wenig Manövriermasse, um wirklich großzügige Entwicklungen insbesondere auch nach außen einzuleiten, was wiederum der Verbreitung und dem operativen Wachstum der Organisation im Wege stand. Angesichts notorisch leerer Kassen insbesondere während der Aufbauzeit des Verbandes erscheinen die durchgeführten Projekte aus heutiger Sicht umso erstaunlicher. Neben der Arbeit an den Kernthemen der Aktion Dritter Weg selbst wurde aktiv bei der Gründung der Partei *Die Grünen* ebenso wie z.B. bei der Gründung der Ökobank mitgewirkt. Gefördert wurde unter anderem das Achberger *Institut für Sozialforschung und Entwicklungslehre* und dessen Forschungen über Möglichkeiten einer dreistufigen Volksgesetzgebung, die in die *Aktion Volksentscheid* mündeten.[325]

Die relativ geringe Anzahl an Mitgliedsunternehmen hatte natürlich auch eine thematische Begrenzung der Ausprägung der beteiligten Firmen zur Folge. Es waren z.B. keine großen Industriebetriebe, Banken, Versicherungen, oder Schulen wie Hochschulen und Krankenhäuser mit den jeweils dort zur Verfügung stehenden Kompetenzen im Spiel. Gearbeitet wurde mit dem, was zur Verfügung stand, und den Menschen, die guten Willens waren. Sicherlich aber fehlten viele ergänzende Wahrnehmungen und Perspektiven, z.B. durch Bankiers, Versicherungsmanager oder Verbandsvorstände, die zur Beurteilung des Ganzen vielleicht Wichtiges hätten beitragen können.

Auch die Anzahl, fachliche Qualifikation und soziale Kompetenz der beteiligten Mitarbeiter, die in die entsprechenden Gremien entsandt werden

---

[324] Hierzu gehören nicht zuletzt die verschiedenen Ableger der Hamburger CCS Compact Computer Systeme GmbH in Göppingen, Langnau (CH) und Frankfurt, die Biobetriebe in Göppingen und Uhingen sowie diverse Betriebe, die im Achberger Umfeld entstanden waren und zu denen der Achberger Verlag oder das Woll- und Seidenkontor gehörten.

[325] Diverse Mitarbeiter aus diesen Zusammenhängen stehen für aus der *Aktion Volksentscheid* hervorgegangene Initiativen wie *Mehr Demokratie* und *Omnibus für Direkte Demokratie*.

konnten, spielte eine Rolle bei der Bewältigung der anstehenden Aufgaben. In Anbetracht der relativ kleinen Gruppe von Menschen wurden die Delegierten für die Gremien der Verbandsarbeit möglicherweise mehr nach deren Bereitschaft zur Mitwirkung als nach besonderer fachlicher und sozialer Kompetenz ausgewählt. Größere Organisationen verfügen potenziell schon rein numerisch über eine größere Auswahl engagierter Kandidaten und können in den zu besetzenden Gremien mehr Engagement aufbieten, wirtschaftlich stärkere Partner können problemloser erforderliche Freistellungen der entsandten Mitarbeiter verkraften als kleinere Betriebe, die von der Arbeitsleistung jedes einzelnen Mitwirkenden permanent abhängen.

Nicht unerhebliche Probleme bereitete die steuerliche Bewältigung der sozialen Gestaltungsaufgabe. Es war natürlich relativ ungünstig, erwirtschaftete Erträge mehrfach zu versteuern, besonders bei knappen Kassen. Dies wäre jedoch notwendig gewesen, sollten die Finanzströme immer konsequent gemäß der Grundordnung des Verbandes abgebildet werden. Natürlich war es sinnvoller, die wissenschaftliche Arbeit des angeschlossenen Institutes über Spenden vor Steuern mit 10% Steuerberücksichtigung zu fördern, als die Gewinne z.B. einer GmbH erst zu versteuern und an die Stiftung als Gesellschafter auszuschütten, um sie dann – ganz am Schluss – gegen eine Spendenbescheinigung an den gemeinnützigen Träger weiterzugeben. Hier wurde folgerichtig eine vom Steuerrecht vorgesehene Möglichkeit genutzt und die einschlägigen Prozesse entsprechend vereinfacht. Betriebe mit mehr wissenschaftlichen und publizistischen Aufgabenstellungen wurden außerdem in sogenannten Organschaften[326] an ertragreiche Unternehmen gekoppelt, weil auch dies steuerlich günstiger erschien. Dies war aber nur innerhalb eines relativ eng gesetzten Rahmens thematischer Zusammengehörigkeit möglich, sollte es nicht zu Problemen mit den Finanzämtern kommen.

8.3 Schlussfolgerungen aus dem Umgang mit einem neuen Geldbegriff

Die Überwindung des Profitprinzips als zentraler Wirtschaftsabsicht und dessen Ersatz durch den assoziativen Ausgleich erwerbsorientierter und gemeinnütziger Arbeitsfelder im Vorgriff auf zukünftige gesamtgesellschaftliche

---

[326] Jochen Abeling und Michael Bader, „CCS Compact Computer Systeme GmbH – ein Unternehmen der Aktion Dritter Weg stellt sich vor: Faltblatt zum AGP-Kongreß ‚Menschen machen Wirtschaft‘ am 16. März 1983 im Congress Centrum Hamburg." (Aktion Dritter Weg e.V., 1983). S. 6.

Lösungen war eine notwendige und richtige Schlussfolgerung aus der gesellschaftspolitischen Position der Aktion Dritter Weg.

Wie eigentlich von vorneherein klar war, benötigte man eine bestimmte operative Größe, um den Ausgleich zwischen Unterschuss- und Überschussbetrieben nicht nur prinzipiell zu postulieren, sondern auch offensiv und mit einer gewissen Langfristigkeit umzusetzen. Nur eine entsprechend große Auslegung und damit verbundene Verteilung übernommener Ausgleichsverpflichtungen z.B. in Organschaften auf mehrere Schultern könnte ein einigermaßen zukunftssicheres Arbeiten ermöglichen. Bedingung für eine erfolgreiche Durchführung des Experimentes wäre also eine gewisse Anzahl an Unternehmen und auch an Überschüssen, eine gewisse Anzahl an Mitwirkenden, vorzugsweise eine ganze Region, ein ganzes Land, aber zumindest doch ein kleines Wunder wie das von Wörgl.[327]

Trotz dieser Einschränkungen konnte, wie 20 Jahre Unternehmenspraxis des Verbandes demonstrieren, doch sehr viel an neuen Sozialgestaltungen ausprobiert und umgesetzt werden. Durch die vollständige Einbringung einiger wichtiger Mitgliedsbetriebe in den Vermögensbestand der angeschlossenen Stiftung konnte eine relativ hohe Verbindlichkeit und Konkretheit im Umgang mit den eigenen Ideen erreicht werden. Eigentümervorrechte, war das Kapital erst einmal an den gemeinnützigen Träger übertragen, mussten durch vollständig neue Strukturen abgelöst werden. Dies galt besonders bei vollständiger Übertragung von Firmenanteilen an die Stiftung der IG Dritter Weg. Aber auch durch die Form der oft gewählten *teilassoziierten* Mitgliedschaft wurden die jeweiligen Verantwortlichen nicht zuletzt auch durch die eigenen Mitarbeiter beim Wort genommen. Patriarchalisches Auftreten, selbstverständliche Vorrechte, gewohnheitsbedingte Anmaßungen wurden schnell durch die jeweils Betroffenen thematisiert und abgestellt.

Neben dem durch die Neutralisierung der Eigentumsrechte herbeigeführten Realitätsdruck entstand im Laufe der Jahre, nicht zuletzt auch durch die zum Teil ökonomisch starken teilassoziierten Mitglieder, eine gewisse wirtschaftliche Stärke. Diese erlaubte die Finanzierung einiger wichtiger Arbeits-

---

[327] Im Dorf Wörgl wurde während der Weltwirtschaftskrise 1932 ein eigenes „Notgeld" unabhängig von der österreichischen Zentralbank in Umlauf gebracht. Das Experiment gelang: Die lokale Wirtschaft blühte auf und die Gemeindefinanzen wurden saniert. 1936 wurde dies nach mehreren Versuchen endgültig gestoppt, indem die österreichische Staatsverwaltung auf ihrem Hoheitsrecht bestand, wonach Geld allein durch sie in Umlauf gebracht werden dürfe. Siehe Wilhelm Schmundt, *Das freiwirtschaftliche ‚Experiment Wörgl': ein Impuls zur Dreigliederung des sozialen Organismus* (November 1983, unveröffentl. Manuskript, Archiv Stiftung Media).

felder, wie die wissenschaftliche und publizistische Arbeit des Verbandes, die Mitfinanzierung diverser sozialer Arbeitsfelder oder auch die Aufbauarbeit des Verbandes in Rumänien nach dem Niedergang des Regimes von Ceauşescu.[328]

Was wurde im Rahmen des Praxisversuchs erreicht?

- Durch die Verbindung von Unterschuss- und Überschussbetrieben konnte der vorgesehene assoziative Ausgleich an Stelle der ansonsten in der Wirtschaft geltenden Profitorientierung des einzelnen Unternehmens zumindest exemplarisch umgesetzt werden. Im Bewusstsein aller Beteiligten war durch die Verbandskonstruktion klar, welchem Zweck erwirtschaftete Gewinne zugedacht waren, die, wenn nicht zur Finanzierung benötigt, dann in der Tasche der Alteigentümer oder auch der jeweiligen Betriebsgemeinschaften verschwinden würden, nämlich die Finanzierung von Gemeinschaftsaufgaben zu ermöglichen.

- Durch Umwandlung des Realkapitals in gemeinnütziges Eigentum sowie die jährliche gemeinsame Umwidmung entsprechender Unternehmenserträge durch die Organe des Verbandes konnte der neue Rechtscharakter des Geldes in Form der *Verpflichtung* und *Berechtigung* veranschaulicht und zumindest für die Betroffenen direkt erlebbar werden.

Welche Probleme konnten nicht vollständig gelöst werden?

- Als problematisch, zumindest in der Außendarstellung, erwies sich die nur eingeschränkt mögliche direkte Umsetzung demokratischer Entscheidungen hinsichtlich finanzieller Maßnahmen durch die Teilnehmer der jährlichen Etatkonferenzen. Diese konnten letztlich immer nur durch die vereinsmäßig dafür legitimierten Personen durchgeführt werden, die ihrerseits unter keiner der während der 20-jährigen Geschichte gewählten Konstruktionsformen *formalrechtlich* in irgend-

---

[328] Die im Jahre 1990 in die Wege geleitete Rumänieninitiative bedeutete eine wichtige Herausforderung für den ganzen Verband, bei der gemeinnützige ebenso wie erwerbsmäßige Unternehmen gleichermaßen mitgewirkt haben. Praktisch ging es dabei um den Versuch, den zu erwartenden Einzug des Kapitalismus ein zumindest symbolisches Gegenbild entgegenzustellen. Hierbei wurden mit erheblichem Aufwand verschiedene Projekte von Kleidergeschäften über Fahrradläden bis hin zu Bioanbau-Initiativen und Auto-Reparaturwerkstätten entwickelt und durch den Unternehmensverband betreut und finanziell gefördert. Eine der spektakulärsten Aktionen war sicherlich die legendäre Müllaktion: 12 große Müllwagen und ungefähr 20.000 Mülltonnen wurden in einem aufsehenerregenden Konvoi von Eisenach nach Mediaş gebracht, um dort die örtliche Müllmisere zu beenden.

einer Weise an die Entscheidungen der Etatkonferenz gebunden sein konnten oder durften. Dieses Manko begleitete die Verbandsarbeit von Anfang an, bereits innerhalb des ersten in Achberg entstandenen Satzungsentwurfes wurde dies von den zuständigen Wangener und Hamburger Behörden angemahnt.

- Dies bedeutete, dass die Verwalter der Spenden, Firmenbeteiligungen und sonstigen Vermögenswerten etc. bei der Stiftung nicht durch die Gremien des Verbandes hinsichtlich Spendenweitergabe, Kapitalausschüttungen, Kreditierungen oder Bürgschaftsübernahmen beeinflusst werden oder gar weisungsgebunden sein konnten. Entsprechende Entscheidungen der zuständigen Gremien mussten durch die verantwortlichen Personen – obwohl diese juristisch nicht gebunden waren – dennoch in der Sache richtig umgesetzt werden, was faktisch zwar keinerlei Probleme mit sich brachte, systemisch gesehen jedoch einfach nicht den beschriebenen Ordnungen entsprach und deshalb nicht wirklich echten Modellcharakter trug. Dies, weil man stets auf Goodwill und Zuverlässigkeit der entsprechenden Personen mit „Doppelmitgliedschaft" z. B. innerhalb Etatkonferenz und Stiftungsvorstand angewiesen war. Diese hätten zwar bei nächster Gelegenheit abgewählt werden können, allerdings nicht ohne vorher zumindest theoretisch auch erheblichen Schaden anrichten zu können.

- Der Ausgleich von Unterschuss- und Überschussbetrieben konnte im kleinen Versuchsfeld der IG Dritter Weg nur in Ansätzen realisiert werden. Erst größere Finanzströme und eine größere Anzahl von Betrieben hätten eine entsprechende Unabhängigkeit und wirtschaftliche Sicherheit der Partner gewährleistet. Letztlich war die immer wieder auftretende Mangelverwaltung ein ständiges Problem, weil immer deutlich mehr Mittel zur Finanzierung wichtiger gemeinnütziger, politischer und sozialer Aufgabenfelder – also immer mehr assoziativer Gewinnausgleich – erwünscht war, als dieser real wirtschaftlich dargestellt werden konnte.

- Dies galt in besonderem Maße schon auch deshalb, weil einige der Mitgliedsbetriebe nicht als funktionierende profitable Einheiten von außen dazu gestoßen waren, sondern von Verantwortlichen des Verbandes zusätzlich zu den jeweils bestehenden Arbeitsfeldern neu gegründet und erst aufgebaut werden mussten. Außerdem war auch der Ausbau und die Expansion bestehender Mitgliedsbetriebe stets mit erheblichen Aufwendungen verbunden, zur Finanzierung verwendete Gelder konnten nicht an die Stiftung abgeführt und durch entsprechende Beschlüsse der Etatkonferenz neuen Aufgaben zugedacht werden.

- Aus diesen Gründen geriet die Finanzierungspraxis der Stiftung und ihrer Mitgliedsbetriebe vor allem in der Schlussphase ihrer Arbeit oft zu einer Art politisch motiviertem Mäzenatentum, unter welchem immer das jeweils Notwendigste auf bestem Wege „irgendwie" finanziert wurde. Dies geschah in bester Absicht und auch in durchaus nennenswertem Umfang, jedoch nicht immer auf dem hierfür ursprünglich vorgesehenen Wege der Ausschüttung an die Stiftung.

- Insgesamt, so lässt sich festhalten, bot der modellhafte Selbstversuch große soziale Erfahrungsräume. Die Simulation national und global gedachter Geldkreisläufe im Modell war dagegen nur beschränkt umsetzbar und die praktischen Einzelerfahrungen im Umgang z. B. mit dem neuen Geldbegriff deshalb auch nur bedingt aussagekräftig. Wie zu erwarten war, kann der intendierte gesellschaftliche Ausgleich zwischen gemeinnützigen und erwerbswirtschaftlich organisierten Betrieben im echten Sinne nur auf gesamtgesellschaftlicher Ebene funktionieren.

9 Die Arbeit

9.1 Praktische Umsetzung des neuen Arbeitsbegriffes

In der betrieblichen Praxis des Unternehmensverbandes galten gemäß den theoretischen Vorüberlegungen entsprechende Einkommensrahmenordnungen, die bei den Partnern verschiedene Ausprägungen annehmen konnten. Dabei musste jeweils *ein* Merkmal konsequent verwirklicht sein: Einkommen durfte nicht an Leistung gekoppelt sein, weil die Einkommensfindung sachgemäß beschrieben ein Rechtsvorgang und kein Verkaufsakt ist. Praktisch gab es mehrere Möglichkeiten, diese Entkopplung zu realisieren.

Auf der einen Seite konnte dies in Form einer festen Rahmenordnung nach sozialen Parametern geschehen, auf der anderen galt das Prinzip der freien Vereinbarung mit neuen Mitarbeitern, die an der Leistungsfähigkeit des Betriebes und dem Bedarf des Einzelnen orientiert war, als geeignete Gestaltungsvariante. Zwischen diesen beiden Polen gab es unterschiedliche Formen der praktischen Umsetzung.

Ein wesentliches Merkmal der Arbeit waren wöchentliche Versammlungen der Mitarbeiter, auf denen die Entwicklung des Unternehmens beraten und wesentliche Fragen gemeinsam entschieden wurden. Innerhalb dieser Mitarbeiter- und Betriebsversammlungen wurde auch über die Gestaltung der Einkommen beraten, es wurden Einkommensordnungen erarbeitet und Richtsätze zur Einkommensfrage verabschiedet.[329]

9.1.1 Die Einkommensordnung der IG Dritter Weg

Nach den Statuten des Verbandes verpflichten sich die Mitarbeiter der Betriebe zum Einsatz ihrer Fähigkeiten und erhalten aus Überlegungen eines allgemeinen Menschenrechtes ein *bedarfsorientiertes Einkommen*. Dies bedeutet, dass Gehaltsfestlegungen und Einkommenszahlungen aufgrund demokratischer Prozesse und ohne direkten Bezug zu individuellen Leistungen und speziellen betrieblichen Funktionen erfolgen. Diesem Anspruch wurde innerhalb des Unternehmensverbandes mit einer für alle verbindlichen Rahmenordnung ent-

---

[329] Die Betriebsversammlungen (Mitarbeiterversammlungen) waren die rechtliche Ebene innerhalb des Unternehmens, auf denen sich die Mitarbeiter unabhängig von ihren Positionen und Fähigkeiten als Menschen – und damit rechtlich als Gleiche – begegneten. Aktion Dritter Weg, „Die Aktion Dritter Weg." in *Aufruf zur Alternative* (s. Anm. 6), Heft 1. S. 11.

sprochen, an die sich alle Mitarbeiter, also auch die jeweiligen Geschäftsführer und die Alteigentümer, zu halten hatten.[330]

Natürlich waren die Richtlinien zur Gestaltung der Einkommen nicht unabhängig von der Leistungsfähigkeit des jeweiligen Betriebes zu definieren und sollten im Übrigen auch das Ganze des Unternehmensverbandes und dessen finanzielle Anforderungen im Auge behalten. In Anbetracht großer wirtschaftlicher Herausforderungen anderer Verbandsmitglieder, ergaben sich immer wieder auch kritische Einschätzungen der eigenen Bedürfnislage.[331] Habe ich mich beispielsweise zum wiederholten Male mit den Sorgen um die Finanzierung von Mitarbeitereinkommen eines am Verband beteiligten gemeinnützigen Unternehmens („Unterschussbetrieb") zu befassen, komme ich u. U. zu etwas anderen Einschätzungen meiner eigenen Einkommenssituation als ohne diese Erfahrung. Auf diese Weise erhielt die Einkommensfrage eine sehr persönlich erlebbare politische Dimension, weil der eigene Verzicht dazu beitrug, Mitarbeitereinkommen anderer Arbeitsfelder mit Zuschusscharakter zu finanzieren.

Wichtiges Merkmal der Einkommensordnung war eine Einkommensobergrenze, die von allen Mitarbeitern des Verbandes auf der jährlichen *Hauptversammlung*[332] festgelegt wurde. Auf Grundlage von Beratungen über die Gesamtentwicklung aller Arbeitsfelder wurde eine für alle verbindliche Obergrenze festgelegt. Diese wurde insbesondere auch als politische Aussage verstanden, im Sinne einer Selbstbegrenzung in Anbetracht von Hunger und Not in vielen Ländern der Welt. Selbstbegrenzung auch im Sinne einer bewussten Abgrenzung gegenüber vollkommen überhöhten und ständig weiter wachsenden Gehältern in Wirtschaft und Gesellschaft.

So wurde z. B. 1982 auf der Hauptversammlung des Verbandes der Betrag von 40.000 DM brutto für einen alleinstehenden Mitarbeiter als Obergrenze festgelegt[333], wobei in der Unternehmenspraxis Mitarbeitereinkommen natürlich auch deutlich unter diesem Betrag angesiedelt waren.

---

[330] Statuten der IG Dritter Weg II. Grundordnung, „2. Einkommens-Rahmenordnung. Alle Mitarbeiter assoziierter Arbeitskollektive verpflichten sich zum Einsatz ihrer Fähigkeiten; aus allgemeinem Menschenrecht beziehen sie ein bedarfsorientiertes Einkommen. .." Aktion Dritter Weg, „Statuten der Aktion Dritter Weg." in *Aufruf zur Alternative* (s. Anm. 7), Heft 2.

[331] Aktion Dritter Weg, „Die Aktion Dritter Weg." in *Aufruf zur Alternative* (s. Anm. 6), Heft 1. S. 3.

[332] Ebd. S. 3, 8 und vor allem 12.

[333] Das durchschnittliche verfügbare Einkommen in Deutschland lag 1985 bei 22.674 DM (11.593 EUR); Statista, „Verfügbares Einkommen je Arbeitnehmer in Deutschland von 1960 bis 2013." http://de.statista.com/statistik/daten/studie/164049/umfrage/verfuegbares-einkommen-je-arbeitnehmer-in-deutschland-seit-1960/ (letzter Zugriff: 3. März 2015).

Aber auch völlig unabhängig von der absoluten Höhe der Einzeleinkommen war es wichtig, das Prinzip der gemeinsam vereinbarten Einkommensordnung möglichst deutlich abzubilden. Diese neue Einkommensordnung wurde als konkretes Gegenbild zu dem Prinzip des sonst üblichen Leistungslohns verstanden. Anstelle der „herrschaftlichen" Feststellung der Löhne durch die Besitzer der Unternehmen oder deren Bevollmächtigte trat das gemeinsame Vereinbaren nach Maßgabe verschiedener, vor allem sozial geprägter, Parameter. An wichtiger Stelle stand hierbei der Anspruch, die berühmte Schere zwischen dem höchsten und dem niedrigsten ausbezahlten Einkommen in einem vernünftigen, nachvollziehbaren und sozialverträglichen Rahmen zu halten.

Die Höhe der Mitarbeitereinkommen wurde damit einerseits begrenzt durch die für alle geltenden Eckwerte der Einkommensrahmenordnung, die jeweils für die Geltungsdauer eines Jahres durch die IG-Hauptversammlung beschlossen wurde. Andererseits wurde das individuelle Einkommen nach Maßgabe der Verfahren und Richtlinien entschieden, wie diese durch die jeweilige Betriebsgemeinschaft in ihrer eigenen Betriebsordnung festgelegt wurde.

Grundlage aller Rahmenordnungen war die Absicht, den Einkommensbezug als Rechtsvorgang auf der Grundlage demokratisch verfasster Ordnungen anzusehen und entsprechend auszugestalten und nicht auf der Basis von pseudo-leistungsgerechten Tauschprozessen oder Eigentumsmacht. Aus diesem Grunde galt die gemeinsame Konsensfindung als wesentliches Gestaltmerkmal der Zusammenarbeit, weil diese Form der Vereinbarung eben dem Prinzip des Rechtswesens entsprach. Nicht dasjenige geschieht, was ein Einzelner in eigener Machtvollkommenheit für andere für „angemessen" hält, sondern dasjenige, was gemeinsam auf demokratischem Wege und für alle verbindlich entschieden wird. Auf diese Weise wurde versucht, der Arbeit ihren Warencharakter zu nehmen und damit die Einkommensfrage dem Wirtschaftsbereich zu entziehen und als eine Rechtsfrage zu behandeln.

Auf dieser grundsätzlichen Basis hatten sich nun unterschiedliche Verfahrensweisen herausgebildet: Ein besonders radikaler Weg wurde über mehrere Jahre hinweg innerhalb einer der Partnerfirmen in Hamburg beschritten. Jeder Mitarbeiter bekam hier nämlich das genau gleiche Einkommen. Unabhängig von seiner Funktion und Aufgabe im Betrieb stand für jeden ein eindeutiger Betrag fest. Dies wurde über einen relativ langen Zeitraum hin praktiziert und zwar genau so lange, wie sich alle Mitarbeiter in vergleichbaren sozialen und familiären Lebensumständen befanden. Das öffentliche Aufsehen angesichts dieser Praxis war groß. Die naheliegenden Probleme dieser Egalisierung bestanden in der mangelnden Flexibilität gegenüber dem sozialen Status des einzelnen Mitarbeiters. Nachdem durch Heirat und Nachwuchs auf einige der Betroffenen neue soziale und ökonomische Bedingungen zukamen, wurde diese egalitäre Ordnung durch ein anderes Modell abgelöst.

Eine weitere Möglichkeit einer verbindlichen Einkommensrahmenordnung bestand in der Einkommensstaffelung nach sozialen Parametern. Dieses Modell, seit vielen Jahrzehnten z. B. an Freien Waldorfschulen praktiziert, gliedert und bemisst das Einkommen des Mitarbeiters nach Familienstand.

Faktischer Einkommenszuwachs ergab sich hierbei deshalb nicht durch irgendeine Form der Leistungssteigerung, sondern schlicht durch eine sich ändernde familiäre Situation, bei der sich die Bedürfnisse des Mitarbeiters bzw. seiner Familie objektiv geändert hatten. Eine feste und demokratisch vereinbarte Regelung sah für diesen Fall eine Änderung der Gehaltshöhe vor. Der Vorzug dieses Modells lag unter anderem in der fixierten Verbindlichkeit nach einmaliger Abstimmung über diese Rahmenordnung.

Eine letzte mögliche Verfahrensweise für die Vergabe von Einkommen bestand in der individuellen Gehaltsvereinbarung, ohne an betriebliche Einkommensordnungen gebunden zu sein. Nur die vereinbarte Obergrenze des Verbandes wurde hierbei als gesetzter Wert berücksichtigt. In diesem Falle gab es weder an sozialen noch sonstigen Eckwerten festgemachte statische Richtwerte. Hier galt es, die individuelle Situation des neuen Mitarbeiters mit dem Personalbudget in Einklang zu bringen. So konnte z. B. die private Verschuldung eines Mitarbeiters besonders hohe Gehaltsvorstellungen mit sich bringen. Umgekehrt konnten aber auch bestimmte Rücklagen oder Kapitalrenten von Mitarbeitern unter Umständen ein besonders niedriges Einkommen ermöglichen und damit Kosten sparen und Mittel für andere Zwecke freisetzen. Auf alle Fälle durfte das Gehalt auch in dieser Regelungsform nicht an Leistungsparameter gebunden sein.

Wie bereits erwähnt, galt auch für dieses Modell der Einkommensfindung, dass individuelle Absprachen wiederum durch das Votum der Hauptversammlung des Verbandes eingegrenzt waren. Natürlich wurde in der Praxis auch bei diesem Modell darauf geachtet, übermäßige Differenzen zu vermeiden. So bewegten sich auch hier die Einkommen der Mitarbeiter mit vergleichbarem sozialem Status in einem vergleichbaren Bereich, von besonderen Ausnahmen abgesehen.

Hierbei spielte erneut die Transparenz im Betrieb eine wichtige Rolle. Diese galt bewusst im Gegensatz zu der im herkömmlichen Wirtschaftsleben üblichen Geheimniskrämerei[334] bezüglich der individuellen Einkommenshöhen,

---

[334] Natürlich gibt es auch Bereiche, in denen die Einkommenshöhen weitgehend offen liegen, wie z. B. bei den Gehaltsgruppen des öffentlichen Dienstes oder bei festen Tarifverträgen. In

welche stets als geeignetes Mittel der Machtausübung der Personalverantwortlichen gegenüber den Mitarbeitern gepflegt wird. Mitarbeiter können ja in gegenseitiger Unkenntnis ihrer jeweiligen Bezüge optimal gegeneinander ausgespielt werden.

Auf jeden Fall spielten die wöchentlichen Versammlungen der Mitarbeiter, auf denen die Entwicklung des Unternehmens beraten und entschieden wurde, auch für die Einkommensfindung eine wichtige Rolle: Hier wurde über die *generellen* Gestaltungsfragen sowohl beraten wie auch entschieden, wobei die individuellen Einkommensgespräche mit den betreffenden Mitarbeitern meist in einem hierfür bevollmächtigten kleineren Kreis geführt wurden.

9.2   Herausforderungen des neuen Arbeitsbegriffes

Wie unter Kapitel 3.2.5 dargestellt, wurde in der Trennung von Leistung und Einkommen eine wichtige Aufgabenstellung gesehen, die es auch betrieblich umzusetzen galt. Die Einkommensgebung sollte hierbei als Rechtsvorgang gehandhabt und dem Wirtschaftskreislauf entzogen werden. Grundsätzlich durfte in den Arbeitsstätten des Verbandes Bezahlung in keiner Weise an individuelle Leistung gekoppelt sein. Die Ware Arbeitskraft war modellhaft abgeschafft worden.[335]

Erwartungsgemäß war diese Anforderung an ein neues Einkommensmodell nicht ganz einfach umzusetzen. Es ergaben sich im Zusammenhang mit der Bedarfskomponente der Einkommensvergabe diverse spannende Fragestellungen im praktischen Umgang mit den neuen Einkommensformen. So konnte natürlich die Einkommensvergabe nach sozialen Parametern nicht unabhängig von der jeweiligen wirtschaftlichen Ertragslage eines Unternehmens betrachtet werden. Eine vollständige Abkopplung der Leistung des Einzelnen und auch des Unternehmens von den jeweils bezahlten Einkommen und damit die konsequente und ausschließliche Anbindung der Einkommen an soziale und individuelle Parameter war aus wirtschaftlichen Gründen natürlich nicht möglich. Es konnten trotz bester Entkopplungsabsichten immer nur diejenigen Gehälter ausbezahlt werden, die vorher eingenommen worden waren.

---

manchen Kulturkreisen ist eine Geheimhaltung generell unüblich, in Schweden z. B. gibt es kein Steuergeheimnis, siehe Susanne Schulz, „Jeder kennt den Lohn des anderen.". http://www.zeit.de/2008/09/Kasten-Schweden (letzter Zugriff: 20. Juli 2014).

[335] „Niemand kauft und niemand verkauft Fähigkeit und Arbeit. *Alle* Tätigen gehören hinsichtlich ihres Einkommens zur demokratischen Gemeinschaft gleichberechtigter Bürger." Joseph Beuys, „Aufruf zur Alternative: Erstveröffentlichung in der Frankfurter Rundschau vom 23.12.1978." in *Aufruf zur Alternative* (s. Anm. 27), Heft 3. S. 7f.

Außerdem konnte ganz unabhängig von der Leistung eines Einzelnen oder eines Betriebes z. B. in wirtschaftlichen Krisenzeiten auch in ernsten individuellen Bedarfsfällen nicht immer (und damit grundsätzlich) den Wünschen des Einzelnen nach einem höheren Bedarfseinkommen entsprochen werden, wenn die wirtschaftliche Situation des Unternehmens eine entsprechende Erhöhung der Kosten nicht erlaubte.

Individuelle Bedürfnisstrukturen, so musste von dem Einen oder Anderen sehr konkret erfahren werden, sind keine objektiven Gegebenheiten und damit normstiftende Realitäten. Die Art, wie sich ein Mensch in seinem Leben einrichtet, ist vor allem auch von seinen persönlichen Intentionen abhängig, für die er in erster Linie selbst verantwortlich ist. Persönliche Lebensformen spielen sich innerhalb individuell und ganz persönlich zu verantwortenden finanziellen Größenordnungen ab, die nicht a priori durch Unternehmen und Gemeinschaften mitgetragen werden können. Hier stößt ein einseitig am Bedarf orientiertes Einkommen systemisch an seine Grenzen und allgemein verbindliche Regelungen werden erforderlich.

Im Übrigen – und dies war ebenfalls eine sehr wichtige Erfahrung – konnte wirkliche soziale Ausgewogenheit der Einkommen im Sinne echter Sozialverträglichkeit nur solange praktiziert werden, wie genügend qualifizierte Mitarbeiter zum Versehen der jeweiligen Pflichtenkreise und Aufgabenbereiche mitarbeiteten, die überhaupt bereit waren, sich nach solchen sozialverträglichen Einkommen zu richten. Die Erfahrung von 20 Jahren Unternehmenspraxis im Rahmen der Aktion Dritter Weg zeigte, dass durchaus auch Mitarbeiterverträge abgeschlossen werden mussten, die mehr am Marktüblichen als am sozial Passenden orientiert waren.

Dies galt insbesondere auch im Kontext der Anstellung entsprechend qualifizierter Experten bei einigen der Verbandsunternehmen, die im Hightech-Sektor tätig waren. Der Ausbau dieser Unternehmen in Richtung wirtschaftlicher Effizienz und Prosperität war in fundamentaler Weise von der Einstellung qualifizierter Mitarbeiter abhängig. Dies galt neben technischen Mitarbeitern vor allem für Mitarbeiter im Bereich Projektmanagement ebenso wie für dringend erforderliche Vertriebsmitarbeiter, welche zu den üblichen Einkommensvorstellungen des Verbandes seinerzeit nur schwer gefunden werden konnten. Entsprechend qualifizierte Mitarbeiter und Experten erwarteten oft sehr viel höhere Einkommen, als dies der gängigen Einkommenspraxis des Verbandes und seiner Einzelbetriebe entsprach. Und genau hier galt es nun soziale Fantasie zu entwickeln: Zum einen gab es die Möglichkeit, entsprechende Experten als externe Mitarbeiter anzubinden und diese damit unabhängig von den ansonsten geltenden Einkommensordnungen zu entlohnen. Solche Fachkräfte waren nicht weiter mit den Ideen des Verbandes verbunden, verstanden sich selbst auch nicht als Mitarbeiter der Aktion Dritter Weg und standen außerhalb der Ordnungen des Verbandes. Sie verfügten natürlich auch nicht über entsprechende Mitwirkungsrechte auf Betriebs- und Verbandsebene, wohingegen sie in fachlichen Fragen selbstverständlich immer einbezogen waren. Diese Handhabung konnte an verschiedenen Stellen problemlos umgesetzt werden, es entstanden keinerlei nennenswerte Probleme und Herausforderungen.

Schwieriger wurde die Angelegenheit im Falle von Mitarbeitern, die explizit als Verbandsmitarbeiter im politischen Sinne anheuern wollten, allerdings aus unterschiedlichen Gründen nicht in die bestehenden Einkommensordnungen passten. Im einen Fall galt es eine Immobilie abzubezahlen, im anderen Fall bestanden sonstige große private Schulden oder außergewöhnliche Belastungen aus der Vergangenheit. Mitunter waren die Ansprüche schlicht durch vorhergehende höher dotierte Anstellungsverhältnisse entsprechend gestiegen und mittlerweile zur Norm geworden. Die Notwendigkeit, auch solche Mitarbeiter einzustellen, führte zu der für alle Beteiligten als äußerst schwierig empfundenen Frage, ob und wie unter diesen Bedingungen an einem der wichtigsten Arbeitsprinzipen des Verbandes, nämlich der Entkopplung von Leistung und Einkommen, festgehalten werden konnte. Dies war eine umso spannendere Frage, als mindestens zehn Jahre Verbandsarbeit die fruchtbare Umgangsweise mit diesem Prinzip zumindest für den vorhandenen Mitarbeiterstamm eindrucksvoll und höchst öffentlichkeitswirksam bestätigt hatten.

Dennoch musste zur Kenntnis genommen werden, dass das Umsetzen einer Einkommensordnung mit den bereits vorhandenen „alten Hasen" eine Sache, die realen Psychologien, Ansprüche und Gehaltsvorstellungen potenzieller neuer Mitarbeiter jedoch eine andere waren. Wie an einigen Stellen schmerzhaft festgestellt werden musste, konnte die praktische Umsetzung des neuen Wirtschaftsmodells in einem ansonsten unveränderten äußeren Umfeld nicht unabhängig von den persönlichen Dispositionen der Menschen funktionieren. Die große Herausforderung bestand vor allem darin, unter Beibehaltung der alten Strukturen einer solidarischen Einkommensgebung für die einen gleichzeitig neue Einkommensformen für die anderen zu eröffnen, dies möglichst ohne substanziellen Bruch mit den Verbandsordnungen und ohne sich dabei selbst zu kompromittieren.

In verschiedenen Fällen wurden unter Beibehaltung der bisherigen Gehaltspraxis für die bestehenden Mitarbeiter parallel höhere Einkommen für solche neuen Mitarbeiter ausbezahlt. Dies schien insbesondere dann vertretbar zu sein, wenn in den betreffenden Fällen nicht die jeweilige Qualifikation, betriebliche Funktion, Ausbildung oder gar ein irgendwie gearteter Leistungseinsatz als Messlatte herangezogen wurde, sondern nichts anderes als der durch den Mitarbeiter geltend gemachte Bedarf. Auf diese Weise konnten unter Wahrung einer weitgehenden Entkopplung auch komplett unterschiedliche Gehälter im Unternehmen bezahlt und dennoch dem Prinzip des Leistungslohnes eine deutliche Abfuhr erteilt werden. Faktisch bedeutete dies z. B. auch, dass Mitarbeiter mit Führungsaufgaben, wie etwa Geschäftsführer und Abteilungsleiter, keineswegs – wie andernorts üblich – auch die Topverdiener innerhalb der Verbandsbetriebe waren. Der Markt mit seinen Gegebenheiten war damit stets mit in die Gestaltung von sozialem Neuland einzubeziehen, wenn es darum ging, konkrete Einkommen zwischen dem Anspruch des Einzelnen und den Möglichkeiten der Gemeinschaft auch in psychologischer Hinsicht zu definieren.

Deshalb musste die tägliche Praxis immer wieder aufs Neue an den Ideen gemessen und neu justiert werden, um sicherzustellen, dass das Einzeleinkommen nicht doch als Entgelt für erbrachte Leistung, sondern als Voraussetzung für freies Wirken und den Einsatz der Fähigkeiten gehandhabt wurde.[336]

9.3 Schlussfolgerungen aus dem Umgang mit einem neuen Arbeitsbegriff

Weil ein leistungsgerechter Lohn innerhalb einer sich zum integralen System entwickelten Weltwirtschaft nicht ermittelbar ist und aufgrund des grundsätzlichen Rechtscharakters der Vereinbarung des Einkommens als solchem, wurden in den Betrieben des Verbandes Einkommen und Arbeitsleistung möglichst konsequent entkoppelt. Wie ausgeführt, geschah dies durch verschiedene Praxisausformungen: von egalitären Varianten über feste Rahmenordnungen bis zur freien Vereinbarung auf Grundlage der Bekundung eines individuellen Bedarfs. Diese Handhabungen wurden relativ konsequent über viele Jahre hin umgesetzt und bildeten einen klaren Gegensatz zu den im übrigen Wirtschaftsleben stetig „leistungsabhängig" steigenden Gehältern. Nicht zuletzt dieser radikalen Praxis hinsichtlich der Einkommen war ein gewisses öffentliches Interesse zu verdanken, und so folgten viele Einladungen zu Kongressen, Fachtagungen und Vorträgen.

---

[336] Das Einkommensmodell der *Aktion Dritter Weg* steht in der Tradition zeitgenössischer Diskussionen in den 1970er und 1980er Jahren im Umfeld selbstverwalteter und alternativer Betriebe in ganz Europa und entspricht auch Intentionen, wie diese, wenn auch mit einigen gravierenden Unterschieden, von der AGP (Arbeitsgemeinschaft zur Förderung der Partnerschaft in der Wirtschaft e. V.; http://www.agpev.de, abgerufen 27.07.2014) seinerzeit vertreten wurden. Das Einkommensmodell der Aktion Dritter Weg weckte in diesem Kontext auch Interesse als eine bestimmte Form der Mitarbeiterbeteiligung, als die man dieses mit guten Gründen auch bezeichnen konnte. Deshalb waren beide Initiativen auch bei verschiedenen Veranstaltungen zum Thema alternativer Ökonomie gemeinsam vertreten.

Trotz der beschriebenen Probleme kann der Versuch, die Vergabe von Einkommen nicht dem sogenannten „Freien Markt" zu überlassen, sondern auf demokratischem Wege und konsequent leistungsunabhängig zu vereinbaren, im Rückblick als weitgehend geglückt betrachtet werden. Die Verfahrensweise, die Höhe der Gehälter über gemeinsam verabschiedete Einkommensordnungen festzulegen, war letztlich auch kein absolutes Novum, sondern wurde, wie erwähnt, bereits seit Jahrzehnten von Freien Waldorfschulen praktiziert. Neu war vielmehr der Versuch, auch innerhalb der Wirtschaft derartige Modelle umzusetzen und zu erproben.

Was wurde im Rahmen des Praxisversuchs erreicht?

- Die Trennung von Leistung und Einkommen konnte relativ konsequent umgesetzt werden. Die Vergabe der Einkommen war nicht an Leistungs-Bemessungen und Leistungskriterien im Betrieb gekoppelt. Dies galt nicht nur statuarisch auf dem Papier, sondern auch in der täglichen Praxis – und es hatte einen hohen Stellenwert im Bewusstsein aller Mitwirkenden.

- Alle grundsätzlichen Ordnungen, die Vergabe der Einkommen betreffend, wurden gemeinsam beraten und in demokratischen Prozessen verabschiedet. Die Einkommensrahmenordnung bildete einen vernünftigen Rahmen für die Gestaltung der Gehälter. Über entsprechende Delegationsformen waren alle Mitarbeiter in alle relevanten, auch die Rechtsebenen der Zusammenarbeit betreffenden Entscheidungsprozesse einbezogen.

Welche Probleme konnten nicht vollständig gelöst werden?

- Die Absicherung der Gehälter aller Verbandsmitglieder aus dem Leistungsvermögen des Unternehmensverbandes konnte auf Grund der Größe und finanziellen Ausstattung der Gesamtorganisation nicht vollumfänglich garantiert werden. Das Einkommensmodell der Initiative konnte deshalb nicht ausschließlich an der Bedürfnislage der Beteiligten orientiert werden.

- Im Laufe der Zeit wurde es in einigen Bereichen immer schwieriger, die benötigten qualifizierten Mitarbeiter zu den solidarischen Einkommensbedingungen des Verbandes zu verpflichten. Demzufolge wurden durchaus Unterschiede in der Einkommensgestaltung gemacht, was deshalb noch nicht traditionellen Motivationsmustern und Argumentationen folgte. Dies bedeutete in der Außendarstellung – und genau an dieser Stelle wurde von außen besonders engagiert recherchiert und nachgefragt – eine deutliche Verwässerung des radikal-solidarischen Anspruchs der Initiative, wie dieser in den ersten 10 Jahren (1980–1990) vertreten und auch tatsächlich gehandhabt wurde.

- Natürlich führte die Trennung von Leistung und Einkommen auch immer wieder zu Spannungen und Herausforderungen im praktischen Alltag und dies nicht nur unter den Mitarbeitern eines Betriebes oder auf Verbandsebene zwischen Mitarbeitern verschieden erfolgreicher Betriebe, sondern auch bei dem einzelnen Mitarbeiter selbst. Kontrolle des eigenen Egoismus und sozialverträgliches Verhalten, insbesondere auch bei Gehaltsfragen, war nicht immer eine einfache Angelegenheit, zumal das Umfeld einiger Betriebe massiv an genau diesen extrinsischen Motivationen einer Kopplung von Leistung und hoch dotierten Einkommen orientiert war.[337]

- Ein sicherlich großes Problem bezüglich der Einkommensfrage bestand auch in dem Umstand, dass die Freude über die politische Befreiung vom Prinzip des unwürdigen Leistungslohnes oft durch begrenzte Mittel und relativ knapp bemessene Löhne überschattet wurde. Diese Tatsache war nicht zuletzt ökonomischen Verhältnissen geschuldet und hatte ursächlich nichts mit der intendierten Entkopplung zu tun. Hätte jedoch die Möglichkeit bestanden, eine größere Anzahl erwerbswirtschaftlich arbeitender Betriebe mit höheren Überschüssen in die Entkopplung von Leistung und Einkommen einzubeziehen, wäre diese mit Sicherheit noch besser kommunizier- und multiplizierbar gewesen.

---

[337] Rudolf Saacke, „Aktion Dritter Weg: Ein Modellversuch." in *Projekt Anthroposophie: Denn das Leben verlangt eine Verwandlung unseres Denkens,* hrsg. von Max V. Limbacher, 97–106 (Reinbek bei Hamburg: Rowohlt, 1986). S. 103.

10   Das Eigentum

10.1   Praktische Umsetzung des neuen Eigentumsbegriffes

Wie in Teil 1, Kapitel 4.2.10 „Vom Privateigentum zum Treuhandeigentum" dargestellt, basierte der neue Eigentumsbegriff auf der Idee der Neutralisierung des Eigentums. Dies bedeutet im Kern die Lösung der Eigentumsfrage durch grundsätzlichen Ausschluss der privaten und individuellen Eigentumsbildung an Unternehmen. Privates Eigentum an Unternehmensanteilen war durch den neuen Geldbegriff und die sich hieraus ergebenden Rechtsordnungen nicht länger möglich. Unternehmenserträge konnten nicht mehr für den Erwerb von Eigentum an Produktionsmitteln verwendet werden. Eigentum wurde vielmehr als gesellschaftliches Treuhandeigentum verstanden, welches von den jeweils dazu am besten Befähigten verwaltet werden sollte.

Wie sah nun der Eigentumsbegriff der Aktion Dritter Weg in der Praxis aus? Für die Unternehmen des Verbandes ging es darum, die neuen Gesichtspunkte zum Eigentumsverständnis soweit in die Praxis umzusetzen, wie es unter den Bedingungen herrschender Rechtsverhältnisse eben möglich war. Es bedurfte mehrerer Jahre der Auseinandersetzung mit Finanzämtern und Amtsgerichten, bis der rechtliche Weg für das Neutralisierungsvorhaben einigermaßen geebnet war. Eine wirklich optimale Lösung konnte bis zum heutigen Tage nicht gefunden und umgesetzt werden – sie wird sich auch nicht realisieren lassen, ohne die gesetzlichen Grundlagen zu ändern und damit die Basis für gesamtgesellschaftlich gedachte, neue Eigentumsformen zu legen.[338]

Aus der theoretischen Vorgabe ließen sich verschiedene Bedingungen für die neue Eigentumsfunktion ableiten. Angestrebt wurde eine Eigentumsform, die eine Über- bzw. Unterordnung im Betrieb auf der Basis der Besitzverhältnisse prinzipiell ausschloss. Im Weiteren musste die private Verfügung über

---

[338]   Solche neuen Eigentumsformen bräuchten die heutigen Rechtsformen nicht komplett zu ersetzen, sondern könnten sie um neue Unternehmensformen *komplementär erweitern.* Schon heute gibt es juristische Personen unterschiedlichen Charakters, von der *Aktiengesellschaft* und der *GmbH* über die *Genossenschaft* (deren Streben nach Gewinn nicht mit ihrem Förderauftrag kollidieren darf und deren Tätigkeit die langfristige Förderfähigkeit gewährleisten muss) bis zum (eingetragenen) *Verein* und zur *Stiftung* – dazu die *gemeinnützige Gesellschaft mit beschränkter Haftung* (gGmbH), der aufgrund ihrer Gemeinwohlorientierung besondere Steuervergünstigungen gewährt werden.

die erwirtschafteten Gewinne ausgeschlossen sein, weil private Aneignung nicht länger als sachgemäß erachtet wurde.[339]

Auf der Suche nach einer rechtlich und steuerlich umsetzbaren Konstruktion, die ein solches treuhänderisches Eigentum im Modell ermöglichte, stellte sich bald die gemeinnützige Trägerschaft als zunächst einzig konkret begehbarer Weg heraus. Deshalb wurde die Begründung eines gemeinnützigen (Stiftungs-)Vereins ins Auge gefasst. Neben den genannten inhaltlichen Bedingungen war es insbesondere auch notwendig, eine Rechtsform zu wählen, die bei zukünftigen Übertragungen von Gesellschaftsanteilen nicht unnötig hohe Übertragungskosten (Schenkungsteuer, Börsenumsatzsteuer etc.) hervorrufen würde. Trotz der warnenden Stimme von Ramon Brüll – erstklassiger Kenner der Dreigliederungsidee und Gründer der Zeitschrift Info3 – wurde das Wagnis der Arbeit mit gemeinnützigen Stiftungsformen als Stiftungsverein und zuletzt als ordentliche Stiftung eingegangen.[340]

Auf den ersten Blick wäre eine rechtsfähige, ordentliche Stiftung diejenige Rechtsform gewesen, die den Vorstellungen am nächsten gekommen wäre. Allerdings gab es gravierende Gründe, die gegen die Verwendung dieser Form sprachen. Zum einen galten damals quantitativ deutlich höhere Mindestvoraussetzungen an das Stiftungsvermögen, wie sie in der Gründungszeit des Unternehmensverbandes nicht hätten erfüllt werden können. Dazu kam die recht unflexible Form des Stiftungsrechtes, nachdem ein einmal definierter Stiftungszweck nur sehr schwer zu ändern und anzupassen ist. Ungeeignet schien außerdem die Möglichkeit der Aufsichtsbehörden – wenn auch nur in Ausnahmefällen – den Stiftungsvorstand abzusetzen und einen neuen zu

---

[339] Hiermit ist nicht nur die private Verfügung einzelner betriebsinterner oder betriebsexterner Personen gemeint, sondern ebenfalls die Verfügungsgewalt durch die Gesamtheit *aller* Mitarbeiter eines Betriebes.

[340] „Neutralisiertes Kapitaleigentum in diesem Sinne gibt es hierzulande nicht – schon deshalb nicht, weil es, seit das römische Recht eingeführt wurde, so gut wie nichts mehr geben kann, das nicht formal jemandem gehört. Wollte man Kapital neutralisieren, dann müßte man die Gesetze ändern. Jeder Versuch, schon heute entsprechende Formen zu praktizieren, muß also von vornherein eine Kompromißlösung sei. Bringt man Produktionsmittel oder Kapital in eine Gesellschaft unter (GmbH, KG, etc.), dann ist zwar diese Eigentümer, aber es sind wiederum Privatpersonen an der Gesellschaft beteiligt. Die oft praktizierte Konstruktion, bei der eine Stiftung oder Verein die Gesellschaftsanteile eines Unternehmens hält oder selbst z.B. Grundeigentum „freikauft", halte ich für eine Scheinlösung, da zwar das Eigentum *entprivatisiert* ist, nach wie vor aber *verkauft* werden kann. Dem Kapital oder Grundstück wird bloß eine Zweckbestimmung (z.B. biologisch-dynamische Landwirtschaft) aufgebürdet. Außerdem ermöglicht diese Form dem Vereinsvorstand als übergeordnete Instanz, in das Walten des Betriebes einzugreifen: Eine große Verführung …" Ramon Brüll, „Auf dem Wege zum neutralisierten Kapitaleigentum." *info3,* Sommernummer (1984): S. 19–21.

bestellen. Eine solche potenzielle *Verstaatlichung* sollte natürlich vermieden werden.

So wurde erst einmal der eingetragene Verein als Träger der Vermögenswerte ausgewählt, der die beschriebenen Nachteile einer Stiftung nicht aufwies. Zum einen war hier eine weitgehend freie Satzungsgestaltung möglich, die auch jederzeit wieder änderbar war. Zum anderen beschränkte sich der potenzielle Staatseinfluss lediglich auf die allgemeine Rahmengesetzgebung, eine direkte Einflussnahme war hier rechtlich nicht möglich. Allerdings sollte sich später herausstellen, dass die Auslegung der Gemeinnützigkeitsanforderung durch die Finanzämter zu einer unüberwindbaren Klippe wurde.

Die ganz konkrete Umsetzung der Neutralisierung im Unternehmensverband der Aktion Dritter Weg erfolgte zunächst durch Überführung der Kapitalien an den Verein *Stiftung der Interessengemeinschaft Dritter Weg e. V.* Die Verwaltung der Vermögenswerte oblag damit einem gemeinnützigen Träger und den zuständigen demokratisch gewählten Organen der Unternehmensgruppe. Praktisch erfolgte diese Übertragung durch Schenkungsverträge: Die Gesellschaftsanteile der Kapitalgesellschaften wurden notariell an den Stiftungsverein übertragen. Die Verwaltung der Vermögenswerte wurde durch die verschiedenen Organe des Verbandes besorgt.

Dem neuen Eigentumsverständnis der Neutralisierung des Kapitaleigentums und der am Gemeinwohl orientierten assoziativen Verwendung der Gewinne konnte auf diese Weise modellhaft durch die Übertragung der Anteile und die Abführung der Gewinne an die gemeinnützige Stiftung der IG Dritter Weg entsprochen werden. Dies geschah im Falle einer *Vollassoziation* durch komplette Übertragung des bisherigen Privateigentums an Firmenanteilen, Sachwerten, Wertpapieren und Geldkapital an die Stiftung, wobei in Folge auch Gewinnausschüttungen an die Stiftung als neuem Eigentümer erfolgen konnten. Natürlich war auch eine Teilübertragung der Vermögenswerte und Firmenanteile *(Teilassoziierung)* möglich, um eine schrittweise Umsetzung der neuen Ideen auf sozialverträgliche Weise zu gestatten. Tatsächlich wurde diese Form der Teilassoziation mehrfach gewählt, die auch bei vollständigem Verbleib der Kapitalien beim Altunternehmer als sinnvoll angesehen wurde. Dies war schon deswegen eine wichtige und ebenfalls mit hoher Verbindlichkeit ausgestattete Praxisvariante, weil einige der angeschlossenen Betriebe aufgrund ihrer speziellen Eigentumsverfassung gar nicht voll übertragen werden konnten. Im praktischen Verbandsalltag konnte auch ohne eine komplette Übertragung der Geschäftsanteile über die Verwendung von Gewinnen und Verlusten frei und solidarisch entschieden werden, wenn dies von den jeweiligen Betroffenen so gewollt wurde.

Der Stiftungsverein selbst, als eigentlicher Vermögensträger, erfüllte durch den Vorstand der Idee nach eine reine Exekutivfunktion. Es oblag ihm im Wesentlichen die Durchführung und Abwicklung der Beschlüsse der Etatkonferenz. Diese Aufgabenstellung und der damit verbundene Anspruch waren aus Gründen des Gemeinnützigkeitsrechtes nur schwer buchstabengetreu umsetzbar. Dennoch stellte der Stiftungsverein, als Träger der Vermögenswerte, den Betriebsgemeinschaften – zumindest konzeptionell – „ihr" Kapital als Betriebskapital wieder zur Verfügung. Das einzelne Unternehmen konnte frei von äußeren eigentumsbedingten, betriebsfremden Eingriffen wirtschaftlich selbstständig handeln. Es gab natürlich keine aktive Geschäftspolitik durch den gemeinnützigen Träger der Kapitalanteile, dies hätte sich schon aus rechtlichen Gründen verboten.

Diese Verfahrensweise wurde seinerzeit als vernünftige Möglichkeit gesehen, den freien Umgang mit Kapital zu ermöglichen und trotzdem Treuhandeigentum zu realisieren oder eben Treuhandeigentum zu realisieren und damit den freien Umgang mit Kapital zu ermöglichen. Betriebsgemeinschaften und Geschäftsführungen waren prinzipiell autonom und frei auch bezüglich der Frage, welcher Anteil der erwirtschafteten Mittel im Unternehmen verbleibt und welcher an den Stiftungsverein für gemeinnützige Zwecke ausgeschüttet werden soll.[341]

10.1.1 Stiftungskonstruktion und Satzungsgeschichte

Es ging bei der Konstruktion und Ausgestaltung des Vermögensträgers des Verbandes in der zunächst gewählten Form eines gemeinnützigen Vereins darum, die besonderen sozialgestalterischen Ideen des Modells mit den gegebenen rechtlichen und steuerlichen Rahmenbedingungen in Einklang zu bringen. Dies konnte allerdings trotz vielfältiger Satzungsänderungen und Ergänzungen, Strukturänderungen und räumlichen Umzügen nicht vollständig realisiert werden.

Anforderungen des Aktion-Dritter-Weg-Modells

1. Treuhandeigentum statt Privatbesitz

2. Kollegiale Verwaltung statt Herrschaftsverwaltung

3. Rechtsgleichheit aller Mitarbeiter

---

[341] Aktion Dritter Weg, „Statuten der Aktion Dritter Weg." in *Aufruf zur Alternative* (s. Anm. 7), Heft 2. S. 8ff.

4. Gemeinsame Kontrollmöglichkeit durch alle Verbandsmitglieder (Prinzip Überbetrieblichkeit)

Rechtliche und steuerliche Anforderungen

1. Übertragung von Vermögenswerten ohne übermäßige Belastung durch Grunderwerbs- und Schenkungsteuern

2. Flexible Handhabung der Kapitalanteile

3. Legale Konstruktionsform im Rahmen geltender Gesetze

Wie bereits festgestellt, sollten viele Jahre der Auseinandersetzung mit den Behörden folgen, bis schlussendlich eine finale, wenn sicherlich auch nicht optimale Trägerform gefunden worden war.

Die folgenden Schritte zeigen die mühsame Gestaltfindung einer geeigneten Form für den Träger des Eigentums.

15.–16. Oktober 1977
Gründungsversammlung der Stiftung der IG Dritter Weg in Wildsachsen/Taunus

Auf dieser Versammlung erfolgte die Umsetzung der ursprünglichen Vorstellungen in ersten Statuten in archetypischer Form, wie sie aus den Grundideen des Dritten Weges entwickelt worden waren[342] und sich im Übrigen aus der satzungsmäßigen Vorarbeit innerhalb der „APO-Achberger Produktiv Organisation", einer geplanten Verbindung diverser Achberger Arbeitsstätten, ergeben hatte. Die Gründungsveranstaltung fand in Wildsachsen im Taunus statt.

31. Januar 1978
Widerspruch Amtsgericht Wangen

Seitens des Amtsgerichts Wangen wurden Probleme mit einer befürchteten (und letztlich ja auch tatsächlich beabsichtigten) Fremdbestimmung des Stiftungsvereins durch vereinsfremde Gremien – dem Kollegium und dem Mitarbeiterrat der Interessengemeinschaft Dritter Weg (Unternehmensverband)[343] – moniert. Außerdem wurde die Eintragung der Satzung von der „Zahlung eines Gebühren-Vorschusses von 90 DM (§80 Abs. 1, Ziff. 1, 30 Abs. 2 Kostenordnung) und eines Auslagenvorschusses von 25 DM für die Veröffentlichung" abhängig gemacht.

---

342 Aktion Dritter Weg, *Aktion Dritter Weg, – Aufbauinitiative –*. S. 53–62.
343 Aktion Dritter Weg, „Statuten der Aktion Dritter Weg." in *Aufruf zur Alternative* (s. Anm. 7), Heft 2. S. 4 und 8f.

Die ursprünglichen Statuten sahen aus grundsätzlichen Erwägungen eine Berufung der ordentlichen Mitglieder der Stiftung – dem Stiftungssenat – durch den Mitarbeiterrat und das Kollegium des Verbandes vor[344], um die Umsetzung der Entscheidungen der Etatkonferenz sicherzustellen. Die am 22. Februar 1978 beschlossene zweite Fassung der Statuten milderte diese Maßgabe dahingehend ab, dass Mitglieder des Senats zugleich Mitglieder des Kollegiums oder Mitarbeiterrates sein mussten.[345] Das Amtsgericht stimmte dieser Formulierung mit Schriftsatz vom 14. Juli 1978 ausdrücklich zu. Am 24. April 1979 erfolgte die Ersteintragung der Satzung in das Vereinsregister Wangen unter der Registernummer VR195. Somit konnte der Stiftungssenat zwar nicht mehr durch den Unternehmensverband festgelegt werden, alle Stiftungsmitglieder mussten aber Gremien des Verbandes angehören. Damit waren sie in die wichtigen demokratischen Prozesse des Verbandes eingebunden.

7. Juni 1980–4. Dezember 1985
Verlegung des Vereins-Sitzes nach Hamburg und Eintragung in das dortige Vereinsregister sowie Probleme mit dem Hamburger Finanzamt

Mit entsprechenden Beschlüssen vom 7. Juni 1980[346] sowie vom 30. Mai 1981[347] fand eine Verlegung des Vereinssitzes nach Hamburg statt.[348] Der Verein selbst wurde am 24. November 1981 in das dortige Register unter der Nr. VR 9651 eingetragen. Nach der Eintragung ergaben sich neue Probleme mit dem zuständigen Finanzamt für Körperschaften, das dem Stiftungsverein die erforderliche Gemeinnützigkeit aberkennen wollte. Begründung hierfür war die Argumentation des Finanzamtes, dass nur einer ordentlichen Stiftung unter Staatsaufsicht gestattet sei, Vermögenswerte anzusammeln und lediglich die Erträge gemeinnützigen Zwecken zuzuleiten.

Das Finanzamt bestand auf zeitnaher Verwendung *aller* eigenommenen Spenden (Schenkungen) und damit auf der Anforderung, nicht nur die Erträge der Unternehmen gemeinnützig zu verwenden, sondern auch die kompletten Gesellschaftsanteile der Kapitalgesellschaften selbst zügig gemeinnützigen

---

[344] Aktion Dritter Weg, *Aktion Dritter Weg, – Aufbauinitiative –*. S. 57.

[345] Aktion Dritter Weg, „Statuten der Aktion Dritter Weg." in *Aufruf zur Alternative* (s. Anm. 7), Heft 2. S. 8.

[346] 1. ordentliche Mitgliederversammlung des Stiftungsvereins, 07.06.1980 in Achberg; Protokoll, Archiv Stiftung Media, Göppingen.

[347] 2. ordentliche Mitgliederversammlung des Stiftungsvereins, 30.05.1981 in Göppingen; Protokoll, Archiv Stiftung Media, Göppingen.

[348] Interessanterweise fand die Anmeldung zum Vereinsregister Wangen – unterzeichnet durch Rudolf Saacke, Wilfried Heidt und Michael Bader – am 24. September 1981 durch Hamburger Notare statt.

Zwecken zuzuführen und zu verbrauchen. Das Finanzamt bezog sich hierbei auf § 55 Abs. 1 Nr. 1 der Abgabenordnung, nach der alle empfangenen oder erwirtschafteten Mittel für steuerbegünstigte Zwecke verwendet werden mussten. Die an den Stiftungsverein per Schenkung übertragenen GmbHs hätten also kurzfristig verkauft und die Verkaufserlöse gemeinnützig verwendet werden müssen. Das war natürlich keinesfalls im Sinne des Unternehmensverbandes, dessen zentrale Idee ja gerade in der neutralen Eigentumsform der Betriebe im Besitz des Stiftungsvereins bestand, bei der die Anteile verbleiben sollten. Außerdem wurden von den Finanzbehörden auch Probleme mit der *mittelbaren* Tätigkeit des Vereins überhaupt gesehen, dessen Kapitalhalterfunktion als *Neutralisierungsstelle* ohne eigene gemeinnützige Tätigkeiten als nicht gemeinnützig erachtet wurde. Einziger Ausweg schien den Hamburger Behörden das „Weiterverschenken" der Vermögensanteile sowie die Gründung einer ordentlichen Stiftung zu sein; entsprechend massiv ins Feld geführte Argumente von betroffener Seite hinsichtlich der erforderlichen und nicht gemeinnutzschädlichen Rückstellung von Erträgen fanden kein Gehör beim Finanzamt.[349]

Die Statuten der Initiative in ihrer dritten Fassung standen damit erneut auf dem Prüfstand. Es folgten komplizierte juristische Auseinandersetzungen mit den betreffenden Ämtern, welche im Wesentlichen durch den Anwalt des Vereins, Hellmut Hannesen, mit den Sachbearbeitern des Finanzamtes geführt wurden, von denen einer nach seinem Ausscheiden aus dem Finanzamt als Berater des Vereins in Stiftungsfragen gewonnen werden konnte.

14. Januar 1987
Scheinbare Lösung des Konfliktes mit dem Hamburger Finanzamt

Eine auf dem Wege zäher Verhandlungen erzielte Lösung des Konfliktes bestand in dem Plan, tatsächlich gewisse Vermögensanteile der Stiftung weiter zu verschenken, um auf diese Weise den Anforderungen des Finanzamtes zu entsprechen. Konkret war geplant, dass die Stiftung die Anteile der zu diesem Zeitpunkt bereits übertragenen Achberger Verlag GmbH sowie 50% der Anteile der CCS Compact Computer Systeme GmbH an einen der angeschlossenen gemeinnützigen Vereine abgeben solle. Die inhaltliche Stiftungsarbeit sollte gemäß Finanzamt so umgebaut werden, dass die nach Auffassung der Behörde einseitige Orientierung als Spendensammel- und Vermögensverwal-

---

349 Es gilt für gemeinnützige Vereine tatsächlich das Gebot zeitnaher Mittelverwendung: „Mit dem Gebot zeitnaher Mittelverwendung ist es nicht vereinbar, Mittel in Rücklagen aufzuspeichern, d. h. sie erst nach Ablauf des auf das Jahr der Vereinnahmung folgenden Geschäftsjahres für satzungsmäßige Zwecke … zu verwenden." Otto Sauer und Franz Luger, *Vereine und Steuern,* Stand: 1. Januar 1987. Dtv 5264 (München: Dt. Taschenbuch-Verl, 1987).

tungsverein aufgehoben wäre und die Stiftung damit eigene gemeinnützige Tätigkeiten vorweisen könne. Die bisherige inhaltliche Arbeit des in Hamburg eingetragenen Stiftungsvereins sollte ausgebaut werden, um die vom Finanzamt kritisierte einseitige Orientierung als Spendensammel- und Vermögensverwaltungsverein durch entsprechende Ergänzung zu überwinden. Der Sache nach waren allerdings für die eigentliche inhaltliche Arbeit andere Organe des Verbandes vorgesehen, vor allem natürlich die *Aktion Dritter Weg e. V.* (Mitgliederverein), der Stiftungssenat und das Kollegium.

Auf der Grundlage dieses Kompromissvorschlages sollte der Verein jenen Status erlangen, den das Hamburger Finanzamt als Bedingung für die Weitergabe an die zukünftig begünstigten Vereine ansah. Dafür war eine Statutenänderung erforderlich, da eine Förderung durch den Verein nach der bestehenden Satzung „ausschließlich" durch Übertragung von Mitteln erfolgen konnte; eine Formulierung im Übrigen, die jetzt auf Unverständnis seitens des Finanzamtes stieß, obwohl man genau dies 1981 als notwendig postuliert hatte. Nach einer solchen Statutenänderung hätten dann bislang von anderen Organen des Verbandes durchgeführte gemeinnützige Aktivitäten, insbesondere im Bereich der Bildung, durch den Stiftungsverein übernommen werden müssen.

Es wurde infolge des Drucks durch das Finanzamt am 14. Januar 1987 tatsächlich auf der ordentlichen Mitgliederversammlung des Stiftungsvereins in Göppingen beschlossen, 50 % der CCS-Anteile an das Internationale Kulturzentrum Achberg und 100 % der Anteile des Achberger Verlages an den Verein Forum Teestube e. V. in Göppingen zu übertragen.

29. Juni 1992 Gründung der Stiftung Media e. V.
Errichtung der „Stiftung Media e. V." als Nachfolger der Hamburger „Stiftung der Interessengemeinschaft Dritter Weg e. V." und Umzug nach Göppingen

Eine Lösung des anhaltenden Streits mit dem Finanzamt in Hamburg zum Thema „mittelbarer Tätigkeit" und „unmittelbarer Mittelverwendung" schien nur durch einen Transfer der Vermögenswerte auf einen anderen Vermögensträger und unter der Aufsicht eines anderen Finanzamtes möglich. Dies hatte eine Neugründung des Stiftungsvereins in Göppingen zur Folge, weil Erfahrungen mit den dortigen Behörden im Kontext anderer Vereine ein günstigeres Klima für diese Konstruktion erwarten ließen. Auf diesen neuen Verein sollten die Stiftungsmittel übertragen werden, ohne jedoch zunächst den Hamburger Verein aufzulösen, der sogar 1998 nochmals seine Gemeinnützigkeit erhielt.[350] Die Hamburger Beamten ließen die Stiftungsverantwortlichen allerdings unmissverständlich wissen, dass sie eine entsprechende Umsetzung ihrer diesbezüglichen Auffassung auch im Süden zu gewährleisten wüssten. Trotz dieser Drohung, die Hamburger Sicht auch im Süden der Republik zu „vererben", erhielt die neue Vereinskonstruktion dennoch am 5. Novemver 1992 die übliche „vorläufige Bescheinigung" des Finanzamtes Göppingen über die Gemeinnützigkeit. Ein echter Glücksfall, der leider nicht von langer Dauer war, wie sich in den weiteren Auseinandersetzungen mit den Ämtern bald herausstellten sollte.

Von der „Aktion Dritter Weg" zu „Media"

In zeitlichem Zusammenhang mit der Notwendigkeit einer rechtsfesten Lösung der genannten steuerlichen Anforderungen stand des Weiteren auch die Umbenennung der Stiftung der IG Dritter Weg e. V. in Stiftung Media e. V. an und wurde schließlich am 21. Januar 1992 auf der ordentlichen Mitgliederversammlung der Stiftung in Achberg beschlossen. Unter besonderer Würdigung der erfolgreichen Ausweitung der Verbandsarbeit nach Osteuropa und der Gründung der Rumänieninitiative „Media Romania" mit Sitz in Mediaș, Transsilvanien (Siebenbürgen), wurde die Namensgebung *Media* als geeignet betrachtet und entsprechend verabschiedet. Dies nicht zuletzt auch hinsichtlich des mit dem Begriff Media verbundenen Vermittlungsprinzips, durch den die sozialgestalterische Arbeit des Verbandes und seiner Stiftung ebenfalls beschrieben werden konnte. So erhielt die neue Satzung den vorrangigen Vereinszweck, die „Bereitschaft, die Fähigkeit und den Willen zur Vermittlung zu stärken und zu verbreiten". Man war davon ausgegangen, dass sich in allen sozialen Problemen mangelnde Vermittlung zwischen unterschiedlichen widerstreitenden Interessen ausdrückt.[351] Ein weiterer wichtiger Grund, überhaupt einen neuen Begriff als Nachfolger der Bezeichnung *Dritter Weg* zu prägen, bestand natürlich auch darin, dass mit dem Fall der Berliner Mauer am 9./10. November 1989 und dem Niedergang der sozialistischen Staatsformen des Ostblocks, der „zweite" Weg als gesellschaftliche Alternative nicht mehr zur Diskussion stand.[352]

---

[350] Siehe hierzu Protokoll der Mitgliederversammlung der Stiftung der IG Dritter Weg e. V. vom 26.04.1999, Bad Boll; Archiv Stiftung Media, Göppingen.

[351] „Media kann in diesem Sinne sein: Prinzip und soziale Bewegung, Ausdruck des Interesses, das Soziale insgesamt mit den je dafür am besten geeigneten Mitteln zu bilden." Wilfried Heidt, Erläuterung zum Namen ‚Media'; Aktion Dritter Weg-internes Fax, 27. Januar 1992, Archiv Stiftung Media, Göppingen. S. 4.

[352] „So hat uns die historische Zäsur 1989/91 eine völlig neue Ausgangslage für das Projekt ‚Dritter Weg' gebracht: Die Antithese ist verschwunden. Wir haben es ideologisch, theoretisch, psychologisch und praktisch jetzt nur noch mit verschiedenen Erscheinungsformen der

Nach Neugründung des Vereins mit Sitz in Göppingen sowie dessen Eintragung am 8. Oktober 1992 wurden die Vermögenswerte des Hamburger Stiftungsvereins an den neuen Vermögens- und Neutralisierungsträger der Initiative übertragen. Dies geschah im Falle der CCS-Anteile mit Übertragungsurkunde vom 14. November 1992, Notar Bezler, Bad Boll. Zu einem späteren Zeitpunkt wurden auch die übrigen 50 % der Anteile von CCS vom Internationalen Kulturzentrum in Achberg an den Göppinger Verein übertragen.

1992–2000
Arbeiten mit Stiftungssitz in Göppingen

Trotz anfänglich signalisierter Zustimmung seitens des Göppinger Finanzamtes zu der gewählten Stiftungskonstruktion ergaben sich bald auch hier ernste Probleme mit der Sicherung der Gemeinnützigkeit. Es hatte sich tatsächlich die Hamburger Rechtsauffassung auch im Süden durchgesetzt, dass also entsprechende Mittel prinzipiell ausgegeben und möglichst unmittelbar dem ideellen Zweck zugeführt werden sollten. Dies galt trotz der gesetzlich vorgesehenen Möglichkeit, freie Rücklagen zu bilden und hierfür bis zu 25 % entsprechender Einnahmen zu verwenden.[353]

Zum einen sah mittlerweile auch das Göppinger Finanzamt in der Sammlung und Weiterleitung von Geldern keine der Gemeinnützigkeit gemäß § 58

These zu tun –, ohne daß sich freilich in der historischen Grundkonfiguration etwas geändert hätte! Die zeitgeschichtliche Aufgabe lautet nach wie vor: Verwirklichung der Dreigliederung des sozialen Organismus – des dritten Weges." ebd. S. 3.

[353] Zur Stärkung der allgemeinen Liquidität und Leistungskraft ermöglicht §58 Nr. 7a AO die Bildung einer freien Rücklage. „Bemessungsgrundlage für die jährlichen Zuführungen zur Rücklage ist ‚ein Viertel des Überschusses der Einnahmen über die Unkosten aus der Vermögensverwaltung‘. Höhe und Dauer der freien Rücklage sind prinzipiell unbegrenzt." Darüber hinaus gibt es die Möglichkeit „projektgebundener Rücklagen". Nach § 58 Nr. 6 AO dürfen Mittel einer Rücklage zugeführt werden, soweit dies erforderlich ist, um ein Vorhaben (Baumaßnahme, Veranstaltungsprogramm) durchführen zu können, für das konkrete Vorstellungen bestehen. Für die Höhe der Rücklage bestehen keine zahlenmäßig festen Grenzen. Die Grenze wird vielmehr bestimmt durch die Höhe der zu erwartenden Aufwendungen und voraussichtlich zu Verfügung stehenden flüssigen Mittel. Bleibt danach eine Deckungslücke, können Mittel in entsprechender Höhe in die Rücklage eingestellt werden. Die Rücklage darf aufgebaut werden, sobald die Projektplanung soweit gediehen ist, daß der Zeitpunkt der Realisierung und die Höhe der Kosten greifbar sind." *Abgabenordnung: Mit Finanzgerichtsordnung und Nebengesetzen; Textausgabe mit ausführlichem Sachverzeichnis,* 17. Aufl., Stand: 1. Januar 1993. Dtv 5548 (München: Dt. Taschenbuch-Verl, 1993). S. 53.
Bei diesem Themenkreis wurden insbesondere auch wichtige Anregungen des bereits erwähnten Wirtschaftsprüfers und Steuerberaters Benediktus Hardorp in die Arbeit einbezogen. Hardorp hat sich nicht nur durch seine profunden theoretischen Ausführungen zu Steiners Dreigliederungsideen, sondern auch hinsichtlich praktischer Umsetzungsfragen neuer Gestaltungsideen verdient gemacht.

Abgabenordnung dienende Aufgabenstellung. Zum anderen sah es Probleme mit ausgerechnet jeder Satzungspassage, nach der ordentliches Mitglied nur werden konnte, wer Mitglied im Mitarbeiterrat und damit Mitarbeiter eines Media-Unternehmens war – worauf sich im Jahre 1978 der damalige Stiftungsverein mit dem Wangener Finanzamt geeinigt hatte. Diese Satzungspassage verletzte wiederum die Voraussetzungen für die Gemeinnützigkeit, insofern die Vereinstätigkeit nicht die wirtschaftliche Förderung des Vereins oder seiner Mitglieder bezwecken dürfe, so die Rechtsauffassung des Finanzamtes.

Im Weiteren wurden durch das Göppinger Finanzamt auch Fragen der Finanzierung einer in gemeinnützigem Eigentum befindlichen GmbH durch den entsprechenden gemeinnützigen Träger problematisiert. Es wurde als Problem erachtet, dass ein gemeinnütziger Gesellschafter entsprechende Mittel für den weiteren Auf- und Ausbau einer gewerblichen Unternehmung verwenden darf, auch wenn diese Mittel explizit dem gemeinnützigen Gesellschafter zur Verfügung gestellt sein sollten.

Last but not least wurde auch die konkrete Spendenpraxis der Initiative wegen des jeweiligen ideellen Zweckes hinterfragt, welcher hinsichtlich der Demokratie-Forschung ebenso wie z. B. hinsichtlich des späteren Rumänien-Aufbauprogramms immer wieder zu entsprechenden Rückfragen führte. Im letzteren Fall nicht zuletzt auch deshalb, weil sich die rumänischen Behörden nach dem Tod von Ceauşescu mit dem Gemeinnützigkeitsrecht noch etwas schwer taten.

In der Zeit vom 8. Oktober 1992 (Datum der Ersteintragung in Göppingen) bis zum 31. März 2000 (Datum der letzten Statutenänderung der Stiftung Media e. V.) mussten aus genannten Gründen immer wieder neue Satzungsänderungen bezüglich Vertretungsberechtigung, Selbstverständnis und Zweckerklärung durchgeführt werden, um den Anforderungen der Behörden an das Sammeln bzw. Weitergeben von Spenden zu erfüllen.

2001
Verschmelzung Stiftung Media e. V. Göppingen mit dem Verein „Kultur im Werkforum e. V." und Neugründung als rechtsfähige Stiftung Media

Nach Veräußerung der Liegenschaft des Mitgliedsbetriebes Forum Teestube in Göppingen ergaben sich erneute Probleme mit der Verwendung des Verkaufserlöses in Höhe von 600.000 DM. Der Verkaufserlös sollte möglichst ertragsreich angelegt und entsprechende Erlöse für wichtige Vorhaben der Initiative eingesetzt werden. Eigentümer dieses Vermögens war der in *Kultur im Werkforum e. V.* umbenannte *Forum Teestube e. V.*

Es bot sich nun die Chance, die zu diesem Zeitpunkt parallel existierenden Träger unter einem neuen Dach zu vereinen, dabei den Verwaltungsaufwand zu reduzieren und die Schlagkraft entsprechend zu erhöhen. Die genannten Träger waren der Göppinger *Stiftung Media e. V.* und der Verein *Kultur im Werkforum e. V.,* ebenfalls mit Sitz in Göppingen.

Wegen der mittlerweile seit fast 20 Jahren tradierten Probleme mit den Finanzämtern die Weitergabe eingehender Spenden und Stiftungen betreffend wurde vor allem auch wegen der immer wieder vorgetragenen Forderung nach direkter Weitergabe der gehaltenen GmbH-Anteile immer deutlicher, dass hier ein radikaler Schritt notwendig wurde. Der einzige Weg, nur die Erträge aus angelegten Vermögen oder aus GmbH-Anteilen gemeinnützig zu verwenden, das Kapital aber nachhaltig zu bewahren, bestand offensichtlich in der Gründung einer rechtsfähigen Stiftung, weil diese sich genau durch dieses Merkmal auszeichnete.

Allerdings galt es zunächst innerhalb der Mitgliedschaft erhebliche Vorbehalte konzeptioneller Art hinsichtlich der eingehandelten Staatsaufsicht zu überwinden. Insbesondere das Problem der Stiftungsaufsicht hatte große Bedenken bezüglich zukünftiger Kontrolle und aktivem Hereinregieren des Staates bei allen Beteiligten hervorgerufen. Nun ergaben entsprechende Recherchen allerdings, dass gerade in Baden-Württemberg die am wenigsten restriktiven Bestimmungen gelten und die Rechtsaufsicht darauf beschränkt wird, zu überwachen, *„daß die Verwaltung der Stiftungen die Gesetze, das Stiftungsgeschäft und die Stiftungssatzung beachtet"*[354] und, wo es möglich ist, diese Rechtsaufsicht zumindest zum Teil und in nicht unwesentlichen Dingen an ein unabhängiges Kontrollorgan abzugeben, wie z. B. ein Stiftungskuratorium.[355] Neben den Bedenken gegenüber staatlicher Einflussnahme bestand ein weiterer wichtiger Vorbehalt in der ganz grundsätzlichen Orientierung einer solchen rechtsfähigen Stiftung am Stifterwillen, der, einmal festgelegt, nicht durch demokratische Prozesse und wechselnde Arbeitsziele geändert werden kann.

Diese Bedenken bedeuteten in der praktischen Umsetzung, den Stiftungszweck entsprechend offen zu formulieren und die Verwaltung durch entsprechende Personen besorgen zu lassen, die eine Umsetzung der von der Media-Gesamtorganisation intendierten Ziele und Ideen entsprechend gewährleisten würden.

---

[354] *Stiftungsgesetz für Baden-Württemberg vom 4. Oktober 1977; Zweiter Teil – Stiftungen des bürgerlichen Rechts, § 8 Rechtsaufsicht: StiftG* (04.10.1977). http://www.landesrecht-bw.de/jportal/portal/t/87n/page/bsbawueprod.psml?pid=Dokumentanzeige&showdoccase=1&js_pe id=Trefferliste&documentnumber=1&numberofresults=1&fromdoctodoc=yes&doc.id=jlr-StiftGBWpP8#focuspoint (letzter Zugriff: 26. Juli 2014). Absatz (1).

[355] Ebd. Absatz (2).

Der einfachste Weg zur Begründung einer solchen ordentlichen Stiftung war, einen entsprechenden Satzungsvorschlag vom zuständigen Regierungspräsidium auf Genehmigungsfähigkeit und vom entsprechenden Finanzamt auf Gemeinnützigkeit hin überprüfen zu lassen. Des Weiteren hatten die betroffenen Vereine lediglich ihre Auflösung zu beschließen und die Entscheidung zu treffen, dass das Vermögen an die neue Stiftung fallen solle. Einer der beiden Vereine musste seinerseits die Stiftung begründen, auf den die Vermögenswerte beider Vereine übertragen werden konnten, eine direkte Umwandlung der Vereine in eine Stiftung war nicht möglich, da sich hierbei das bundesweit geltende Vereinsrecht mit dem länderspezifischen Stiftungsrecht in die Quere gekommen wären.

Gedacht – getan: Am 23. April 2001 beschloss die Mitgliederversammlung des *Kultur im Werkforum e. V.* auf der Grundlage des Stiftungsrechtes des Landes Baden-Württemberg die Errichtung einer rechtsfähigen Stiftung des bürgerlichen Rechts unter dem Namen *Stiftung Media* mit Sitz in Esslingen. Die Mitgliederversammlung sicherte der Stiftung ein Grundstockvermögen in Höhe von 580.000 DM zu, als erster Vorstand wurden *Hans-Jürgen Goblirsch* und *Michael Bader* bestellt. Die Satzung folgte vollumfänglich den Anforderungen an rechtsfähige Stiftungen, die finale Fassung war von Finanzamt und Stiftungsaufsichtsbehörde geprüft und nach einigen Änderungswünschen freigegeben worden.[356]

Am selben Tage wurde auf einer Mitgliederversammlung des Vereins *Stiftung Media e. V.* die Auflösung dieses Vereins und die Übertragung des Vermögens auf die neue rechtsfähige Stiftung Media beschlossen.[357] Der Hamburger Verein *Stiftung der Interessengemeinschaft Dritter Weg e. V.* existierte bis zu seiner Auflösung nach 2003 ohne große Aktivitäten weiter und wurde sogar noch einmal als gemeinnützig anerkannt, obwohl bis auf die Unterstützung einiger Projekte seine Tätigkeiten praktisch stillgelegt worden waren.[358]

---

[356] Vgl. Mitgliederversammlung Kultur im Werkforum e. V., am 23.04.2001 von 17 bis 19 Uhr im Malraum der Goblirsch GmbH in Albershausen, Protokoll; Archiv Stiftung Media, Göppingen.

[357] Vgl. Mitgliederversammlung Stiftung Media e. V., am 23.04.2001 von 19.30 Uhr bis 21.30 Uhr im Malraum der Goblirsch GmbH in Albershausen, Protokoll siehe Archiv Stiftung Media, Göppingen.

[358] Vgl. Mitgliederversammlung Stiftung Media e. V., am 23.04.2001 im Malraum der Goblirsch GmbH in Albershausen. Im Tätigkeitsbericht wird die Unterstützung des Bodensee-Tages der Initiative *EuropaHaus Bodensee* 1999 erwähnt, die die Diskussion über die europäische Einigung voranbringen sollte. Im Jahre 2000 wurde die Erarbeitung und Herausgabe einer Charta der Grundrechte der Europäischen Union mitfinanziert, das Dokument wurde auf der Inter Citizens Conference verabschiedet und durch verschiedene NGOs auf dem EU-Gipfel in Nizza vorgelegt. Protokoll siehe Archiv Stiftung Media, Göppingen.

2001–2014
Arbeiten mit der Form der rechtsfähigen Stiftung

Mit Schreiben des Regierungspräsidiums Stuttgart vom 23. Mai 2001 wurde in Folge die vom Verein *Kultur im Werkforum e. V.* mit Stiftungsgeschäft vom 23. April 2001 errichtete *Stiftung Media* mit Sitz in Esslingen offiziell genehmigt. Alle anderen Vereine wurden in den folgenden Jahren nacheinander aufgelöst, die neue rechtsfähige Stiftung erhielt sukzessive und auf dem Wege der Zustiftung bzw. Abtretung von GmbH-Geschäftsanteilen alle bisherigen Vermögenswerte, die ursprünglich der Hamburger *Stiftung der IG Dritter Weg e. V.* zugedacht waren, namentlich die Anteile der *CCS Compact Computer Systeme GmbH,* Hamburg, mit sämtlichen Beteiligungen und Unterfirmen und die Anteile an der *Achberger Verlag GmbH* mit entsprechenden Beteiligungen.

Nach erneuter Sitzverlegung nach Stuttgart im Zusammenhang der Einrichtung des Stiftungsbüros im Salzmannweg wurde die endgültige Form der Stiftungskonstruktion gefunden, die so bis heute fortgeführt wird.[359]

10.2 Herausforderungen des neuen Eigentumsbegriffes

10.2.1 Probleme mit der Einrichtung eines rechtlichen Trägers der Kapitalneutralisierung

Wie die vorhergegangenen Ausführungen gezeigt haben, bestand die größte Herausforderung beim Umgang mit dem neuen Eigentumsbegriff in der Entwicklung und langfristigen Sicherung einer geeigneten rechtlichen Konstruktion für die Neutralisierung des Eigentums. Die in Kapitel 10.1.1 dargestellten

---

[359] „Eine rechtliche Möglichkeit, die Unverkäuflichkeit des Unternehmens zu erreichen, ist für viele Unternehmer heute die Gründung einer Stiftung und/oder das Einbringen ihres Unternehmens (respektive aller Anteile an ihm) in eine solche. Eine Stiftung ist rechtlich eine mitgliederlose – nur dem Stiftungszweck verpflichtete – juristische Person. Ihr Vorteil liegt darin, dass ihre Anteile nicht von dritter Seite – womöglich ‚feindlich' – übernommen werden können. Die Stiftung müsste sonst das Unternehmen, das sie verantwortet, schon selber verkaufen wollen – und dies müsste mit Stiftungssatzung und Stiftungsrecht vereinbar sein. Die Stiftungssatzungen schieben einem solchen Verkauf meist einen Riegel vor, der – angesichts der öffentlichen Kontrolle ihres Gebarens – nicht mit leichter Hand geöffnet werden kann. Es gibt sehr erfolgreich arbeitende Stiftungsunternehmen – z. B. die Firmen Bosch, Thyssen, WALA und (etwas abgewandelt) auch die WELEDA. Die Gründung von Stiftungsunternehmen hat durch mancherlei steuerrechtliche Erleichterungen auf diesem Felde (in Deutschland) in letzter Zeit erheblich zugenommen, ohne dass deren Umfang der Öffentlichkeit immer voll bekannt geworden ist." Hardorp, *Arbeit und Kapital als schöpferische Kräfte.* S. 200.

Probleme, unter den geltenden wirtschaftlichen und rechtlichen Bedingungen eine geeignete *neutrale* Form für das Eigentum zu finden, zeigen sehr deutlich, dass erhebliche Schwierigkeiten damit verbunden sind, alternative Denkansätze innerhalb bestehender Rechtsordnungen umzusetzen. Eine konsequente Neutralisierung bedarf deshalb einer grundlegenden Erneuerung oder zumindest Ergänzung des Eigentumsrechts der ganzen Gesellschaft.

10.2.2 Von der Demokratisierung zur Neutralisierung des Betriebskapitals

Zur weiteren Verdeutlichung des Verständnisses von Neutralisierung im Rahmen der IG Dritter Weg kann ein Blick auf das Genossenschaftswesen unter den hier entwickelten Gesichtspunkten sinnvoll sein. Im Gegensatz zu den üblichen Eigentumsformen, bei denen größere und kleinere Anteile an Unternehmen unterschiedliche Rechtsbefugnisse konstituieren, bietet das Genossenschaftsrecht nach dem Prinzip „one man – one vote" ein deutliches Mehr an Gleichberechtigung durch die Ausschaltung persönlicher Machtentfaltung einzelner Mitgesellschafter über die Höhe der jeweiligen Anteile. Alle an einem genossenschaftlich organisierten Betriebszusammenhang Beteiligten üben mit ihrer Stimme – eben ihrer einen Stimme – die gemeinsame Kontrolle des Eigentums aus. Das Genossenschaftswesen ermöglicht damit tatsächlich eine Demokratisierung des Eigentumsrechtes.

Dennoch bleibt zu fragen, ob – ganz grundsätzlich betrachtet – Eigentumstitel an Unternehmen überhaupt funktionale Entscheidungsrechte für die Gestaltung von Betriebsabläufen bedingen sollten. Abgesehen von der in der Sache dysfunktionalen Koppelung völlig verschiedener Rechtsqualitäten von Besitz- und Verfügungsrecht gilt es – wie unter Kapitel 4.5 dargestellt –, die Entstehungsbedingungen von Wirtschaftswerten auf der Basis globaler vernetzter und integraler Produktionsweisen zu hinterfragen. Ebenso wenig, wie der klassische Einzelunternehmer nur auf der Grundlage seiner eigenen persönlichen Fähigkeiten und Möglichkeiten die jeweiligen Erträge hervorbringen kann, können dies auch Gruppen von Eigentümern, selbst wenn es sich dabei um die Belegschaften handelt.

Wie ausgeführt, verdanken Wirtschaftswerte ihre Entstehung gesamtgesellschaftlicher Kooperation und können deshalb nicht unabhängig von den Interessen einer entsprechenden Gesamtgesellschaft verwaltet werden. Aus diesem Grund kann die Zukunft des Eigentumsbegriffes nicht in einer Parzellierung von Einzeleigentum und Schaffung von Kleinkapitalisten gesehen werden, sondern letztlich nur in der Überwindung der Rechtssubstanz des Eigentums schlechthin. Unternehmen und damit auch das betriebliche Vermögen gehören in dieser Sichtweise konsequenterweise niemandem persönlich und können in diesem Sinne als *eigentumsneutral* bezeichnet werden.

10.3 Schlussfolgerungen aus dem Umgang mit einem neuen Eigentumsbegriff

Eine einfache Bilanz über die komplexen Umsetzungserfahrungen vieler Jahre Arbeit innerhalb der IG Dritter Weg und später Media-Unternehmensgruppe ohne Plattitüden zu ziehen, ist keine einfache Aufgabe. Dennoch können einige Gesichtspunkte herausgestellt werden, die eine gewisse Allgemeingültigkeit haben.

Was wurde im Rahmen des Praxisversuchs erreicht?

- Das Privateigentum an den Unternehmen konnte, wenn auch unter großen juristischen Mühen, tatsächlich in eine Art gemeinnütziges Eigentum umgewandelt werden. Die Verfügungsrechte über Unternehmensanteile wurden entprivatisiert, Unternehmensleitung und Unternehmenseigentum wurden entkoppelt, Verfügungsrechte und Eigentumsrechte wurden voneinander getrennt.[360]

- Trotz verschiedenster juristischer Widrigkeiten konnten relativ wirkungsvolle Kontrollmöglichkeiten des Kapitals eingerichtet und durch entsprechende Gremien auch praktisch umgesetzt werden. Dies galt auch, wenn die Etatkonferenzbeschlüsse nicht als unmittelbares Ergebnis demokratischer Entscheidungen direkt umgesetzt wurden, sondern durch bestimmte Personen mit entsprechenden Parallelmitgliedschaften, z.B. im Mitarbeiterrat und im Stiftungsvorstand, bewirkt und durchgeführt wurden.

- Die Arbeit mit der Form der zuletzt gewählten ordentlichen Stiftung bedeutete ein wider Erwarten sehr einfaches Handling, bislang sind innerhalb des Berichtszeitraums 2001 bis 2014 keinerlei Probleme aufgetreten.

---

[360] Ein ähnlicher Sachverhalt ergibt sich bei der heute üblichen Unterscheidung von Eigentum und Besitz z.B. einer Wohnung oder eines Ladengeschäftes. Während der jeweilige Mieter oder Betreiber als „Besitzer" figuriert, der in gewissem Umfang über die betreffende Immobilie verfügen kann, ist dieses Verfügungsrecht deutlich von dem Immobilien*eigentum* und den damit verbundenen Rechten, insbesondere auch das der Veräußerung, unterschieden.

- Die ordentliche Stiftung bot gegenüber dem gemeinnützigen Verein die Möglichkeit und letztlich auch die Verpflichtung, jeweils immer nur die Erträge eines Grundvermögens für die Arbeit zu verwenden, anstatt das Kapital insgesamt aufzubrauchen. Diese Rechtsform löste damit das zentrale Problem der Initiative, Vermögenswerte als solche zu bewahren und nur die jeweiligen Erträge entsprechend zu verwenden.

Welche Probleme konnten nicht vollständig gelöst werden?

- Eine zentrale Kapitalverwaltung unterschiedlicher rechtlicher Entitäten – im Sinne von Unternehmens- und Organisationsformen – war und ist nach deutschem Vereins- und Stiftungsrecht nur bedingt möglich. Es gelten erhebliche Anforderungen an die jeweilige juristische Eigenständigkeit des einzelnen Unternehmens, die beachtet werden müssen. Dies bedeutet, dass nur eine bedingte Kontrolle des Vereins- und Stiftungsvermögens durch den Gesellschafter und entsprechende unternehmensexterne Entscheidungsgremien wie z. B. die Delegierten der Media-Betriebe auf Etatkonferenzen möglich war. Abgesehen von diesem Umstand können gemeinnützige und erwerbsorientierte Unternehmen kapitalmäßig und steuerlich ohnehin nicht gekoppelt werden.

- Ein echter Ausgleich der Erträge unter den beteiligten Partnern der Unternehmensgruppe über die Neutralisierung des Eigentums war aus steuerlichen Gründen nur in bescheidenen Ansätzen möglich. Die einzig legale Verfahrensweise der Ausschüttung von Gewinnen an die Stiftung und anschließender *Neubewertung* der Gelder durch Etatkonferenzen erwies sich als umständlich und teuer.

- Für die zuletzt gewählte Form der ordentlichen Stiftung gilt, dass die im Vereinswesen übliche Kontrolle durch demokratisch gewählte Mitglieder zumindest im Umfeld der Media-Intentionen einer Kontrolle und Genehmigung durch die Stiftungsaufsicht des Staatsministeriums grundsätzlich vorzuziehen gewesen wäre. Dies gilt *grundsätzlich,* auch wenn bislang praktisch keine Probleme mit der Staatsaufsicht aufgetreten sind.

- Gleiches gilt für die Festschreibung des Stiftungszweckes bei rechtsfähigen Stiftungen, der nicht nachträglich (oder nur mit großen Schwierigkeiten verbunden) an geänderte Bedingungen und Ausrichtungen angepasst werden kann.

11 Die Selbstverwaltung

11.1 Praktische Umsetzung der Selbstverwaltung

Die Begründung und der Aufbau der Initiative der Aktion Dritter Weg und auch des Unternehmensverbandes der IG Dritter Weg als ihr Kernstück, fand nicht im luftleeren Raum, sondern im Rahmen einer globalen Bewegung für eine Erneuerung der herkömmlichen Ökonomie in den 1970er- und 80er-Jahren statt, in deren Kontext sie verstanden und interpretiert werden muss. Dies manifestierte sich durch eine wachsende Anzahl von Unternehmen, die unterschiedliche Formen konkreter Selbstverwaltung im Betrieb praktizierten. Gemeinsamer Nenner all dieser Initiativen war das Bemühen, innerbetrieblich weitgehend ohne Hierarchien auszukommen und auf der Grundlage umfassender Information und Transparenz alle wichtigen Fragen gemeinsam und gleichberechtigt zu entscheiden. Übergeordnet ging es darum, die Selbstbestimmung, Persönlichkeitsentwicklung und Kreativität des Einzelnen in seinem Beitrag zur Leistung des Gesamtbetriebes zu fördern, anstatt sie zu behindern.[361]

---

[361] Die Selbstverwaltungsbewegung wurde in Deutschland nicht zuletzt durch die Arbeit von *Netz e. V.* (damals *Netzwerk Selbsthilfe e. V.*) getragen, in dem Hunderte meist kleinerer Betriebe zusammengeschlossen waren. Dazu zählten auch viele Betriebe aus der sich konstituierenden Ökologiebewegung. – Ähnliche Zielsetzungen hatten aber auch bereits länger arbeitende Unternehmen wie die *Glashütte Süssmuth* (heute KG Süssmuth Glasmanufaktur GmbH & Co bzw. Süssmuth Glas- und Kunstwerkstätten GmbH) oder die *Neuguss* (http://www.neuguss.com/, abgerufen 27.07.2014). – Als internationales Vorbild und als Beispiel für große Unternehmenszusammenhänge in Selbstverwaltung rückte die spanische Industriegenossenschaft *Mondragon* in den Fokus (http://www.mondragon-corporation.com/de/, abgerufen 27.07.2014). – Unter vielen weiteren Beispielen zählt *Semco* in Brasilien als beeindruckendes Beispiel dazu, Semco arbeitet bis zum heutigen Tage sehr erfolgreich. Siehe hierzu http://www.semco.com.br/en/ und Ricardo Semler, *Das Semco System: Management ohne Manager – das neue revolutionäre Führungsmodell*, 2. Aufl. (München: Heyne, 1993). Dazu auch Jochen Rieker, „Der Revoluzzer." Manager Magazin, Nr. 12 (1993): 234–239. – Auf Teilgebieten der Selbstverwaltung waren auch Mitgliedsunternehmen der *AGP* (Arbeitsgemeinschaft Partnerschaft in der Wirtschaft e. V. –) wie *Opel Hoffmann* (im Besitz der Stiftung *Demokratie im Alltag*) oder die *PSI GmbH* (heute AG) aktiv, meistens vorrangig bezüglich der Mitarbeiter*beteiligung*. Von Mitarbeitern der Aktion Dritter Weg kam es zu einigen sehr fruchtbaren Gesprächen mit dem PSI-Gründer *Dietrich Jaeschke* (zur AGP siehe auch FN 336). – Dazu gab es viele Unternehmen, die weniger im Rampenlicht standen, aber ihren eigenen Kurs unbeirrt verfolgten und noch heute verfolgen. An dieser Stelle sei nur das nach dem Zweiten Weltkrieg von den Arbeitern gegen behördlichen Widerstand als Produktivgenossenschaft neu gegründete Gerätewerk Matrei genannt (http://www.gwm.co.at/unternehmen/philosophie.html, abgerufen 27.07.2014).

Die Herausforderung für die Aktion Dritter Weg bestand nun darin, die neuen Überlegungen zum Umgang miteinander möglichst konsequent umzusetzen, ohne dabei im Chaos ständiger Konferenzen, täglichen Kompetenzgerangels und Ähnlichem zu versinken. Aus diesem Grunde wurde eine *Kollegialordnung* entwickelt und beschlossen, die für alle beteiligten Betriebe gleichermaßen Gültigkeit hatte und festlegte, welche Entscheidungen in den Betrieben dem Prinzip der gemeinsamen Vereinbarung unterliegen sollten und welche nicht. Es kristallisierten sich insgesamt vier zentrale Bereiche heraus, die aus Gründen praktizierten Menschenrechts demokratisch behandelt und entschieden werden sollten:

1. Festlegung der Aufgaben und Perspektiven des Unternehmens

2. Festlegung der Arbeitsbedingungen

3. Berufung und Bevollmächtigung der Mitarbeiter für einen bestimmten Arbeits- und Pflichtkreis

4. Regelung der Einkommensfrage

Mit der Teilhabe an diesen vier Entscheidungsbereichen waren prinzipiell alle Mitarbeiter in die grundsätzlichen Rechtsvorgänge im betrieblichen Alltag einbezogen. Wenn die Größe des Betriebes dies zuließ, war die jeweilige Betriebsversammlung das einzige notwendige Organ zur Abwicklung dieser Prozesse. Wo es wegen der Größe oder erforderlicher Fachkompetenzen notwendig wurde, in kleineren Kreisen zu arbeiten, wurden die Aufgaben durch Delegation an Einzelne oder an Gruppen übertragen.

Dies bedeutete natürlich nicht, dass die individuelle Initiative, Kreativität und Gestaltungsmöglichkeit des einzelnen Mitarbeiters oder Geschäftsführers bürokratisch eingeschränkt und unterbunden war. Im Gegenteil, klare Verhältnisse auf Grundlage gemeinsamer Beschlüsse waren die eigentlichen Garanten für kreative und selbstbestimmte Arbeit des Einzelnen, weil nur durch eindeutige Regelungen und Bedingungen alle (Amts-)Anmaßungen, informellen Hierarchien, Machtansprüche etc. wirklich substanziell erkannt, angesprochen und überwunden werden können.

Außerdem gewann eine von den Kollegen und Mitarbeitern getragene Initiative eines Einzelnen natürlich viel an Schlagkraft. Durch die gemeinsame Verantwortung gemeinsam beschlossener Ziele, Aufgaben und Methoden war die Solidarität der Mitarbeiter von selbst sichergestellt. Die Gemeinschaft bildete auf diese Weise den optimalen Resonanzboden für die Entfaltung individueller Kreativität.

Wichtiges Merkmal freier Entfaltung von Fähigkeiten im Unternehmen war – im Rückblick betrachtet – auch die Objektivierung des Einkommensprozesses durch gemeinsam beschlossene Gehalts- und Einkommensrahmenordnungen. Ohne derartige Verfahren kann sich Misstrauen unter den Mitarbeitern eines Unternehmens wegen vermeintlicher Begünstigungen Einzelner bilden, nicht zuletzt durch den vergiftenden Verdacht genährt, der andere könne trotz geringeren Einsatzes mehr verdienen. Derlei Empfindungen stören das Betriebsklima und verkomplizieren die Fähigkeitsentfaltung der Mitarbeiter auf allen Ebenen.

Damit ermöglichten die unter 1–4 genannten Aufgabenbereiche demokratischer Konsensbildung nach Auffassung der Initiative überhaupt erst echte Kreativitätsentfaltung zum Nutzen des Ganzen, indem die eigene Handlung durch intrinsische Motivation bestimmt wird. Statt Dienst nach Vorschrift zu versehen, konnte unter diesen neuen Bedingungen aktiver Beteiligung an Entscheidungsprozessen aus eigener Einsicht in bestimmte Notwendigkeiten gehandelt werden.

Bei den größeren Betrieben des Verbandes wurden in der Regel die grundlegenden Entscheidungen durch die gesamte Mitarbeiterversammlung getroffen, weniger zentrale Fragen wurden an Gremien delegiert oder den Leitungsorganen zur Entscheidung überlassen. Zu den Gemeinschaftsentscheidungen gehörte die Bevollmächtigung der Unternehmensleitungen und die Entsendung von Mitarbeitern in den Mitarbeiterrat ebenso wie die Regelung der Einkommensfragen. Zu dieser Kategorie von Entscheidungen zählten auch alle die allgemeine Ausrichtung des Unternehmens betreffenden Themen, wie z. B. die Frage nach der Zielsetzung, dem Leitbild, dem politischen Selbstverständnis oder der ökologischen Ausrichtung. Sollten z. B. angesichts der grundsätzlich pazifistischen Orientierung des Verbandes und seiner Betriebe bestimmte Computersysteme an die Bundeswehr geliefert werden, auch wenn die betreffende Technologie mit der Erfassung von Texten und nicht mit der Erfassung von (Bomben-)Zielen zu tun hatte? Eine höchst spannende reale Fragestellung innerhalb der Betriebsversammlung eines der High-Tech-Betriebe des Verbandes, welche zum bedauerlichen Austritt eines wichtigen Mitarbeiters geführt hatte: dem früh verstorbenen Wau Holland, mit bürgerlichem Namen *Herwart Holland-Moritz,* Gründer des Hamburger Chaos Computer Clubs. Es sprachen sich innerhalb dieser denkwürdigen Betriebsversammlung im Jahre 1981 viele Mitarbeiter für einen Verkauf an die Streitkräfte aus, da es sich ja nicht um eine Waffe im eigentlichen Sinne handelte und man zudem mit den erhofften Erträgen umgekehrt friedensfördernde Projekte finanzieren könnte. Wau konnte diese Entscheidung nicht mittragen, bereits die Diskussion war für ihn ein Stück Verrat an der Sache. Die Problemlage war für ihn so gravierend, dass er das Unternehmen verließ, auch wenn schlussendlich gar kein Verkauf zustande gekommen war.

Innerhalb der regelmäßigen Betriebsversammlungen stand jeder im Unternehmen Tätige neben jedem anderen auf der Grundlage gleichen Rechts. Keiner war hinsichtlich dieser gemeinsamen Rechtsentscheidungen wichtiger als der andere. Alle Mitarbeiter gehörten diesem Gremium an, sofern sie sich mit den Zielen des Verbandes verbunden fühlten und die Statuten der Aktion Dritter Weg als Grundlage ihres Handelns betrachteten. Den Unternehmen des Verbandes konnten – wie bereits erwähnt – auch solche Mitarbeiter angehören, die nicht nach den Richtlinien der Einkommensordnung und den sonstigen Prinzipien eingestellt worden waren. Diese Mitarbeiter waren allerdings dann auch nicht mit den demokratischen Ordnungen eines Betriebes verbunden. An Betriebsversammlungen nahmen sie gegebenenfalls als Gäste teil.

Insgesamt war es notwendig, die Selbstverwaltungsordnung durch die Einrichtung verschiedener Ebenen so zu strukturieren, dass alle Beteiligten in ausreichendem Umfang in die demokratisch zu behandelnden Fragen einbezogen waren. Hierbei galt es einerseits, die vielfältigen Bereiche wie Arbeitsplatz, Abteilung, Gesamtbetrieb sowie andererseits entsprechende Betriebszusammenschlüsse, Betriebsassoziationen, Ausschüsse, Kommissionen, Abwicklungsorgane und Unternehmensleitungen im Bewusstsein zu halten und nicht die Rechte der Einen mit den Berechtigungen der Anderen auszumanövrieren. Was im Nachgang vielleicht bürokratisch klingt, war in der Praxis ein lebendiger Prozess. Es war erklärtermaßen Sache der Mitarbeiterselbstverwaltung, eine dem jeweiligen Unternehmen gemäße Struktur auszubilden, umzusetzen und hinsichtlich ihrer Funktionstüchtigkeit zu überprüfen, also gegebenenfalls auch wieder zu verändern.[362]

Mit dem Zusammenschluss der beteiligten Unternehmen in der IG Dritter Weg wurden über die jeweiligen Betriebsversammlungen der Einzelbetriebe hinaus entsprechende Strukturen und Ordnungen eingerichtet, die weitergehende Gesichtspunkte der Mitarbeiterselbstverwaltung umsetzten.

Wie bereits ausgeführt, beschloss die Hauptversammlung des Verbandes eine für alle Betriebe gültige Einkommensordnung, deren wichtiges Kernstück eine Einkommensobergrenze für alle Mitarbeiter und Betriebe darstellte. Zu

---

[362] „Der überwundene Gegensatz von ‚Arbeitgeber' und ‚Arbeitnehmer' öffnet das Feld für eine Sozialgestalt, in der miteinander verwoben sind Prozesse des FREIEN BERATENS, des DEMOKRATISCHEN VEREINBARENS und schließlich des GEMEINSAMEN WIRKENS für die soziale Umwelt." Joseph Beuys, „Aufruf zur Alternative: Erstveröffentlichung in der Frankfurter Rundschau vom 23.12.1978." in *Aufruf zur Alternative* (s. Anm. 27), Heft 3. S. 11.

dieser Hauptversammlung zählten auch Mitglieder, die keinem speziellen IG-Unternehmen angehörten, sich aber der Einkommensrahmenordnung der IG angeschlossen hatten und ihre eigenen Einkommen sogar über eigens eingerichtete Treuhandkonten[363] des Verbandes abwickelten.[364]

Grundlage der Selbstverwaltungsordnung war auch die bereits erläuterte Kapitalneutralisierung, bei der die betreffenden Vermögenswerte nach Möglichkeit der gemeinnützigen Stiftung übertragen wurden. Die ordentlichen Mitglieder des Stiftungsvereins – der Stiftungssenat[365] – wurden auf Vorschlag des Mitarbeiterrates[366] und des Kollegiums[367] der IG vom Vorstand berufen. Der Stiftungssenat gab mit seinen Beschlüssen den Entscheidungen der IG-Etatkonferenz Rechtskraft.

Die Etatkonferenz trat jährlich mindestens einmal zu den Etatberatungen des Gesamtverbandes zusammen. Sie wurde aus dem Mitarbeiterrat (je zwei bis fünf Vertreter der assoziierten Institutionen) und dem Kollegium gebildet.

Neben der Mitwirkung an der Etatkonferenz hatte das Kollegium die Aufgabe, Ideen, Vorschläge und Anregungen zu entwickeln, welche Wege zur Verwirklichung der Idee des dritten Weges beschritten werden konnten und sollten. Die Perspektivpläne und Analysen des Kollegiums dienten als Urteilsgrundlagen für die Beratungen und Entscheidungen der verschiedenen Verbandsorgane.

Das Entscheidende an diesen Strukturen und Regelungen war, die Lenkung der Geldströme an gemeinschaftliche Entscheidungsfindungen durch demokratisch legitimierte Ordnungen, Prozesse und Gremien zu binden und nicht der Willkür oder auch der Weisheit oder Genialität eines einzelnen Eigentümers zu überlassen. Im Übrigen versteht es sich von selbst: Erst unter der Voraussetzung einer gesamtgesellschaftlichen Selbstverwaltungsordnung

---

[363] Diese unübliche Verfahrensweise wurde tatsächlich über einige Jahre umgesetzt, weil in dem betreffenden Fall eine direkte Assoziation des betreffenden Betriebes mit der Stiftung nicht möglich war.

[364] Aktion Dritter Weg, „Statuten der Aktion Dritter Weg." in *Aufruf zur Alternative* (s. Anm. 7), Heft 2. S. 4.

[365] Der Stiftungssenat erfüllte die Aufgabe des Vereinsvorstandes, vgl. ebd. S. 5.

[366] Der Mitarbeiterrat des Verbandes bestand aus zwei bis fünf Delegierten der einzelnen Partnerbetriebe, die von den betreffenden Betriebsversammlungen entsendet wurden, vgl. hierzu ebd., S. 4.

[367] Das Kollegium der IG Dritter Weg wurde durch den Initiativkreis berufen und berief seinerseits neue Mitglieder, die durch den Mitarbeiterrat bestätigt wurden. Es beobachtete relevante Strömungen im Zeitgeschehen und entwickelte daraus Vorschläge für Idee und Praxis des Unternehmensverbandes. Siehe ebd. S. 4. Beide Gremien konnten – trotz statuarischem Gewicht und obwohl sie der Sache nach eigentlich als aktive selbstständige Organe gebraucht worden wären – nicht die gewünschte Bedeutung entwickeln.

kann bei allen Arbeitsstätten auf der jeweiligen Unternehmensebene die volle Mitarbeiterselbstverwaltung eingerichtet und verwirklicht werden.

11.2 Herausforderungen der Selbstverwaltung

11.2.1 Über den Zusammenhang von Selbstverwaltung und Selbstverwirklichung

Der praktische Umgang mit betrieblicher Selbstverwaltung führt notwendigerweise zur Frage nach dem Zusammenhang von Selbstverwaltung und Selbstverwirklichung, weil sich der Freiheits- und Entfaltungswille der Mitarbeiter zunächst oft als Selbstverwirklichungswunsch darstellt. Dieser Wille zur Selbstverwirklichung äußert sich hierbei zunächst in Form eines Aufbegehrens gegen konkrete Lebensverhältnisse, soziale Strukturen, meist auch Verhaltensweisen anderer, die der Einzelne als mehr oder weniger schmerzhafte Einschränkung seiner Entfaltungsmöglichkeiten empfindet, ohne genau zu unterscheiden, welcher Art von Irritation die momentan empfundene Störung zuzuschreiben ist: Geht es um eine seelische Belastung, die äußerlichen Bedingungen zuzuschreiben ist, oder geht es um persönliche Verstimmungen, möglicherweise aus dem Privatleben herrührend, die den Einzelnen an der erfolgreichen Gestaltung seiner Arbeit hindern?

Hierbei gilt es zu unterscheiden, in welchem Kontext Selbstverwirklichungswünsche entstehen: Geht es beispielsweise um einen Mitarbeiter, der geschickt seine Kollegen ausnutzt, um sich seine Arbeit bequemer zu gestalten und bei entsprechender Korrektur durch die Gemeinschaft sein Recht auf Selbstverwirklichung reklamiert? Oder geht es um einen anderen Kollegen, der einen Missstand erkennt und Lösungsvorschläge macht, die von Anderen z. B. aus Bequemlichkeit oder Unreflektiertheit sabotiert werden, und der dadurch frustriert und in seiner eigenen Selbstverwirklichung gestört wird?

Selbstverwirklichungsspielräume werden ihrem Umfang nach in der Beschreibung des jeweiligen Tätigkeitsfeldes und Verantwortungsbereiches eines Mitarbeiters definiert. Hier erfährt der Selbstverwirklichungsanspruch seine erste Einschränkung. In den Unternehmen der Aktion Dritter Weg war die Betriebsversammlung das Entscheidungsorgan und die im Zweifelsfall letzte Instanz, die solche Entfaltungsräume rechtswirksam festzulegen hatte.

Der Anspruch auf Selbstverwirklichung im Kontext der Aktion Dritter Weg beinhaltete, dass der Einzelne die Methoden und Ziele seines Handelns letztlich selbst bestimmte und die hierzu notwendigen Entscheidungen selbstständig zu treffen in der Lage war. Diese mussten gegebenenfalls auch gegen Widerstand ausgeführt und abschließend kritisch geprüft werden, ob das

Ergebnis der ursprünglichen Intention entsprach. Natürlich hing hierbei die Größe des Spielraumes, der einem Einzelnen von der Gemeinschaft zugestanden wurde, davon ab, in welchem Maße die Fähigkeiten dafür vorhanden bzw. wie groß das Vertrauen in die Fähigkeiten des Betreffenden war.

In diesem Sinne konnte in der Praxis des Verbandes ein solcher Freiraum auch nicht für eine unbegrenzte Dauer definiert werden, sondern immer nur auf Zeit gelten. Freiräume mussten in sachgemäßen Abständen überdacht und gegebenenfalls geändert, vergrößert oder verkleinert werden.

Wurde ein bestimmter Verantwortungsbereich aufgrund mangelnder intellektueller, organisatorischer oder sozialer Fähigkeiten regelmäßig nicht wahrgenommen, musste auch innerhalb selbstverwalteter Strukturen entschieden reagiert werden. Erkennen konnten dies üblicherweise diejenigen, die in irgendeiner Form davon negativ betroffen waren. Bei ihnen lag die Verantwortung, alles, was nicht direkt und unmittelbar zwischen den Betroffenen geklärt und geregelt werden konnte, notfalls in der Mitarbeiterversammlung des Betriebes anzusprechen und vorhandene Probleme auszuräumen.

Das Gleiche galt, wenn Mitarbeiter aus ihrem eigentlichen Aufgabenbereich ausbrachen und sich neue, größere oder kleinere – jedenfalls andersartige – Zuständigkeiten und Kompetenzen anmaßten als ursprünglich vorgesehen. In keinem Fall durfte mit Ärger, Druck und Sanktionen reagiert werden, sondern es musste gemeinsam und solidarisch nach einer verträglichen Lösung gesucht werden, damit nicht nur vorhandene Missstände behoben, sondern die Potentiale und Fähigkeiten der Mitarbeiter dabei nicht verschüttet und zertrampelt, sondern eher gefördert und unterstützt wurden.

Aus diesem Grunde durfte im selbstverwalteten Betrieb auch keine beamtenähnliche starre Ordnung eingeführt werden, im Gegenteil musste bei allen Beteiligten stets an die soziale Aufmerksamkeit appelliert und der Versuch unternommen werden, das Miteinander-Arbeiten immer wieder neu bewusst zu durchdringen und zu gestalten. Hierdurch konnte die Zusammenarbeit nach und nach immer effektiver gestaltet und Über- und Unterforderung festgestellt und behoben werden. Konkret kam es immer darauf an, was einem im richtigen Moment zur Bewältigung eines Problems und vorhandener Schwierigkeiten einfiel. Viele Probleme konnten durch bessere Organisation, bessere Dokumentation und Projektmanagement oder auch durch Umstellungen in den Verantwortungsbereichen gelöst werden.

Daneben aber gab es auch zahlreiche Schwierigkeiten, die durch sozial unverträgliche Verhaltensweisen, Schlampereien, Vergesslichkeit, schlechte Arbeitsorganisation, Anmaßungen und Ähnliches entstanden. Hier stellte sich die Aufgabe, entsprechende Verhaltens- und Fähigkeitsdefizite konstruktiv auszugleichen und mit entsprechenden Schwächen menschlich einwandfrei und pädagogisch richtig umzugehen.

Da es sich hierbei um die Bewältigung von Bildungs-, Schulungs- und auch Selbstschulungsaufgaben handelte, wäre mit der (Wieder-)Einführung von alten Befehlsstrukturen keine Lösung, sondern höchstens eine kurzfristige Überdeckung der Probleme erreicht worden. Befehlsstrukturen motivieren nicht zu engagiertem, positivem und eigenständigem Handeln. Sie waren innerhalb der Unternehmen der Aktion Dritter Weg selbst dann ungeeignet, wenn es darum ging, Kompetenzüberschreitungen zu verhindern oder Mitarbeiter z. B. davon abzuhalten, sich mit Themen zu beschäftigen, die außerhalb ihres eigenen Verantwortungsbereiches lagen.

Da in den Unternehmen nicht mit klassischen Sanktions- und Motivationsmechanismen (z. B. über Geld oder Aufstiegschancen) gearbeitet wurde, kam es stets darauf an, einmal gefasste Beschlüsse dadurch in die tägliche Praxis umzusetzen, dass man sie immer wieder erneut ins Bewusstsein brachte.

Das war keine einfache Übung, erforderte Geduld und eine Vorbildfunktion, die zum Nachahmen einlud. Besonders wichtig war dabei die Entwicklung einer Kultur des „Sich-an-gefasste-Beschlüsse-Haltens". Gemeint war damit, dass sich jeder Einzelne konsequent an verabredete Beschlüsse hielt und dies gleichzeitig auch von jedem anderen Mitarbeiter erwartete, ohne irgendjemandem Sonderrechte einzuräumen und auch ohne einem Streit aus dem Wege zu gehen, wenn dies notwendig war. Natürlich gab es auch die Option, bei diesem Prozess der gemeinsamen Auseinandersetzung zu einer neuen gemeinsamen Erkenntnis zu kommen und gemeinsam den entsprechenden Beschluss wieder abzuändern.

Deshalb war es innerhalb der gewählten Selbstverwaltungsordnungen unerlässlich, alle Aspekte betrieblicher Zusammenarbeit ständig aktiv nachzujustieren. Die prinzipielle Erkenntnis, nach der die soziale Frage zu keinem Zeitpunkt gelöst ist und jeden Tag neu bearbeitet und entschieden werden muss, erfuhr höchst anschauliche Bestätigung in der Praxis des Verbandes. Alle Fragen das konkrete Zusammenleben und Zusammenarbeiten im Betrieb betreffend bedurften ständiger Pflege, Bedachtsamkeit und gemeinschaftlicher Auffrischung. Egal wie intensiv manche Verfahrensweisen, Verhaltensformen, Arbeitsmethoden oder Ablaufregelungen auch immer wieder besprochen und neu vereinbart wurden, nach einiger Zeit mussten dieselben wieder erneut ins kollektive Bewusstsein gerückt werden. Das soziale Miteinander gleitet – in Abwesenheit strenger Überwachungs-, Disziplinierungs- oder anderer extrinsischer Ordnungsfaktoren – leicht wieder ins Diffuse und Ungeordnete ab und muss deshalb auch und gerade im selbstverwalteten Betrieb immer wieder neu errungen werden. Dies galt für ganz persönliche Verhaltensweisen ebenso wie für scheinbar ganz einfache Anforderungen, z. B. als Raucher regelmäßig den vollen Betriebsaschenbecher auch wieder zu leeren.

Innerhalb von Selbstverwaltungsordnungen, wie sie von der *Aktion Dritter Weg* gepflegt wurden, gab es jedenfalls keine allzu großen Spielräume für das Ausleben persönlicher Macken, Selbstherrlichkeiten, Machtentfaltungen, Bequemlichkeiten oder Profilneurosen. Selbstverwirklichungsbestrebungen im Sinne eines unreflektierten Auslebens der jeweiligen momentanen Gefühlslage wurden von der umgebenden Gemeinschaft als sozialer oder ökonomischer Störfaktor erlebt und mussten deshalb von der Gemeinschaft auf menschlich korrekte und sozialverträgliche Weise korrigiert werden. Die Gemeinschaft – und damit jeder Einzelne – musste also im Rahmen der selbst vereinbarten Strukturen über das verantwortliche Umgehen mit Freiheitsspielräumen wachen. Traten Schwierigkeiten auf, mussten diese auch benannt und Wege zur Lösung durch die jeweiligen Mitarbeiter gesucht werden.

11.3 Schlussfolgerungen aus dem Umgang mit Selbstverwaltung

Die Praxis von 20 Jahren Selbstverwaltung im Rahmen der Aktion Dritter Weg zeigt eindrucksvoll, dass der Versuch der tatsächlichen und realen Umsetzung neuer Wirtschaftsideen im betrieblichen Alltag eine große Bedeutung hat. Nur durch das unmittelbare Erproben bestimmter Sozialformen konnten entsprechende Einsichten gewonnen werden, nur auf diesem Wege des praktischen Ausprobierens konnte die entsprechende soziale Phantasie ausgebildet werden, die für die Bewältigung der täglichen Herausforderungen im Umgang mit völlig neuen Wertvorstellungen und Haltungen erforderlich war.

Die Aufgabe für die Mitarbeiter bestand eben nicht nur darin herauszufinden, wie aus grundsätzlichen politischen und philosophischen Gesichtspunkten theoretisch gehandelt werden müsste, sondern wie die täglichen Herausforderungen im Umgang miteinander tatsächlich gelöst werden konnten. Betriebliche Abläufe und Aufgaben mussten genau betrachtet und hinsichtlich der jeweiligen Umsetzung von Alltagsanforderungen an die Selbstverwaltung analysiert werden. Dies brachte z. B. folgende archetypische Schritte in den Prozessabläufen zum Vorschein:

- Ideen bilden, Konzepte entwickeln und diese gemeinsam beraten

- Beschlüsse fassen

- einzeln oder gemeinsam die gefassten Beschlüsse ausführen

- überprüfen, ob gemäß Beschluss verfahren wurde bzw. ob das betreffende Problem gelöst wurde

Außerdem waren unterschiedliche Verantwortungsebenen, vom einzelnen Mitarbeiter über die Abteilung, bis hin zur Geschäftsleitung, hinsichtlich ihrer jeweiligen Bedeutung für die Selbstverwaltung zu unterscheiden. Wo möglich und sinnvoll, konnten innerhalb des selbstverwalteten Betriebes einzelne Mitarbeiter auch zwischen den verschiedenen Verantwortungsebenen wechseln. So war es durchaus üblich, dass ein Mitarbeiter Teile für einen bestimmten Auftrag herstellte oder testete und somit einem anderen Mitarbeiter gegenüber verantwortlich war, diesen jedoch innerhalb eines weiteren Geschäftsbereichs zu beurteilen und gegebenenfalls auch zu kritisieren hatte. Auch ergab die Praxis, dass bestimmte Geschäftsleitungs-Aufgaben nicht grundsätzlich und zwangsläufig mit der Geschäftsleitungsfunktion als solcher gleichzusetzen waren. Diverse Verantwortungsebenen wurden ganz bewusst auch von anderen Mitarbeitern wahrgenommen, um die betriebliche *Machtfrage* offensiv ins rechte Licht zu rücken und aus der Besetzung von Führungspositionen keine Statusfrage mit Herrschaftsansprüchen werden zu lassen. Im Übrigen konnten alle Mitarbeiter alle wichtigen Fragen mit den dafür zuständigen anderen Mitarbeitern direkt klären oder in der Betriebsversammlung vorbringen und dort, auch mit der Geschäftsleitung, einen ordentlichen Streit anfangen.

Wie zu erwarten war, bedurfte auch eine radikal verstandene Selbstverwaltung im Betrieb klarer und eindeutiger Spielregeln, weit entfernt von anarchischem Chaos, welches manch einer erwartet hatte, nachdem klassische Herrschaftsformen im Betrieb abgeschafft worden waren. Es können im Gegenteil folgende eindeutige Merkmale eines selbstverwalteten Betriebes festgehalten werden, die in der Regel bei professionell arbeitenden Unternehmen auch umgesetzt wurden:

- der selbstverwaltete Betrieb verfügt über klare Verantwortungsebenen

- der selbstverwaltete Betrieb verfügt über ein eindeutiges Berichtswesen

- der selbstverwaltete Betrieb arbeitet mit regelmäßigen Kontrollfunktionen

- der selbstverwaltete Betrieb verfügt über eine eindeutig definierte Leitungsfunktion

Was wurde im Rahmen des Praxisversuchs erreicht?

- Nach Auffassung vieler Beteiligter konnten im Rahmen des Unternehmensverbandes der Aktion Dritter Weg eine ganze Reihe wichtiger Freiheits- und Bürgerrechte im betrieblichen Alltag verankert werden, die dem Mitarbeiter wirkliche Mitwirkungs- und Mitgestaltungsrechte ermöglichten.

- Alle Mitarbeiter waren tatsächlich an der Festlegung der Aufgaben und Perspektiven des Unternehmens beteiligt. Sie konnten darüber hinaus auch selbst oder durch Delegierte auf den jährlichen Etatkonferenzen ihre Stimme in die Waagschale legen und damit die Verbandsarbeit aktiv mitgestalten.

- Innerhalb der regelmäßigen Betriebsversammlungen wurden die Arbeitsbereiche ebenso wie die Arbeitsbedingungen gemeinsam festgelegt. Dies geschah auf der Grundlage von Vorlagen der für entsprechende Arbeitsbereiche Verantwortlichen oder aber spontan innerhalb der wöchentlichen Versammlungen.

- Besonders die Berufung und die Bevollmächtigung der Mitarbeiter zum Versehen bestimmter Arbeits- und Pflichtkreise bedeutete eine große Herausforderung im Hinblick auf angemessene Selbstverwaltungsordnungen, die hinsichtlich dieser Fragen immer wieder auf dem Prüfstand standen. Hier galt es, überhaupt erst einmal die richtigen Verfahrensweisen und Methoden gemeinsamer Konsensbildung zu entwickeln, was bei wachsenden und zunehmend heterogenen Belegschaften nicht immer einfach war. Dennoch wurden in den meisten Verbandsbetrieben gerade diese Aufgaben besonders konsequent angepackt. Von der wenig sozialverträglichen kollektiven Befragung eines potenziellen Mitarbeiters beim Einstellungsgespräch bis zur Delegation dieser Aufgaben an bestimmte Gremien wurden vielfältigste Erfahrungen gesammelt und daraus entsprechende Erkenntnisse gewonnen.

- Es zeigte sich, dass die Bereitschaft, etwas individuelle Selbstverwirklichung zu Gunsten gemeinsam vereinbarter Strukturen abzugeben, ein deutliches Mehr an individuellen Freiräumen ermöglichte. Die persönliche Freiheit und Entfaltung des Einzelnen wurde im Regelfall nicht als kollektivistisch geknebelt erlebt. Initiative und kreative Entfaltung wurden ganz im Gegenteil durch den immer wieder neu hergestellten Konsens mit der Gemeinschaft durchaus sogar spürbar verstärkt.

- Auf alle Fälle konnte mit der Unternehmenspraxis gezeigt werden, dass die Ausbildung von selbstgewählten kontrollierbaren Strukturen tatsächlich eine absolut taugliche Alternative zu ansonsten informell wirkenden Mechanismen darstellte.

Welche Probleme konnten nicht vollständig gelöst werden?

- Ein wichtiges ungelöstes Problem lag in der Tatsache, dass innerhalb der überschaubaren Größenordnungen der Verbandsbetriebe nicht genügend Ressourcen zur Wahrnehmung der politischen Umsetzung der Selbstverwaltungsidee in der öffentlichen Meinungsbildung zur Verfügung standen. Hier hätte deutlich mehr Öffentlichkeitsarbeit stattfinden müssen, als dies neben all der sonst anstehenden Arbeit realisierbar war.

- Ein ähnliches Problem bestand hinsichtlich der innerbetrieblichen Mitwirkung der Mitarbeiter an Entscheidungsprozessen, die immer mit erhöhtem Arbeitsaufwand verbunden waren, wie auch für die aktive Mitgestaltung der Verbandsarbeit. Hierbei stellte allerdings die zeitliche Verfügbarkeit nur einen Teil des Problems dar. Eine ebensolche Herausforderung für die neue Unternehmensordnung bestand darin, dass in manchen Fällen erforderliche besondere Kompetenzen und Erfahrungen zur Mitwirkung der Mitarbeiter bei bestimmten komplexen Entscheidungen fehlten. Solche Entscheidungen waren dann nicht immer leicht zu bewältigen. Oft war es auch wirklich schwierig, Sachfragen von demokratischen Fragen exakt zu trennen und für alle anstehenden Aufgabenstellungen die richtige Bearbeitungsform zu finden.

- Grundsätzlich bleibt allerdings festzuhalten, dass eine der allergrößten Herausforderungen darin bestand, den täglichen Stress mit der praktischen Umsetzung der Selbstverwaltung in Form von Auseinandersetzungen mit Kollegen und Geschäftsleitungen, Streitereien über Mittelverwendung und Konflikte hinsichtlich entsprechenden Anmaßungen oder Unterlassungen als echtes politisch-soziales „Befreiungswerk" und Bereicherung des persönlichen Lebensgefühls zu erleben und über viele Jahre hinweg durchzutragen.

12 Beendigung der Verbandsarbeit und Fortsetzung der Stiftungsarbeit

Die Arbeit des *Unternehmensverbandes der Aktion Dritter Weg,* später *Media-Unternehmensgruppe,* wurde nach 20 Jahren Tätigkeit in den Jahren 2000 bis 2002 schrittweise eingestellt. Dies vor allem deswegen, weil die beiden größten Partnerbetriebe ihre jeweiligen Mitgliedschaften und aktive Mitwirkung innerhalb der Verbandsarbeit aufgegeben hatten.

CCS Compact Computer Systeme GmbH in Hamburg hatte im Rahmen eines größeren Unternehmenszusammenschlusses einen spektakulären Börsengang geplant, der jedoch in Folge der Dotcom-Krise im Jahre 2001 in letzter Minute abgesagt werden musste. CCS musste daraufhin durch verschiedene komplizierte Umstände und Abhängigkeiten von der Stiftung Media[368] an eine andere – mittlerweile an CCS beteiligte – Stiftung abgetreten werden. Die neue Gesellschafterin wollte den politischen Kurs nicht weiter verfolgen und hatte sich im Übrigen mit der bisherigen CCS-Geschäftsführung wegen der konkreten Unternehmenspolitik überworfen, eine weitere Zusammenarbeit war nicht länger möglich.

Von ebenso großer Bedeutung für die operative Beendigung des Praxisfeldes der *Media-Unternehmensgruppe* war die Beendigung der Mitgliedschaft der *Goblirsch GmbH,* die mit ihren 80 Mitarbeitern – vor allem auch durch ihren Geschäftsführer *Hans-Jürgen Goblirsch* – eine wichtige Rolle innerhalb des Verbandes spielte. Das Unternehmen musste nach dem völlig überraschenden Tod seines Geschäftsführers nach relativ kurzer Zeit seine Tätigkeit einstellen und wurde schließlich an ein in ähnlichen Bereichen tätiges Unternehmen verkauft.

Durch den Tod von Hans-Jürgen Goblirsch als gewichtigem Förderer der Ideen des Dritten Weges sowie dem Ausscheiden von Christian Vierl und Michael W. Bader aus der CCS-Geschäftsleitung war in organisatorischer, personeller und finanzieller Hinsicht die Fortsetzung der Verbandsarbeit in größerem Umfang nicht länger möglich.

Im Übrigen war die Arbeit des Verbandes als Anschauungsfeld für alternativ-ökonomische Modelle in den Jahren 2001 bis 2003 auch in politischer und inhaltlicher Hinsicht an einen gewissen Endpunkt gekommen. Dies galt nicht

---

368 Nach ihrer Gründung wurde die Stiftung Media die alleinige Eigentümerin der CCS Compact Computer Systeme GmbH, siehe Kapitel 10.1.1 „Stiftungskonstruktion und Satzungsgeschichte".

zuletzt deshalb, weil ab dem Jahre 2000 und mit einer Ausbaustufe des Verbandes von ungefähr 20 Betrieben und 200 Mitarbeitern keine neuen Unternehmen zur Mitwirkung gewonnen werden konnten. Die weitere Ausbreitung des Verbandes stagnierte aus den verschiedensten Gründen, zu denen auch eine möglicherweise etwas zu strenge und buchstabengetreue Verfahrensweise in der Umsetzung der Prinzipien und Statuten gehörte. Rückblickend wäre es wohl besser gewesen, hier etwas freizügiger zu verfahren und größere Spielräume bezüglich der konkreten Mitwirkung und z. B. auch Kapitaleinbringung potenzieller Mitglieder zu propagieren. Dies nicht zuletzt auch, weil hochflexible Handhabung in der Praxis ohnehin üblich war und einige Unternehmen, darunter auch der größte assoziierte Betrieb des Verbandes, auch ohne vollständige Vermögensübertragung dennoch vollwertige Partner geworden waren.

Diese Entwicklung ging mit einem seit Mitte der 1990er-Jahre zu verzeichnenden abnehmenden gesellschaftlichen Interesse an Fragen der alternativen Ökonomie einher, welches auch am Rückgang der Gründungen alternativ-ökonomischer Betriebe ersichtlich wurde. Mit dem 1992 von Francis Fukuyama postulierten *Ende der Geschichte*[369], das durch den Wegfall staatssozialistischer Wirtschafts- und Gesellschaftsformen die sogenannte *freie Marktwirtschaft* scheinbar alternativlos erscheinen ließ, waren kapitalismuskritische Wirtschaftsprojekte weniger gefragt. Erst gut 10 Jahre später sollten sich im Kontext der weltweiten Finanzkrise 2008 erneut deutlich kritische Stimmen Gehör verschaffen und in größerem Maßstab neue Formen solidarischen und gemeinwohlorientierten Wirtschaftens auf die historische Tagesordnung setzen. Hierzu zählt nicht zuletzt auch die Stimme von Christian Felber mit seinem 2008 veröffentlichten Buch *Neue Werte für die Wirtschaft, eine Alternative zu Kommunismus und Kapitalismus*[370], und seiner 2011 erschienenen Veröffentlichung zur Gemeinwohlökonomie[371], welche den Auftakt für eine wachsende Vereinigung von Unternehmen und Organisationen darstellen, die – ähnlich dem Bemühen der *Aktion Dritter Weg* – konkrete Wege für ein neues selbstverantwortliches Wirtschaften gehen.

In Anbetracht des seinerzeit abnehmenden Interesses am Thema, der damit verbundenen Stagnation der weiteren Ausbreitung der Bewegung, den vielfäl-

---

369 Fukuyama ging davon aus, dass sich nach dem Ende der UdSSR sowie den anderen staatssozialistischen Ländern Demokratie und Marktwirtschaft endgültig und überall durchsetzen würden. Siehe Francis Fukuyama, *Das Ende der Geschichte: Wo stehen wir?* (München: Kindler, 1992).

370 Christian Felber, *Neue Werte für die Wirtschaft: Eine Alternative zu Kommunismus und Kapitalismus* (Wien: Deuticke, 2008).

371 Felber, *Die Gemeinwohl-Ökonomie.*

tigen juristischen Hürden und rechtlichen Herausforderungen sowie natürlich den geschilderten personellen und finanziellen Problemen, wurde schließlich von einer weiteren Arbeit als Media-Unternehmensgruppe abgesehen und die Verbandsarbeit sukzessive eingestellt: reichlich beschenkt mit Erfahrungen im Umgang mit alternativer Ökonomie, reichlich eingedeckt mit der Erfahrung, immer wieder an erhebliche eigene und systemische Grenzen gestoßen zu sein. Hunderte Stunden gemeinsamen Ringens um neue Einkommens-, Eigentums- oder Selbstverwaltungsfragen bedeuten allerdings auch eine Bereicherung an sozialplastischen Erfahrungen und Substanzbildungen, die mit Sicherheit zum geeigneten Zeitpunkt erneut ins Spiel gebracht werden können und auch an sich eine erhebliche Bedeutung haben.

Es konnte durch die Arbeit des Verbandes mit vielen engagierten Mitarbeitern recht anschaulich gezeigt werden, dass und in welcher Form *Kapitalneutralisierung, Entkopplung von Arbeit und Einkommen, assoziativer Ausgleich statt Profitzwang* und *Mitarbeiterselbstverwaltung* tatsächlich schon unter heutigen rechtlichen Rahmenbedingungen im praktischen Modellversuch umgesetzt werden können. Hierbei waren 20 intensive Arbeitsjahre in ein soziales Übungsfeld investiert und dabei Erfahrungen gesammelt worden, deren Essenz auch in der Bestätigung der alten Formel liegt: „Es geschieht nix Gutes, außer man tut es!"

Der immer wieder eingeleitete Versuch der Beteiligung der Menschen an ihrem eigenen politischen und gesellschaftlichen Leben versteht sich nicht zuletzt auch als sozialplastischer Impuls, im Sinne von Joseph Beuys, jeden Menschen zum Mitgestalter an seiner gesellschaftlichen Gegenwart und Zukunft werden zu lassen: *Jeder Mensch ein Künstler.*[372]

Mit Beendigung der Verbandsarbeit im Großen war allerdings die Arbeit der Stiftung Media, ausgestattet mit entsprechenden Vermögenswerten, Firmenbeteiligungen und dem politischen und wirtschaftlichen Erbe des Rumänien-Projektes mit Arbeitsstätten in Mediaş, Sighişoara (Schässburg), Daneş, Malmkrog und an weiteren Orten noch lange nicht beendet. Ganz im Gegenteil, es wurde die Pflege dieses Arbeitsbereiches zu einer echten Herausforderung für die verbleibenden Mitarbeiter, die sich redlich mühten, allen Anforderungen zu genügen und dabei auch noch das sozialwissenschaftliche Erbe entsprechend aufzuarbeiten, zu dokumentieren, zu archivieren und weiterzuführen.

---

[372] Beuys und Bodemann-Ritter, *Jeder Mensch ein Künstler.*

Darüber hinaus arbeiten die Betriebe GFE Media GmbH[373] in Göppingen, der Achberger Verlag GmbH in Krefeld, das Woll- und Seidenkontor GmbH in Herne, das Internationale Kulturzentrum in Achberg und bis 2005 auch die CCS Vertrieb GmbH bis zu ihrer Verschmelzung mit GFE Media bis zum heutigen Tag an ihren jeweiligen Standorten den Ideen des Dritten Weges weiterhin eng verbunden und deren Pflege verpflichtet. Eine Aufgabenstellung, die nicht zuletzt auch mit der Veröffentlichung der vorliegenden Arbeit zum Ausdruck kommt.

---

[373] Im Unternehmensverband als *Freie Gesellschaft für soziale Entwicklungsforschung GmbH* vertreten.

Teil III

Unternehmensdarstellungen

13   Der Unternehmensverband der IG Dritter Weg

Wie an anderer Stelle beschrieben, umfasste der Unternehmensbegriff der Aktion Dritter Weg Betriebe unterschiedlicher wirtschaftlicher Ausrichtung, Branchenzugehörigkeit und Größe zu dem Unternehmensverband. Dies waren einerseits Betriebe, die mit innovativen Produkten und fachlich besonders qualifizierten Mitarbeitern ihre Stellung am Markt behaupteten. Andererseits gesellten sich Unternehmen hinzu, die interessante kulturelle und soziale Arbeit leisteten und dabei von vielen verantwortungsvollen ehrenamtlichen Menschen um einen oder auch mehrere hauptamtliche Mitarbeiter getragen wurden. Damit gab es, wie im „richtigen Leben", auch innerhalb des Verbandes „Überschussbetriebe" und „Unterschussbetriebe".

Alle dargestellten Unternehmen verstanden sich als vollwertige Mitglieder des Unternehmensverbandes, unabhängig davon, ob die Gesellschaftsanteile voll, teilweise oder gar nicht in die Stiftung der Aktion Dritter Weg eingebracht worden waren. Alle Unternehmen hatten die Grundsätze der Aktion Dritter Weg in ihre jeweiligen Unternehmensleitbilder aufgenommen und waren um die Erarbeitung und Verbreitung der neuen Ideen, vor allem auch innerhalb des eigenen Betriebes, bemüht. Alle Unternehmen waren in den jährlichen Etatkonferenzen vertreten, zu der die jeweiligen Belegschaften ihre entsprechenden Delegierten entsandten.

Nachdem die Unternehmen verschiedene Entwicklungsstadien durchlaufen haben, sind die in den folgenden Unternehmensübersichten angegebenen Mitarbeiterzahlen als ungefährer Wert zu verstehen. Sie bilden einen über die Jahre gesehenen Durchschnitt, um eine Vorstellung von der Größe des jeweiligen Arbeitszusammenhanges zu geben. Die nachfolgenden Beschreibungen umfassen nicht alle seinerzeit zum Unternehmensverband der Aktion Dritter Weg zählenden Betriebe, Projekte und Einzelpersönlichkeiten, geben jedoch einen repräsentativen Überblick über die wichtigen Initiativen der Gruppe.

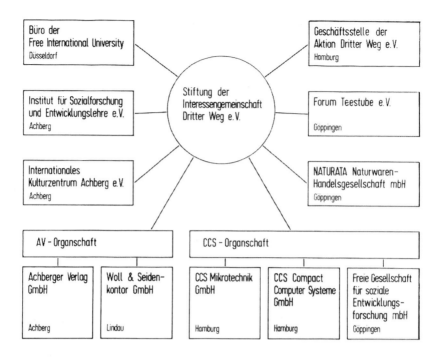

Abbildung 10: *Darstellung der Unternehmensorganisation, Stand: März 1983*

13.1 Institut für Sozialforschung und Entwicklungslehre e. V., Achberg

Gründung: 1972
Geschäftssitz: Achberg-Liebenweiler
Mitarbeiter: 3
Branche: Sozialforschung, Publizistik, Agitation

Projekte und Dienstleistungen:

Das Achberger Institut für Sozialforschung und Entwicklungslehre arbeitete seit seiner Gründung bis zum Tod von *Wilfried Heidt* am 02.02.2012 an wichtigen Fragen der Zeit. Unter der Leitung von Heidt bestand die vornehmliche Arbeit in der Analyse und Begleitung der verschiedenen politischen Entwicklungen in Deutschland und in Europa, einschließlich der Aufarbeitung und Weiterentwicklung der Ideen des *Prager Frühlings 1968*.

Das Institut war maßgeblich an der Entwicklung der Ideen zur Umsetzung der Aktion Dritter Weg beteiligt und dabei stets bemüht, eigene Forschungsergebnisse mit wichtigen anderen Denkansätzen zu verbinden. Dies entspricht im Übrigen auch dem Konzept der bekannten Sommerkongresse der 1970er-Jahre in Achberg, welche ebenfalls inhaltlich vom Achberger Institut für Sozialforschung und Entwicklungslehre und Wilfried Heidt initiiert wurden.

Das Institut leistete einen wichtigen Beitrag bei der Fundierung und Strukturierung der Programmatik der Partei „Die Grünen". Von hier stammen z. B. auch die bereits erwähnten Gestaltungsgrundsätze für die Organisation der Parteiprogramme der Grünen nach dem Konzept „EVI – Einheit in der Vielfalt".[374]

Zentraler Forschungsgegenstand des Instituts war auch die inhaltliche Ausarbeitung und publizistische Verbreitung der Idee der *dreistufigen Volksgesetzgebung* in den Bundesländern, auf Bundesebene[375] sowie in der Europäischen Union.

Siehe Bildtafel, Seite 259

---

[374] Siehe z. B. Fußnoten 27 und 28.

[375] In späteren Jahren wurde die Idee der dreistufigen Volksgesetzgebung durch die Zusammenarbeit mit Gerhard Schuster auch stark in die österreichische Diskussion eingebracht und unter dem Begriff *Komplementäre Demokratie* als *Ergänzung* der parlamentarischen Demokratie dargestellt; Gerhard Schuster, „Komplementäre Demokratie: Die notwendige Ergänzung der repräsentativen Demokratie um einen adäquaten Volksgesetzgebungs-Prozess (Juni/Juli 2013).". http://www.zapata33.com/pdf/2013-06-komplementaere-demokratie.pdf (letzter Zugriff: 2. Juli 2015).

13.2 Internationales Kulturzentrum Achberg e.V. (INKA)

Gründung: 1972
Geschäftssitz: Achberg-Esseratsweiler
Mitarbeiter: 7
Branche: Hotel und Tagungshaus

Produkte und Dienstleistungen:

Das Internationale Kulturzentrum in Achberg (INKA) war 1972 aus dem Zusammentreffen des Sylter Witthüs-Kreises um Peter Schilinsky, Ulle Weber und Fred und Jutta Lauer mit Wilfried Heidt entstanden. Die Idee war, ein neues Tagungs- und Forschungszentrum für Ideen einer gesellschaftlichen Alternative jenseits von Kapitalismus und Kommunismus zu entwickeln, und genau dies sollte in Folge über viele Jahrzehnte in Achberg passieren. Ein gut organisierter Hotelbetrieb, eine hervorragende Küche sowie anspruchsvolle Kongresse, Seminare und Sommeruniversitäten machten Achberg zu einem international bekannten Zentrum der damaligen Alternativbewegung. Das Humboldt-Haus des INKA bietet seinen Gästen seit mehr als vier Jahrzehnten ein attraktives Angebot für vielfältigste Aktivitäten.

Künstler wie Joseph Beuys, Mikis Theodorakis oder Michael Ende waren hier ebenso zuhause wie Politiker verschiedener Länder und Parteien. Wissenschaftler, Erzieher und Publizisten gaben sich die Klinke in die Hand, wie auch nicht zuletzt wichtige Protagonisten des Prager Frühlings 1968 und anderer relevanter gesellschaftskritischer Strömungen, die etwa anlässlich der Sommerkongresse gemeinsam in Achberg nach freiheitlichen Alternativen suchten.[376]

Die soziologische Bedeutung der Arbeit kommt nicht zuletzt auch durch einen Brief an den Initiativkreis der Aktion Dritter Weg von Ota Šik zum Ausdruck, der „Achberg" mit dem von Ivan Illich 1960/1965 gegründeten *Centro Intercultural de Documentación* in Cuernavaca, Mexiko, verglich, das damals den Höhepunkt seiner Wirksamkeit erreichte.

Das Internationale Kulturzentrum Achberg veranstaltet bis zum heutigen Tage interessante Tagungen und Kongresse und stellt im Übrigen seine Räumlichkeiten und Gastronomie auch für Fremdveranstaltungen zur Verfügung.

Siehe Bildtafel, Seite 260

---

[376]   Siehe Kapitel 1.1 „Entstehungsbedingungen und Aufbau der Aktion Dritter Weg".

13.3   Achberger Verlag

Gründung: 1979
Geschäftssitz: Achberg, Lindau, Krefeld
Mitarbeiter: 3
Branche: Verlagswesen

Produkte und Dienstleistungen:

Der Achberger Verlag erfüllte eine ganz zentrale Rolle bei der Veröffentlichung wichtiger Grundschriften zur Bewegung des Dritten Weges. Hierzu gehörten Publikationen von Wilhelm Schmundt, Eugen Löbl, Wilfried Heidt oder auch Joseph Huber sowie die vielbeachtete Buchveröffentlichung *Soziale Plastik, Materialien zu Joseph Beuys* der Autoren Schata, Rappmann, Harlan.[377] Der unermüdlichen verlegerischen Arbeit von Peter Schata sind so viele für den Hintergrund der Aktion Dritter Weg wichtige Veröffentlichungen zu verdanken, die einen wichtigen Beitrag zur Begründung und Bekanntmachung der Arbeit der Aktion Dritter Weg leisten konnten.

Der Achberger Verlag arbeitet bis heute unter der Leitung des Gründungsgeschäftsführers Peter Schata, die Verlagsanteile befinden sich immer noch zu 50 % im Eigentum der Stiftung Media.

13.4   Woll- & Seidenkontor GmbH

Gründung: 1981
Geschäftssitz: Lindau, Achberg, Herne
Mitarbeiter: 3
Branche: Groß- und Einzelhandel mit Garnen

Produkte und Dienstleistungen:

Das Woll- & Seidenkontor vermarktet bis zum heutigen Tag eine vielbeachtete Kollektion ausgewählter Garne unterschiedlicher Herkunft, welche im In- und Ausland auf große Nachfrage stießen. Der größte Teil der Garne ist bis heute pflanzlich gefärbt. Das Unternehmen betreibt neben dem entsprechenden Einzelhandel über Ladengeschäfte auch einen Großhandel mit Handstrickgarnen ausgesuchter Qualität in Seide, Woll-Seide, Schurwolle, Alpaca und Baumwolle. Zeitweilig wurden die ausgefallenen Garne auch in einem exklusiven Ladengeschäft in Lindau, dem *Machandelboom,* verkauft.

---

[377]   Volker Harlan, Rainer Rappmann und Peter Schata, Hrsg., *Soziale Plastik: Materialien zu Joseph Beuys,* 3., erw. u. erg. Aufl (Achberg: Achberger Verl, 1984).

Das Unternehmen arbeitet derzeit mit Sitz in Herne und ist als Ausstatter für Handarbeits-Materialien im Rahmen der dortigen Waldorfschule nicht wegzudenken.

Siehe Bildtafel, Seite 261

13.5 Media Romania, Mediaş, Rumänien

Gründung: 1991
Geschäftssitz: Mediaş, Rumänien
Mitarbeiter: 20
Branche: Diverse

Produkte und Dienstleistungen:

Mit der Initiative Media Romania verband sich der Versuch, in Rumänien nach dem Ende des Regimes von Ceauşescu der erwarteten Einführung des traditionellen Plünderungs-Kapitalismus durch den Westen ein (zumindest symbolisches) Gegenbild entgegenzustellen. Die Rumänien-Initiative verband gemeinnützige wie erwerbsmäßige Aktivitäten unter dem Dach mehrerer Stiftungen, welche nach rumänischem Recht errichtet wurden. Hierbei wurden verschiedenste Projekte von Kleidergeschäften, über Fahrradläden bis hin zu Bio-Anbau-Initiativen und Autoreparaturwerkstätten ebenso wie diverse Bildungs- und Ausbildungsinitiativen entwickelt und gefördert.

Spektakuläre Aktionen waren z.B. die bereits erwähnte Lieferung einer ganzen Kolonne von 12 großen Mülllastern und mehr als vierzigtausend Mülltonnen nach Mediaş in Siebenbürgen/Transsilvanien. Nicht zuletzt durch den Erwerb einer stattlichen Liegenschaft, ebenfalls in Mediaş, konnte die Rumänienarbeit auch einen angemessenen äußeren Rahmen finden, der die dortige Stiftungsarbeit über viele Jahre beherbergte, später leider der gemeinnützigen Arbeit in Rumänien verloren ging.

Siehe Bildtafel, Seite 262

13.6 FCE – Fundatia pentru Cultura si Ecologie

Gründung: 2000
Geschäftssitz: Mediaş, Rumänien
Mitarbeiter: 7
Branche: Gemeinnützige Stiftung für Kultur und Ökologie

Produkte und Dienstleistungen:

Die rumänische Körperschaft wurde 2000 als Schwesterstiftung der Stiftung Media von Hans-Jürgen Goblirsch und Michael Bader gegründet und mit Gerichtsbeschluss Nr. 286 am 24.01.2001 in das entsprechende rumänische Verzeichnis in Mediaş eingetragen. Die Initiative wurde als zweites Standbein der Arbeit in Rumänien, parallel zu den Aktivitäten der Stiftung Media-Romania, ebenfalls mit Sitz in Mediaş, zur Durchführung spezieller Vorhaben gegründet, die nicht von anderen Initiativen getragen werden konnten.

Die Initiative wird bis zum heutigen Tag (Sommer 2015) aktiv fortgeführt. Sie finanziert ihre diversen Aktivitäten durch Spenden der Stiftung Media, staatliche Fördermittel sowie verschiedentlich auch aus EU-Töpfen zum Wiederaufbau Rumäniens, interessanterweise auch in Verbindung mit dem norwegischen Außenministerium. Schwerpunkt der Arbeit in Rumänien ist ein Öko-Modellhof, der 2004 als Projekt „Die Kinder von Boiu" in Zusammenarbeit mit der Stiftung „Schüler Helfen Leben" aufgebaut wurde. Konkret wird dort ein Modellhofprojekt auf Grundlage biologischer und in Zukunft biologisch-dynamischer Landwirtschaft betrieben, welches außer dem besonderen landwirtschaftlichen Engagement diverse Ausbildungs-, Orientierungs- und Qualifikationsmaßnahmen anbietet und erfolgreich umsetzt.

Siehe Bildtafel, Seite 263

13.7 Stiftung Media

Gründung: 2001
Geschäftssitz: Stuttgart
Mitarbeiter: 3
Branche: Gemeinnützige Stiftung für nachhaltige Gesellschaftsentwicklung

Produkte und Dienstleistungen:

Die Stiftung Media mit Sitz in Stuttgart arbeitet seit vielen Jahren an unterschiedlichen Aufgabenstellungen zur sozialen, ökonomischen und ökologischen Neugestaltung. Dabei kooperiert sie eng mit ihrer Schwesterstiftung FCE Fundatia pentru Cultura si Ecologie in Mediaş, Siebenbürgen/Rumänien. Beide Stiftungen fördern bürgerschaftliche Initiativen und langfristige Projekte im In- und Ausland.

Wie in Kapitel 10.1.1 detailliert dargestellt, ist die Stiftung Media direkte Rechtsnachfolgerin der ehemaligen Stiftung der Interessengemeinschaft Dritter Weg, später Stiftung des Media-Unternehmensverbandes. Sie vereinigt die Vermögenswerte der alten Stiftungsträger aus Göppingen und Hamburg und ist ebenfalls Trägerin der Vermögenswerte des Vereins *Kultur im Werkforum e. V.,* welcher 2001 in Esslingen errichtet worden ist. Nach einer erforderlichen Sitzverlegung nach Stuttgart ist der Sitz der Stiftung im Salzmannweg in der Landeshauptstadt.

Mit deutlichem Schwerpunkt auch auf der Rumänienarbeit wird das Stiftungsgeschäft bis heute fortgeführt. Zu wichtigen Stiftungsprojekten gehören die in den letzten Jahren mehrfach veranstalteten Wärmeskulpturen aus getrockneten Rosenziegeln in Erinnerung an die Arbeit von Joseph Beuys sowie insbesondere auch die Dokumentation und Archivierung der Geschichte des Media-Unternehmensverbandes mit eigenem Archiv in Göppingen. Die vorliegende Veröffentlichung ist nicht zuletzt ein wichtiges Ergebnis dieser Arbeit.

Siehe Bildtafel, Seite 264

13.8 Forum Teestube e. V.

Gründung: 1979
Geschäftssitz: Göppingen
Mitarbeiter: 20
Branche: Bildungsstätte, Kulturarbeit, Gastronomie

Produkte und Dienstleistungen:

Vorbild für die 1979 erfolgte Gründung von Forum Teestube in Göppingen war das bekannte Forum 3 in Stuttgart, das bereits Ende der 1960er-Jahre von Siegfried und Elke Woitinas gegründet und aufgebaut wurde.

Durch einen großen Initiativ- und Freundeskreis konnten gemeinsam mit der GLS-Bank die erforderlichen Mittel in kurzer Zeit aufgebracht werden, um ein Haus in der Göppinger Innenstadt zu erwerben. Dieses wurde weitgehend in Eigenarbeit zum Forum Teestube um- und ausgebaut.

In der Teestube gab es ein reichhaltiges Angebot an Speisen und Getränken, in den ersten Jahren strikt alkoholfrei. Neben vielfältigen Kursen, Seminaren, Workshops, vor allem auch zu dem Hintergrund der Aktion Dritter Weg, war die Teestube über 15 Jahre Forum für unterschiedliche Ausstellungen und Bühne für Kleinkunstauftritte und Konzerte.

Forum Teestube wurde in den Nachfolgeverein *Kultur im Werkforum* eingebracht, das Gebäude des Forums in der Christophstraße konnte nach vielen Jahren erfolgreicher Arbeit vor Ort mit gutem Ertrag verkauft werden. Die Erlöse gehören heute zum Vermögen der Stiftung Media.

Siehe Bildtafel, Seite 265

13.9 Freie Gesellschaft für soziale Entwicklungsforschung mbH, GFE Media GmbH

Gründung: 1979
Geschäftssitz: Göppingen
Mitarbeiter: 3
Branche: Wirtschafts- und Sozialforschung; Marketing

Produkte und Dienstleistungen:

GFE wurde 1979 zunächst als „Freie Gesellschaft für soziale Entwicklungsforschung mbH" in Göppingen gegründet und verfolgte unter anderem das Ziel der sozialwissenschaftlichen Fundierung der Theorie und Praxis des Dritten Weges. Ökonomische Aktivitäten zur Finanzierung der geplanten sozialwissenschaftlichen und publizistischen Aufgabenstellungen ergaben sich durch die Möglichkeit werblicher Unterstützung der Mitglieder des Unternehmensverbandes, namentlich durch gezielte Absatzförderung der von CCS Compact Computer Systeme vertriebenen OCR-Lösungen.

GFE entwickelte sich in den Folgejahren zu einer Full-Service-Werbeagentur, deren Tätigkeiten sich seit 2002 fast ausschließlich auf das Internet konzentrieren. Heute arbeitet die mittlerweile in GFE Media GmbH umbenannte Gesellschaft mit ca. 20 Mitarbeitern erfolgreich als Online-Agentur an der Entwicklung und Vermarktung komplexer Web-Shops und Firmenportale für kleine und große Kunden im In- und Ausland.

Siehe Bildtafel, Seite 266

13.10 Goblirsch GmbH

Gründung: 1948
Geschäftssitz: Göppingen-Albershausen
Branche: Metallverarbeitung
Mitarbeiter: 80

Produkte und Dienstleistungen:

Die Goblirsch GmbH war ein Stanzbetrieb mit eigenem Werkzeugbau, der mit über 80 Mitarbeitern verschiedenste stanztechnische Arbeiten von einfachen Aufgabenstellungen im Lohnverfahren bis zu komplizierten Stanzarbeiten mit hohem Entwicklungsaufwand meisterte. Herzstück des Unternehmens war eine hohe technische Kompetenz, welche nicht zuletzt durch den 2002 verstorbenen Geschäftsführer Hans-Jürgen Goblisch repräsentiert wurde, der für eine über Jahrzehnte andauernde positive Geschäftsentwicklung stand.

Besonders bemerkenswert im Kontext der Initiative der Aktion Dritter Weg war, dass bei Goblirsch mit der gesamten (Mit-)Arbeiterschaft die Grundlagen des Unternehmensverbandes hinsichtlich Unternehmensleitbild, Einkommensordnungen, sozialer Verantwortung etc. konsequent bearbeitet wurden. Interessant war auch die bei Goblirsch über viele Jahre angebotene Betriebs-Eurythmie zur Förderung der Kreativität und Sozialität der Belegschaft, welche von jedem Betriebsangehörigen während der Arbeitszeit in Anspruch genommen werden konnte.

Mit dem völlig überraschenden Tod von Hans-Jürgen Goblirsch fand eine lange und erfolgreiche Firmengeschichte ihr jähes Ende. Die Nachfolger in der Goblirsch-Geschäftsführung konnten die stark auf die Persönlichkeit von Hans-Jürgen Goblirsch zugeschnittene Gesamtfinanzierung des Unternehmens nicht weiter sicherstellen, der Betrieb musste eingestellt und die Fabrikanlagen an ein weiteres Unternehmen mit ähnlichem Leistungsprofil veräußert werden.

13.11 CCS Sommer GmbH

Gründung: 1979
Geschäftssitz: Göppingen
Mitarbeiter: 5
Branche: IT-Technologie, Datenverarbeitung, Kleinserienfertigung

Produkte und Dienstleistungen:

CCS Sommer GmbH war die durch den Verband selbst begründete Produktionsschiene und Werkbank für die technischen Entwicklungen der Hamburger CCS Mikrotechnik GmbH.

Aus bescheidenen Anfängen – noch unter dem Dach von Forum Teestube – konnte mit den Jahren eine eigene Fertigungskapazität aufgebaut werden, die von fünf Vollzeit-Mitarbeitern ausgefüllt wurde. Im Detail befasste sich das Unternehmen mit der Produktion und Herstellung von Mikroprozessorsystemen für diverse Steuerungszwecke, die die bis dahin üblichen Lochstreifen-Steuerungssysteme ablösten. Wie im Zusammenhang mit CCS Mikrotechnik erwähnt, wurden hierbei die Lochstreifen durch magnetbandgesteuerte Systemeinheiten ersetzt. Sämtliche in Hamburg entwickelten Kassettenspeicher und Datenerfassungsgeräte einschließlich dem Texterfassungssystem Minitext TE 500 und dem Mikrocomputersystem μ-tos wurden in Göppingen produziert.

CCS Sommer GmbH sollte seinen Geschäftssitz noch einmal verlegen und im Zuge eines großen Umzugsprojektes gemeinsam mit der Gesellschaft für

Entwicklungsforschung und einem mittlerweile eingerichteten Büro Süd der Hamburger CCS Compact Computer Systeme GmbH in ein gemeinsames großes und neu errichtetes Gebäude in Bad Boll einziehen.

Bildtafel, Seite 267

13.12 CCS Vertrieb GmbH

Gründung: 1994
Geschäftssitz: Göppingen
Mitarbeiter: 6
Branche: EDV, Texterkennung OCR

Produkte und Dienstleistungen:

Die 1994 zur CCS Vertrieb GmbH umbenannte CCS Sommer GmbH diente der Vermarktung der bekannten Xerox-OCR-Lösungen für den Massenmarkt und bildete den Gegenpol zu den bislang bei CCS in Hamburg vertretenen Großsystemen mit proprietären Scannern. Mit fünf Mitarbeitern konnte das Unternehmen innerhalb relativ kurzer Zeit für eine große OCR-Marktabdeckung im deutschsprachigen Raum sorgen und war bald in sämtlichen Media-Markt-, Saturn- und Gravis-Filialen in Deutschland vertreten. Wichtige Softwarelösungen zum Einsatz mit handelsüblichen Scannern waren hierbei die Textbridge- und Pagis-Produktreihen.

Neben den Xerox-OCR-Produkten wurde mit „Picture-Publisher" von Astral Development Corp. auch eine bekannte Bildbearbeitungssoftware in das Vertriebsprogramm aufgenommen, welche eine gute Produktabrundung und Programmerweiterung darstellte. Für beide Produktreihen war CCS Vertrieb nicht nur für die erfolgreiche Vermarktung im deutschsprachigen Raum, sondern auch für die notwendige Lokalisierung der Produkte zuständig. CCS Vertrieb GmbH wurde 2005 mit GFE Media GmbH verschmolzen.

13.13 Naturata Gartenbau

Gründung: 1989
Geschäftssitz: Göppingen-Uhingen
Mitarbeiter: 8
Branche: biologisch-dynamischer Gartenbau

Produkte und Dienstleistungen:

Naturata Gartenbau entstand auf Initiative der Familien Ebser und Mörtel, die Gründung erfolgte unmittelbar aus dem Ideenzusammenhang und mit Unterstützung der Aktion Dritter Weg. Ein in der Nähe von Göppingen angesiedelter konventioneller Gartenbaubetrieb konnte 1989 erworben und auf biologisch-dynamischen Anbau umgestellt werden. Das engagierte Gründerteam konnte bald mit einem großen Anbauprogramm aufwarten, Angebote z. B. aus dem Zierpflanzenanbau auf biologisch-dynamischer Basis rundeten ein breites Portfolio von Gemüse, Salat und auch Früchten ab. Naturata Gartenbau führte ebenso wie Naturata Naturwaren-GmbH den Namen Naturata, der für die Mitgliedschaft innerhalb der Naturata Genossenschaft stand.

Wichtiges Merkmal der Arbeit und echte Pionierleistung war der schon in den frühen 1980er-Jahren in Uhingen eingeführte „Ab-Gärtnerei-Verkauf" sowie die Vermarktung der Gärtnerei-Produkte über ein „Gemüseabo", das in unterschiedlicher Größe und Zusammensetzung im Gärtnereibetrieb bestellt und nach Hause geliefert wurde. Der Betrieb konnte nach vielen Jahren der Arbeit in Uhingen wegen beruflicher Neuorientierung der Betreiber als eingeführter Biobetrieb gut verkauft werden.

Siehe Bildtafel, Seite 268

13.14 Naturata Naturwaren-Handelsgesellschaft mbH und Senfkorn Naturkost GmbH & Co. KG

Gründung Naturata GmbH: 1982
Geschäftssitz: Göppingen
Mitarbeiter: 6
Branche: Naturwaren und Naturkosthandel

Produkte und Dienstleistungen:

Naturata GmbH verstand sich als Speerspitze für eine Anfang der 1980er-Jahre völlig neue Generation von Lebensmitteln, die dem wachsenden Bewusstsein für gesunde Ernährung und Bekleidung entsprachen. Das Ladengeschäft bot neben einer breiten Angebotspalette vieler „Bio-(Trocken-)Produkte" auch Salat, Gemüse und Zierpflanzen der ebenfalls zu den Verbandsunternehmen zählenden Naturata Gartenbau an.

Das „Biogeschäft" konnte viele Jahre hindurch mit gutem Ertrag betrieben werden und wurde später durch den Zukauf eines zweiten Naturkostladens unter dem Namen Senfkorn Naturkost GmbH & Co. KG deutlich vergrößert. Beide Unternehmen konnten lange Zeit parallel in der gleichen Stadt betrieben werden, um schlussendlich verschmolzen und an zentraler Stelle gemeinsam weiter betrieben zu werden. Viele Jahre später und nach Eröffnung des ersten Bio-Supermarktes in Göppingen wurde das Ladengeschäft aufgelöst und die Geschäftätigkeit eingestellt. Erfreulicherweise konnte dies ohne den üblicherweise mit Betriebsschließungen verbundenen sozialen und wirtschaftlichen Stress durchgeführt werden.

Siehe Bildtafel, Seite 269

13.15 CCS Compact Computer Systeme Frankfurt GmbH

Gründung: 1989
Geschäftssitz: Frankfurt am Main
Mitarbeiter: 4
Branche: EDV, Datenverarbeitung

Produkte und Dienstleistungen:

CCS Compact Computer System Frankfurt GmbH vertrat das Produktportfolio der Hamburger CCS Compact Computer Systeme GmbH, vor allem die OCR-Produkte sowie die davon abgeleiteten Systemlösungen für News- und Dokumentenverwaltung. Gegenstand des unter HRB 30 112 am 2.3.1989 eingetragenen Unternehmens war im Weiteren die Entwicklung, der Vertrieb und die Wartung von Computersystemen und alle damit zusammenhängenden Geschäfte.

CCS Frankfurt residierte in einer vornehmen Villa außerhalb Frankfurts und arbeitete mit bis zu vier Mitarbeitern. Unter der Leitung von Horst Wüstkamp, der 1983 das Frankfurter Kulturzentrum Pueblo gemeinsam mit Frederik Vester aus der Taufe gehoben hatte, konnten interessante neue Kunden für das CCS-Produktportfolio dazugewonnen werden. Die Arbeit in Frankfurt wurde wegen beruflicher Neuorientierung der dortigen Kollegen 1996 eingestellt.

13.16 Textline Gesellschaft für Kommunikation und Datentechnik mbH

Gründung: ca. 1986
Geschäftssitz: Oberursel
Mitarbeiter: 4
Branche: EDV, Satztechnik

Produkte und Dienstleistungen:

Textline GmbH wurde von Karl Bergmann und Kollegen im Rahmen der Aktivitäten der Krebsmühle in Oberursel bei Frankfurt gegründet. Die Krebsmühle war eine Initiative der dortigen Arbeiterselbsthilfe in der Form eines eingetra-

genen Vereins, die sich zu einem wichtigen Zentrum der damaligen Selbstver-
waltungsszene entwickelt hatte.

Textline GmbH befasste sich – wie der Firmenname schon nahelegt – mit
dem Einsatz des von CCS in Hamburg entwickelten Satzprogrammes „Textline". Dieses System wurde in Frankfurt für die unterschiedlichsten Publikationen eingesetzt, zu denen u. a. auch die Monatszeitschrift „Contraste" gehörte. Die Textline-Setzer auf der Krebsmühle hatten sich sehr rasch in die
neue CCS-Satztechnologie eingearbeitet und bildeten ein höchst wertvolles
Testcenter für die Weiterentwicklung des Programms in Hamburg.

Zunächst eher provisorisch untergebracht, konnte 1992 der Textline-Be-
trieb innerhalb der Krebsmühle in besonders schöne, neu erstellte Räumlichkeiten umziehen und teilte sich die Flächen eines „Großraumbüros" mit dem
Verwaltungsbereich der Krebsmühle. 1995 wurde die Arbeit des Textline-Satz-
betriebes aufgegeben, nachdem der traditionelle Fotosatz mit dem Aufkommen neuer Technologien deutlich zurückgegangen war. Die Zusammenarbeit
mit der Krebsmühle in Frankfurt, besonders auch mit Karl Bergmann, bedeutete eine große Bereicherung der Verbandsarbeit, weil aus dem Umfeld der
Arbeiterselbsthilfe neue und überraschend unkonventionelle Sichtweisen bei-
gesteuert wurden, die nicht zuletzt auch unter Mitwirkung der Aktion Dritter
Weg in der Gründung der Ökobank mündeten.

13.17 Free International University und FIU-Büro Düsseldorf

Gründung: 1973
Geschäftssitz: Düsseldorf und die Welt
Mitarbeiter: 20
Branche: Hochschule, interdisziplinäre Forschung

Projekte und Dienstleistungen:

Die Free International University (FIU), auch als Freie internationale Hoch-
schule für Kreativität und interdisziplinäre Forschung bekannt, war eine von
Joseph Beuys begründete Initiative, die dieser am 27. April 1973 in seinem
Düsseldorfer Atelier gestartet hatte und die als gemeinnützig anerkannter Ver-
ein bis zu ihrer Auflösung 1988 viele Menschen vor allem auch für die Idee der
„Sozialen Plastik" und den „Erweiterten Kunstbegriff" begeisterte.[378] Die Idee

---

378 Siehe Johannes Stüttgen, *Organ des Erweiterten Kunstbegriffs für die Soziale Skulptur: Eine Darstellung der Idee, Geschichte und Tätigkeit der FIU* (Düsseldorf: Manuskriptdruck FIU,

der Free International University (FIU) wurde verschiedentlich aufgegriffen und weitergeführt, wie z. B. durch FIU-Initiativen in Amsterdam, Gelsenkirchen, Kassel, Hamburg und München, den FIU-Verlag von Rainer Rappmann sowie insbesondere auch durch den Verein „Mehr Demokratie", den „Omnibus für direkte Demokratie" und das Lebenswerk des Beuys-Meisterschülers Johannes Stüttgen.

Die FIU-Geschäftsstelle Düsseldorf befand sich als „entstaatlichte Zone" innerhalb der Staatlichen Kunstakademie im ehemaligen Atelier von Beuys, das dieser der Arbeit zur Verfügung gestellt hat. Die Geschäftsstelle leitete Johannes Stüttgen. Unter anderem erfolgte dort die Adressverwaltung der Grünen Nordrhein-Westfalen. Die Geschäftsstelle koordinierte die Arbeit aller FIU-Zweigstellen im In- und Ausland und war für die permanente Informations- und Öffentlichkeitsarbeit in Form von Seminaren, Vorträgen und Straßenaktionen sowie die Organisation von interdisziplinären Projekten verantwortlich.

Siehe Bildtafel, Seite 270

13.18 CCS Compact Computer Systeme GmbH

Gründung: 1969
Geschäftssitz: Schwanenwik 32, Hamburg
Mitarbeiter: 40
Branche: Datenverabeitung, OCR-Texterkennung, Presse-Clipping, Fotosatz

Produkte und Dienstleistungen:

CCS Compact Computer Systeme GmbH gehört zu den Pionieren im Bereich der automatischen OCR-Texterfassung und Weiterverarbeitung für Presse-Clipping und Verlagsanwendungen. Das Unternehmen arbeitete mit zeitweise bis zu 50 Mitarbeitern an hochkomplexen Systemlösungen für unterschiedliche Anwendungen, zunächst insbesondere in Verbindung mit Data-General-Rechnern.

CCS war in den Jahren 1976–1994 Generaldistributor für die Xerox-OCR-Soft- und Hardware des KI-Experten Raymond Kurzweil. Die Kurzweil-Lesemaschine, ein selbstlernenden System auf Grundlage angewandter künstlicher Intelligenz, konnte auf beliebige Schriftarten trainiert werden, wodurch ge-

---

1984). Zur Entstehungsgeschichte siehe auch Johannes Stüttgen, *Der ganze Riemen: Der Auftritt von Joseph Beuys als Lehrer ; die Chronologie der Ereignisse an der Staatlichen Kunstakademie Düsseldorf 1966–1972* (Köln: König, 2008).

druckte Texte gescannt, automatisch erfasst („gelesen") und anschließend in Datenverarbeitungssysteme eingespielt werden. Abtippen war mit dieser Technologie, welche darüber hinaus auch als Vorlesesystem für Blinde eingesetzt wurde, überflüssig geworden. Entsprechende Installationen im deutschen, aber auch im niederländischen Sprachraum, in Schweden und auf Island erfolgten bei Verlagen, Druckereien, Dienstleistungsunternehmen für Datenerfassung und ähnlichen Betrieben.

Ein wichtiges weiteres Produkt von CCS war „Textline", eine PC-Satz- und Layout-Software, die direkt an große Druck- und Satzbetriebe, sowie indirekt z. B. über die Linotype AG vermarktet wurde.

Seit 2001 arbeitet CCS Computer Systeme GmbH unter der Ägide einer österreichischen Stiftung und befasst sich erfolgreich mit Dokumentenlösungen z. B. im Bereich Pressespiegelerstellung mit dem Produkt Newsworks.

Siehe Bildtafel, Seite 271

13.19 CCS Mikrotechnik GmbH

Gründung: 1980
Geschäftssitz: Hamburg
Mitarbeiter: 20
Branche: Datenverarbeitung

Produkte und Dienstleistungen:

CCS Mikrotechnik mit Sitz in Hamburg und Göppingen befasste sich mit der Entwicklung und Herstellung Software-basierter Steuerungssysteme, die die damals marktüblichen Lochstreifen-Steuerungssysteme – z. B. für Drehmaschinen – durch magnetbandgesteuerte Systemeinheiten ersetzten. Die Vermarktung erfolgte über Partner. In Hamburg wurden Kassettenspeicher und Datenerfassungsgeräte entwickelt, getestet und als Nullserie produziert. Die endgültige Produktion erfolgte in der Zweigstelle Göppingen. Eine gewisse Bekanntheit auf dem Markt erwarb damals vor allem das Mikrotechnik-Texterfassungssystem Minitext TE 500 und das Mikrocomputersystem μ-tos.

Das Unternehmen hatte sich aufgrund konkreter Anforderungen direkt aus dem Verband heraus als Ableger von CCS entwickelt, seit seiner Gründung 1980 wuchs die Mitarbeiterzahl in wenigen Jahren von 2 auf 20. Das Unternehmen wurde später einem anderen Geschäftszweck zugeführt.

Siehe Bildtafel, Seite 272

13.20 VGD Verlag Geisteswissenschaftliche Dokumentation GmbH

Gründung: 1979
Geschäftssitz: Hamburg
Mitarbeiter: 2
Branche: Verlag, Publizistik

Produkte und Dienstleistungen:

Der VGD Verlag Geisteswissenschaftliche Dokumentation GmbH war ein kleiner Fachverlag für ausgewählte Publikationsaufgaben z. B. über die Geschichte der Anthroposophischen Bewegung. Für einige Zeit produzierte VGD auch den jährlichen Auktionskatalog eines renommierten Hamburger Kunstauktionshauses.

In Zusammenarbeit mit dem Achberger Verlag brachte VGD ein umfangreiches Interview mit Joseph Beuys als „Abendunterhaltung" heraus; das Gespräch zwischen Joseph Beuys und Hamburger Journalisten und Wissenschaftlern fand am 5. März 1977 in den Räumen von CCS statt.[379] Auch die im Rahmen dieser Veröffentlichung mehrfach erwähnte „Informationsmappe" „Aufruf zur Alternative"[380] der Aktion Dritter Weg war eine Koproduktion mit dem Achberger Verlag.

Leonie Dominick, die sich viele Jahre um die vorbildliche Dokumentation wichtiger Vorgänge der Aktion Dritter Weg sowie die detaillierte Protokollierung von Konferenzen des Unternehmensverbandes verdient gemacht hatte, war mehrere Jahre im Vorstand der Aktion Dritter Weg e. V. aktiv.

Siehe Bildtafel, Seite 273

---

[379] Joseph Beuys, *Abendunterhaltung: Gespräch zwischen Joseph Beuys, Hamburger Journalisten u. Wissenschaftlern am 5. März 1977 ; Free International University [u. a.]*. Documente No. 1 (Achberg/Hamburg: Achberger Verlagsanstalt/Verlag Geisteswissenschaftliche Dokumentation, 1977).

[380] Unternehmensverband, Hrsg., *Aufruf zur Alternative: A3W FIU* (Achberg/Hamburg: Achberger Verlag/VGD, 1980).

13.21 Gesellschaft für arzneilose Naturheilkunde e. V.

Geschäftssitz: Hamburg
Mitarbeiter: 2
Branche: Gesundheit

Produkte und Dienstleistungen:

Karl Hamrun war in den 1960er-Jahren ein erfolgreicher Industriefilmer. Mit seinem Kurzfilm „Einer davon bin ich" – im Auftrag der Bundespost gedreht – lässt er einen Briefträger über die Dienstleistungen und die Schwierigkeiten seines Arbeitgebers berichten. Auf der Triennale in Antwerpen nahm Hamrun für den Film das Prädikat „besonders verdienstvoll" und in Rom den „Großen Preis der Film- und Fernsehtechnik" entgegen. Auf den Industriefilm-Festspielen[381] 1969 in Berlin kehrte er jedoch einer Branche den Rücken, die ihm zu kommerziell geworden war.

Danach engagierte er sich intensiv in den Achberger Zusammenhängen, die er schon in Hamburg kennengelernt hatte.[382] In der Zeit der Gründung des Unternehmensverbandes der Aktion Dritter Weg trug er wesentlich zur Finanzierung des Achberger Instituts für Sozialforschung bei.

Auf dem Weg zur „2. Sozialistischen Konferenz" in Marburg 1981, an der er als Beobachter der Aktion Dritter Weg teilnehmen wollte, verstarb er überraschend.

Karl Hamrun betrieb bis zu seinem Tod zusammen mit Kurt Thede in Hamburg eine kleine „Gesellschaft für arzneilose Naturheilkunde", die nach Gründung des Unternehmensverbandes als Mitglied der Organisation geführt wurde.

---

[381] *Der Spiegel, Rubrik: Industrie/Film,* „Festival mit Vip.", 10. November 1969. http://www.spiegel.de/spiegel/print/d-45440143.html.

[382] Er stieß auf den Gesprächskreis um Peter Schlinski, Witthüs-Teestube auf Sylt. Schilinski gehörte in den kommenden Jahren zu den maßgeblichen Initiatoren und Trägern des Internationalen Kulturzentrums Achberg, siehe Rainer Rappmann, Hrsg., *Denker, Künstler, Revolutionäre: Beuys, Dutschke, Schilinski, Schmundt/Vier Leben für Freiheit, Demokratie und Sozialismus* (Wangen/Allgäu: FIU-Verlag, 1996).

13.22 Aktion Dritter Weg – Das Büro

Aktion Dritter Weg e. V. (Mitgliederorganisation)
Gründung: 1979
Geschäftssitz: Hamburg, Göppingen
Mitarbeiter: 2
Branche: Sozialforschung, Publizistik, Agitation

Produkte und Dienstleistungen:

Aufgabe des Büros der Aktion war die organisatorische und öffentlichkeitsrelevante Begleitung und Unterstützung des Gesamtprojektes der Aktion Dritter Weg sowie in seiner Eigenschaft als Organ der Aktion Dritter Weg e. V. – Mitgliederorganisation – die Betreuung der Mitgliederorganisation der Initiative. „Das Büro ist die zentrale Informations- und Koordinationsstelle der AKTION. Die Mitarbeiter des Büros sind ein Arbeitskollektiv im Sinne des Paragraphen II, 1. der Statuten der IG DRITTER WEG. Das erste Arbeitskollektiv des Büros wird durch den Vorstand berufen und bevollmächtigt. Alle weiteren Berufungen erfolgen durch das Arbeitskollektiv und bedürfen jeweils der Bestätigung durch den Vorstand."[383] Die Arbeit des Mitgliedervereins wurde viele Jahre durch Jochen Abeling und Bettina Schön in Hamburg besorgt, ab 1990 übernahm Reinhard Büchner in Göppingen diese Aufgabe.

Siehe Bildtafel, Seite 274

---

[383] Aktion Dritter Weg, „Statuten der Aktion Dritter Weg." in *Aufruf zur Alternative* (s. Anm. 7), Heft 2. S. 12.

Anhang

14   Literaturverzeichnis

Gesetz zur Förderung der Stabilität und des Wachstums der Wirtschaft vom 8.
Juni 1967 (BGBl. I S. 582), das zuletzt durch Artikel 135 der Verordnung
vom 31. Oktober 2006 (BGBl. I S. 2407) geändert worden ist: StabG.
http://www.gesetze-im-internet.de/bundesrecht/stabg/gesamt.pdf (letzter
Zugriff: 16. März 2014).

„Grundgesetz für die Bundesrepublik Deutschland – [vom 23. Mai 1949
(BGBl. S. 1), zuletzt geändert durch das Gesetz vom 11. Juli 2012
(BGBl. I S. 1478)]: I. Die Grundrechte.". http://www.bundestag.de/bundes
tag/aufgaben/rechtsgrundlagen/grundgesetz/gg_01/245122 (letzter Zugriff: 26. Februar 2015).

„Joseph Beuys Impulse: Kunst als Erkenntnisinstrument und Gestaltungskraft.". http://www.muenster.org/beuys/sphaere/beuys_sphaere00.htm
(letzter Zugriff: 17. Februar 2015).

„Verfassung des Freistaates Bayern in der Fassung der Bekanntmachung vom
15. Dezember 1998: letzte berücksichtigte Änderung: Art. 83 Abs. 2 geänd.
(Gv. 11.11.2013,642).". http://www.gesetze-bayern.de/jportal/portal/page/
bsbayprod.psml;jsessionid=E646241997DB9399924030B00F8531B3.
jp74?showdoccase=1&st=null&doc.id=jlr-VerfBY1998rahmen&doc.
part=X&doc.origin=bs (letzter Zugriff: 11. Oktober 2014).

Der Spiegel, Rubrik: Industrie/Film, „Festival mit Vip.", 10. November 1969.
http://www.spiegel.de/spiegel/print/d-45440143.html.

Stiftungsgesetz für Baden-Württemberg vom 4. Oktober 1977; Zweiter Teil –
Stiftungen des bürgerlichen Rechts, § 8 Rechtsaufsicht: StiftG. 04.10.1977.
http://www.landesrecht-bw.de/jportal/portal/t/87n/page/bsbawueprod.
psml?pid=Dokumentanzeige&showdoccase=1&js_peid=Trefferliste&do
cumentnumber=1&numberofresults=1&fromdoctodoc=yes&doc.id=jlr-
StiftGBWpP8#focuspoint (letzter Zugriff: 26. Juli 2014).

Abgabenordnung: Mit Finanzgerichtsordnung und Nebengesetzen; Textaus-
gabe mit ausführlichem Sachverzeichnis, 17. Aufl., Stand: 1. Januar 1993.
Dtv 5548. München: Dt. Taschenbuch-Verl, 1993.

A3W – FIU, „Grünes Grundlagenprogramm: Entwurf A3W-FIU." in *Aufruf*
zur Alternative: A3W FIU. Heft 4, hrsg. von Unternehmensverband. Ach-
berg/Hamburg: Achberger Verlag/VGD, 1980.

Abeling, Jochen und Michael Bader, „CCS Compact Computer Systeme GmbH – ein Unternehmen der Aktion Dritter Weg stellt sich vor: Faltblatt zum AGP-Kongreß ‚Menschen machen Wirtschaft' am 16. März 1983 im Congress Centrum Hamburg.".

Academic Universal-Lexikon, „Wirtschaftskreislauf.". http://universal_le xikon.deacademic.com/198758/Wirtschaftskreislauf (letzter Zugriff: 17.02.15).

Achberger Kreis in den Grünen, „Die Grünen – Bundestagswahl 80: Weder Kapitalismus noch Kommunismus – Die Alternative ist der grüne Kurs." Die Position des ‚Achberger Kreises' in den Grünen.

Aktion Dritter Weg, *Aktion Dritter Weg, – Aufbauinitiative –: Idee und praktischer Versuch, eine Alternative zu den in Ost und West bestehenden Gesellschaftssystemen zu verwirklichen.* Achberg, o. J., ca. 1978.

——, „Die Aktion Dritter Weg." in *Aufruf zur Alternative: A3W FIU.* Heft 1, hrsg. von Unternehmensverband. Achberg/Hamburg: Achberger Verlag/ VGD, 1980.

——, „Statuten der Aktion Dritter Weg." in *Aufruf zur Alternative: A3W FIU.* Heft 2, hrsg. von Unternehmensverband. Achberg/Hamburg: Achberger Verlag/VGD, 1980.

Bader, Michael und Wolf-Dieter Hasenclever, „Einheit in der Vielfalt: Zur Gründung der Grünen in Baden-Württemberg." in *Grüner Weg durch schwarzes Land: 10 Jahre Grüne in Baden-Württemberg,* hrsg. von Winne Hermann und Wolfgang Schwegler-Rohmeis, 34–39. Stuttgart: Edition Erdmann in K. Thienemanns Verlag, 1989.

Bahro, Rudolf, *Die Alternative: Zur Kritik des real existierenden Sozialismus.* Rororo 7331. Reinbek bei Hamburg: Rowohlt, 1980.

bankazubi.de, „Prinzip der Freien Marktwirtschaft.". http://www.bankazubi. de/wissenspool/artikel.php?opid=1&fachgebietid=10&katid=28&artike lid=109 (letzter Zugriff: 7. März 2014).

Bauer, Joachim, *Prinzip Menschlichkeit: Warum wir von Natur aus kooperieren,* 6. Aufl., aktualisierte Taschenbucherstausg. Heyne 63003. München: Heyne, 2013.

Beckmann, Lukas, *Die Ursachen liegen in der Zukunft: Manuskript; Vortrag auf dem Symposium ‚Joseph Beuys – Mapping the Legacy' vom 4.–6. Dezember 1998 während einer Beuys-Ausstellung im John and Mable Ringling Museum of Art in Sarasota, USA, Florida.* Archiv Grünes Gedächtnis, Heinrich Böll-Stiftung, Berlin, unveröffentlicht.

——, „Joseph Beuys – begreifen, nicht verdrängen: Ein Essay." in Joseph Beuys: *Die Kunst auf dem Weg zum Leben,* hrsg. von Hiltrud Oman. Von der Autorin durchges. und überarb. Taschenbuchausg., 161–177, Heyne-Bücher 19, Heyne-Sachbuch 610. München: Heyne, 1998.

Bell, Daniel, *Die Zukunft der westlichen Welt: Kultur und Technologie im Widerstreit.* Frankfurt a. M.: S. Fischer, 1976.

Bergoglio, Jorge Mario (Franziskus), *Apostolisches Schreiben EVANGELII GAUDIUM des Heiligen Vaters Papst Franziskus: an die Bischöfe, an die Priester und Diakone, an die Personen geweihten Lebens und an die christgläubigen Laien.* Unter Mitarbeit von hrsg. vom Sekretariat der Deutschen Bischofskonferenz. Verlautbarungen des Apostolischen Stuhls 194. Bonn: Libreria Editrice Vaticana, 2013; über die Verkündigung des Evangeliums in der Welt von heute.

Beuys, Joseph, *Abendunterhaltung: Gespräch zwischen Joseph Beuys, Hamburger Journalisten u. Wissenschaftlern am 5. März 1977; Free International University [u. a.].* Documente No. 1. Achberg/Hamburg: Achberger Verlagsanstalt/Verlag Geisteswissenschaftliche Dokumentation, 1977.

——, „Aufruf zur Alternative: Erstveröffentlichung in der Frankfurter Rundschau vom 23.12.1978." in *Aufruf zur Alternative: A3W FIU.* Heft 3, hrsg. von Unternehmensverband. Achberg/Hamburg: Achberger Verlag/VGD, 1980.

Beuys, Joseph und Clara Bodemann-Ritter, *Jeder Mensch ein Künstler: Gespräche auf der documenta 5/1972,* Geringfügig veränd. Ausg., 5. Aufl. Ullstein-Buch Sachbuch 34450. Frankfurt am Main: Ullstein, 1994.

Beuys, Joseph, Johannes Stüttgen und Karl Fastabend, „Joseph Beuys: Nur noch 2272 Tage bis zum Ende des Kapitalimus (Tonbandkassette 1.4.1981)." in *Similia similibus: Joseph Beuys zum 60. Geburtstag,* hrsg. von Johannes Stüttgen. 1.200 gestempelte u. nummerierte Ex., die ersten 200 Ex. als ‚Edition Joseph Beuys 12. Mai 1981' mit Tonbandkassette, 90 Min. Köln: DuMont, 1981.

Bögelein, Alexander, „Strenge Regeln, guter Grund: Kommentar." *Neue Württembergische Zeitung,* 27. Februar 2014.

Brand, Ulrich, „Das borniere Streben nach Profit.". http://www.faz.net/-gqz-7rnfw (letzter Zugriff: 27. Januar 2015).

Brüll, Ramon, „Auf dem Wege zum neutralisierten Kapitaleigentum." *info3,* Sommernummer (1984): 19–21.

Bundesministerium für Arbeit und Soziales, Hrsg., *Lebenslagen in Deutschland: Der Vierte Armuts- und Reichtumsbericht der Bundesregierung,* Stand: 17.09.2012 17:00. Entwurf.

creditolo, „Produktivkapital.". http://www.creditolo.de/kreditlexikon/produk tivkapital.html (letzter Zugriff: 6. März 2014).

Csikszentmihalyi, Mihaly, *Das Flow-Erlebnis: Jenseits von Angst und Langeweile: im Tun aufgehen,* 11. Aufl. Konzepte der Humanwissenschaften. Stuttgart: Klett-Cotta, 2010.

Das Bundesministerium der Justiz und für Verbraucherschutz, „Bürgerliches Gesetzbuch (BGB): § 903 Befugnisse des Eigentümers.". http://www.ge setze-im-internet.de/bgb/__903.html (letzter Zugriff: 26. Februar 2015).

Die Bundesversammlung, „Volksabstimmung vom 24. November 2013: Vorläufige amtliche Endergebnisse, hier ‚1:12 – Für gerechte Löhne. Volksinitiative'.". http://www.parlament.ch/D/WAHLEN-ABSTIMMUN GEN/VOLKSABSTIMMUNGEN/VOLKSABSTIMMUNGEN-2013/ ABSTIMMUNG-2013-11-24/Seiten/default.aspx (letzter Zugriff: 25. Februar 2015).

Die Grünen Baden-Württemberg, Hrsg., *Das Programm,* 2. Aufl. Stuttgart, o.J., ca. 1980.

Dietz, Raimund, *Geld und Schuld: Eine ökonomische Theorie der Gesellschaft.* Marburg: Metropolis, 2011.

Dietz, Raimund und Peter Krause, „Was Geld ist und was nicht: Interview mit Dr. Raimund Dietz." in *Mehr als Geld: Wirtschaft gestalten,* hrsg. von Peter Krause, 17–24, Flensburger Hefte 111. Flensburg: Flensburger Hefte Verlag, 2011.

Exner, Andreas und Brigitte Kratzwald, *Solidarische Ökonomie & Commons: INTRO. Eine Einführung.* Kritik & Utopie. Wien: Mandelbaum, 2012.

Fahrni, Oliver, cargo3, *Die Krise. Ihre Mechanik. Unsere Antworten.* Bern: Unia, 2009.

Felber, Christian, *Neue Werte für die Wirtschaft: Eine Alternative zu Kommunismus und Kapitalismus.* Wien: Deuticke, 2008.

——, *Die Gemeinwohl-Ökonomie: Eine demokratische Alternative wächst,* aktualisierte und erw. Neuausgabe. Frankfurt am Main: Büchergilde Gutenberg, 2012.

Forum Dreigliederung, „Das neue Eigentumsrecht.". www.forum-dreigliede rung.de/alsodrei/r5.html (letzter Zugriff: 15. März 2014).

Fücks, Ralf, „Grüne wählen? Vom alternativen Projekt zur linken Mitte." in *Richtig wählen,* hrsg. von Armin Nassehi, 104–112, Kursbuch 174. Hamburg: Murmann, 2013.

Fukuyama, Francis, *Das Ende der Geschichte: Wo stehen wir?* München: Kindler, 1992.

Giese, Reinhard, Hrsg., *Sozial handeln aus der Erkenntnis des sozial Ganzen: Soziale Dreigliederung heute.* Rabel: Reinhard Giese, 1980.

Graeber, David, *Schulden: Die ersten 5000 Jahre.* Frankfurt, M. [u. a.]: Büchergilde Gutenberg, 2012.

Habermas, Jürgen, *Legitimationsprobleme im Spätkapitalismus,* Erstausg., 1. Aufl. Edition Suhrkamp 623. Frankfurt am Main: Suhrkamp, 1973.

Hardorp, Benediktus. „Elemente einer Neubestimmung des Geldes und ihre Bedeutung für die Finanzwirtschaft der Unternehmung." Inaugural-Dissertation, Albert-Ludwig-Universität, 1958.

——, „Das Kapital des Unternehmens und seine Bedeutung." in *Eigentum: Die Frage nach der Sozialbindung des Eigentums an Boden und Unternehmen,* hrsg. von Stefan Leber, 211–219, Sozialwissenschaftliches Forum Bd. 5. Stuttgart: Verlag Freies Geistesleben, 2000.

——, „Ein Initiative weckendes Steuerrecht." in *Grundeinkommen und Konsumsteuer – Impulse für ‚Unternimm die Zukunft': Tagungsband zum Karlsruher Symposium Grundeinkommen: bedingungslos [23.–24. Feburar 2006 Universität Karlsruhe],* hrsg. von Götz W. Werner und André Presse, 96–114, Schriften des Interfakultativen Instituts für Entrepreneurship (IEP) der Universität Karlsruhe (TH) 15. Karlsruhe: Universitätsverlag, 2007.

——, *Arbeit und Kapital als schöpferische Kräfte: Einkommensbildung und Besteuerung als gesellschaftliches Teilungsverfahren.* Schriften des Interfakultativen Instituts für Entrepreneurship (IEP) der Universität Karlsruhe (TH) 16. Karlsruhe: Universitätsverlag, 2008. http://digbib.ubka. uni-karlsruhe.de/volltexte/1000008461.

Harlan, Volker, Rainer Rappmann und Peter Schata, Hrsg., *Soziale Plastik: Materialien zu Joseph Beuys.* Unter Mitarbeit von Joseph Beuys, 3., erw. u. erg. Aufl. Achberg: Achberger Verl, 1984.

Hasenclever, Wolf-Dieter und Connie Hasenclever, *Grüne Zeiten: Politik für eine lebenswerte Zukunft.* Kösel-Sachbuch. München: Kösel, 1982.

Häußner, Ludwig Paul und André Presse, „Grundeinkommen und Konsumsteuer." in *Grundeinkommen und Konsumsteuer – Impulse für ‚Unter-*

nimm die Zukunft': Tagungsband zum Karlsruher Symposium Grundeinkommen: bedingungslos [23.–24. Feburar 2006 Universität Karlsruhe],
hrsg. von Götz W. Werner und André Presse, 80–95, Schriften des Interfakultativen Instituts für Entrepreneurship (IEP) der Universität Karlsruhe
(TH) 15. Karlsruhe: Universitätsverlag, 2007.

Heidt, Wilfried, *Freiheit – Demokratie – Sozialismus: Der dritte Weg als Zeitnotwendigkeit und Friedensidee im sozialen Leben und im Lebenszusammenhang der Völker.* edition medianum. Achberg: Achberger Verlag,
1972/2003. http://sozialimpuls.info/assets/pdf/Heidt-Freiheit-Demokra
tie-SozialismusI-1972.pdf (letzter Zugriff: 20. März 2014).

——, Hrsg., *Abschied vom Wachstumswahn:* Ökologischer Humanismus als
Alternative zur Plünderung des Planeten. Achberg: Achberger Verlag,
1980.

——, „Die ökologische Krise als soziale Herausforderung: Zur gesellschaftlichen Konzeption der grünen Alternative – Ein dritter Weg jenseits von
Kapitalismus und real existierendem Sozialismus." in *Die Grünen: Personen, Projekte, Programme,* hrsg. von Hans-Werner Lüdke und Olaf
Dinné, 81–99. Stuttgart-Degerloch: Seewald, 1980.

——, „Die Position des ‚Achberger Kreises' in den Grünen." in *Sozial handeln aus der Erkenntnis des sozial Ganzen: Soziale Dreigliederung heute,*
hrsg. von Reinhard Giese, 238–247. Rabel: Reinhard Giese, 1980.

——, „Es geht ums Ganze: Wirtschaftsökologie statt Plünderungsökonomie."
in *Abschied vom Wachstumswahn: Ökologischer Humanismus als Alternative zur Plünderung des Planeten,* hrsg. von Wilfried Heidt, 17–73.
Achberg: Achberger Verlag, 1980.

——, Erläuterung zum Namen ‚Media'; Aktion Dritter Weg-internes Fax,
27. Januar 1992, Archiv Stiftung Media, Göppingen.

Heinen-Anders, Michael, *Aus anthroposophischen Zusammenhängen,* 2., erheblich erw. und überarb. Aufl. Norderstedt: Books on Demand, 2010.

Henrich, Rolf, *Der vormundschaftliche Staat: Vom Versagen des real existierenden Sozialismus.* rororo aktuell 12536. Reinbek bei Hamburg: Rowohlt, 1989.

Hermann, Winne und Wolfgang Schwegler-Rohmeis, Hrsg., *Grüner Weg
durch schwarzes Land: 10 Jahre Grüne in Baden-Württemberg.* Stuttgart:
Edition Erdmann in K. Thienemanns Verlag, 1989.

Herrmann, Ulrike, *Der Sieg des Kapitals: Wie der Reichtum in die Welt kam: die Geschichte von Wachstum Geld und Krisen,* 2. Aufl. Frankfurt am Main: Westend, 2013.

Herrmannstorfer, Udo, „Assoziatives Wirtschaften – die Suche nach sozialer Gerechtigkeit." in *Die wirtschaftlichen Assoziationen: Beiträge zur Brüderlichkeit im Wirtschaftsleben,* hrsg. von Stefan Leber, 57–100, Sozialwissenschaftliches Forum 2. Stuttgart: Verlag Freies Geistesleben, 1987.

Huber, Joseph, *Technokratie oder Menschlichkeit: Zur Theorie einer humanen und demokratischen Systementwicklung.* Perspektiven der Humanität 6. Achberg: Achberger Verlag, 1978; Zugl.: Berlin, FU, Diss., 1976.

——, „Astral-Marx: Über Anthroposophie, einen gewissen Marxismus und andere Alternatiefen." in *Sekten,* hrsg. von Karl Markus Michel und Harald Wieser, 139–161, Kursbuch 55. Berlin: Kursbuch/Rotbuch, 1979.

Illich, Ivan, „Aufruf zur Feier." in *Schulen helfen nicht: Über das mythenbildende Ritual der Industriegesellschaft,* hrsg. von Ivan Illich, Helmut Lindemann und Erich Fromm. 46.–48. Tsd, 139–142, Rororo 6778. Reinbek: Rowohlt, 1979.

Illich, Ivan, Helmut Lindemann und Erich Fromm, Hrsg., *Schulen helfen nicht:* Über das mythenbildende Ritual der Industriegesellschaft, 46.–48. Tsd. Rororo 6778. Reinbek: Rowohlt, 1979.

Internationales Kulturzentrum Achberg, „B-Teil." in *Das Programm,* hrsg. von Die Grünen Baden-Württemberg. 2. Aufl., 27–30. Stuttgart, o. J., ca. 1980.

Kaminski, Rado, „Dritter Weg, dritte Chance? SYSTEMWECHSEL ‚Wir brauchen eine neue soziale Architektur': Ein Denklabor am Bodensee wirbt für mehr direkte Demokratie (01.08.2009)." http://www.taz.de/1/archiv/print-archiv/printressorts/digi-artikel/?ressort=sp&dig=2009%2F08%2F01%2Fa0058&cHash=566d9d3b15b5417456df3103b9399da5 (letzter Zugriff: 13. Dezember 2015).

Kant, Immanuel, *Grundlegung zur Metaphysik der Sitten,* Unveränderter Neudruck der 3. Aufl, hrsg. von Karl Vorländer. Philosophische Bibliothek 41. Leipzig: Meiner, 1947.

Krause, Peter, Hrsg., *Mehr als Geld: Wirtschaft gestalten.* Flensburger Hefte 111. Flensburg: Flensburger Hefte Verlag, 2011.

Kreiß, Christian, *Profitwahn: Warum sich eine menschengerechtere Wirtschaft lohnt.* Tectum-Sachbuch. Marburg: Tectum, 2013.

Kruip, Gerhard, „Welternährung und globale Gerechtigkeit: Vortragsexposé für Vortrag am 22.11.2011; im Themenschwerpunkt des Studium generale ‚Quest for Food – Wie Ernährung Leben bestimmt'.". http://www.studgen.uni-mainz.de/1996.php (letzter Zugriff: 15. März 2014).

Kugler, Walter, *Was war der Prager Frühling? Hintergründe, Ziele u. Auswirkungen d. tschechoslowak. Reformbewegung von 1968.* Achberg: Achberger Verlagsanstalt, 1976.

Leber, Stefan, Hrsg., *Der Mensch in der Gesellschaft: Die Dreigliederung des sozialen Organismus als Urbild und Aufgabe.* Beiträge zur Anthroposophie 2. Stuttgart: Verl. Freies Geistesleben, 1977.

——, Hrsg., *Die wirtschaftlichen Assoziationen: Beiträge zur Brüderlichkeit im Wirtschaftsleben.* Sozialwissenschaftliches Forum 2. Stuttgart: Verlag Freies Geistesleben, 1987.

——, Hrsg., *Wesen und Funktion des Geldes: Zahlen, Leihen und Schenken im volkswirtschaftlichen Prozess.* Sozialwissenschaftliches Forum Bd. 3. Stuttgart: Verl. Freies Geistesleben, 1989.

——, Hrsg., *Eigentum: Die Frage nach der Sozialbindung des Eigentums an Boden und Unternehmen.* Sozialwissenschaftliches Forum Bd. 5. Stuttgart: Verlag Freies Geistesleben, 2000.

Leonhard, Wolfgang, *Eurokommunismus: Herausforderung für Ost und West.* München: C. Bertelsmann, 1978.

Lichtenstern, Christa, *Die Wirkungsgeschichte der Metamorphosenlehre Goethes: Von Philipp Otto Runge bis Joseph Beuys.* Metamorphose in der Kunst des 19. und 20. Jahrhunderts Bd. 1. 1990.

Limbacher, Max V., Hrsg., *Projekt Anthroposophie: Denn das Leben verlangt eine Verwandlung unseres Denkens.* Reinbek bei Hamburg: Rowohlt, 1986.

Löbl, Eugen, *Geistige Arbeit – die wahre Quelle des Reichtums: Entwurf eines neuen sozialistischen Ordnungsbildes.* Wien und Düsseldorf: Econ, 1968.

——, *Wirtschaft am Wendepunkt: Wegweiser in eine soziale Zukunft ohne Inflation und Arbeitslosigkeit.* Perspektiven der Humanität 1. Achberg, Köln: Achberger Verl.-Anst. [u. a.], 1975.

Lüdke, Hans-Werner und Olaf Dinné, Hrsg., *Die Grünen: Personen, Projekte, Programme.* Stuttgart-Degerloch: Seewald, 1980.

Mantoux, Paul, *The Industrial Revolution in the Eighteenth Century: An outline of the beginnings of the modern factory system in England,* New and revised edition. Economic history. Industrial revolution. Strand, GB: Methuen & Co, 1964.

Mazzucato, Mariana, *Das Kapital des Staates: Eine andere Geschichte von Innovation und Wachstum.* Frankfurt am Main [u. a.]: Büchergilde Gutenberg, 2014.

Mende, Silke, *‚Nicht rechts, nicht links, sondern vorn‘: Eine Geschichte der Gründungsgrünen.* Ordnungssysteme 33. München: Oldenbourg, 2011.

Michel, Karl Markus und Harald Wieser, Hrsg., *Sekten.* Unter Mitarbeit von Hans Magnus Enzensberger. Kursbuch 55. Berlin: Kursbuch/Rotbuch, 1979.

Nassehi, Armin, Hrsg., *Richtig wählen.* Kursbuch 174. Hamburg: Murmann, 2013.

Neuling, Matthias, *Auf fremden Pfaden: Ein Leitfader der Rechtsformen für selbstverwaltete Betriebe und Projekte,* überarb. Fassung der Dissertation zum Dr. jur; Universität Bremen. Berlin: Stattbuch, 1985.

Obst, Georg und Otto Hintner, *Geld-, Bank- und Börsenwesen: Eine gemeinverständliche Darstellung,* 35., vollst. neu bearb. u. stark erw. Aufl. Stuttgart: Poeschel, 1963.

Oman, Hiltrud, Hrsg., *Joseph Beuys: Die Kunst auf dem Weg zum Leben.* Unter Mitarbeit von Joseph Beuys, Von der Autorin durchges. und überarb. Taschenbuchausg. Heyne-Bücher 19, Heyne-Sachbuch 610. München: Heyne, 1998.

Ott, Franziskus M., *Befristetes Eigentum als Resultat empirischer Rechtsanschauung.* Zürich: Juris Druck + Vlg, 1977; zugl.: Zürich, Univ., Diss., 1976.

Piketty, Thomas, *Das Kapital im 21. Jahrhundert.* München: Beck, 2014.

Pustejovsky, Otfrid, *In Prag kein Fenstersturz: Dogmatismus (1948–1962), Entdogmatisierung (1962–1967), Demokratisierung (1967–1968), Intervention (1968).* dtv-report. München: Deutscher Taschenbuch Verlag, 1968.

Rappmann, Rainer, Hrsg., *Denker, Künstler, Revolutionäre: Beuys, Dutschke, Schilinski, Schmundt/vier Leben für Freiheit, Demokratie und Sozialismus.* Wangen/Allgäu: FIU-Verlag, 1996.

Rat für Nachhaltige Entwicklung, „Der Rat.“. http://www.nachhaltigkeitsrat. de/der-rat/ (letzter Zugriff: 16. März 2014).

Rieker, Jochen, „Der Revoluzzer.“ *Manager Magazin,* Nr. 12 (1993): 234–239.

Rilling, Rainer, „Die Linke wählen? Sozialismus statt Wohlfühlkapitalismus." in *Richtig wählen,* hrsg. von Armin Nassehi, 113–122, Kursbuch 174. Hamburg: Murmann, 2013.

Rösch, Ulrich, „Begriff und Lebensformen der Assoziation: Vortrag bei der Zusammenkunft der sozialwissenschaftlichen Sektion am Goetheanum in Dornach vom 16.-18. Mai 1980." *Beiträge zur Dreigliederung des sozialen Organismus* 22. Jg., Nr. 34 (1981): S. 17–26.

——, *Begriff und Lebensformen der Assoziationen: Rudolf Steiners Intentionen für den ‚Kommenden Tag'.* Dornach/Schweiz, 12.–14.06.1981; unveröffentl. Manuskript.

Saacke, Rudolf, „Aktion Dritter Weg: Ein Modellversuch." in *Projekt Anthroposophie: Denn das Leben verlangt eine Verwandlung unseres Denkens,* hrsg. von Max V. Limbacher, 97–106. Reinbek bei Hamburg: Rowohlt, 1986.

Sachverständigenrat zur Begutachtung der gesamtwirtschaftlichen Entwicklung, *Verantwortung für Europa wahrnehmen: Jahresgutachten 2011/12.* Wiesbaden: Statistisches Bundesamt, 2011.

Sacks, Shelley und Wolfgang Zumdick, *Atlas zur sozialen Plastik ‚Ort des Treffens'.* Stuttgart, Berlin: Mayer, 2009.

Sauer, Otto und Franz Luger, *Vereine und Steuern,* Stand: 1. Januar 1987. Dtv 5264. München: Dt. Taschenbuch-Verl, 1987.

Sauermann, Heinz, *Einführung in die Volkswirtschaftslehre,* 2., durchges. Aufl. Die Wirtschaftswissenschaften Band I. Wiesbaden: Gabler, 1965.

Schata, Peter, „Das Œuvre des Joseph Beuys: Ein individueller Ansatz zu universeller Neugestaltung." in *Soziale Plastik: Materialien zu Joseph Beuys,* hrsg. von Volker Harlan, Rainer Rappmann und Peter Schata. 3., erw. u. erg. Aufl., 73–117. Achberg: Achberger Verl, 1984.

Schmundt, Wilhelm, *Revolution und Evolution: Auf dem Weg zu einer Elementarlehre des sozialen Organismus – (dazu Beiheft mit Bildtafeln).* Edition Dritter Weg : Reihe Wissenschaft 3. Achberg: Verl. Ed. Dritter Weg, 1973.

——, *Der soziale Organismus in seiner Freiheitsgestalt,* 2., durchges. Aufl., fotomechan. Nachdr. Studienmaterial der Freien Hochschule für Geisteswissenschaft, Goetheanum. Dornach/Schweiz: Philosophisch-Anthroposophischer Verlag Goetheanum, 1977.

——, „Elementarlehre des sozialen Organismus." in *Sozial handeln aus der Erkenntnis des sozial Ganzen: Soziale Dreigliederung heute,* hrsg. von Reinhard Giese, 73–81. Rabel: Reinhard Giese, 1980.

——, *Zeitgemäße Wirtschaftsgesetze: Über die Rechtsgrundlagen einer nach-kapitalistischen, freien Unternehmensordnung, Entwurf einer Einführung,* 2. Aufl., erweitert um Bemerkungen zur Geldordnung. Achberg: Achberger Verlag, 1980.

——, *Erkenntnisübungen zur Dreigliederung des sozialen Organismus: Durch Revolution der Begriffe zur Evolution der Gesellschaft,* 2., erw. u. umgestaltete Aufl. d. Schrift ‚Revolution und Evolution‘. Achberg: Achberger Verlag, 1982.

——, *Das freiwirtschaftliche ‚Experiment Wörgl‘: ein Impuls zur Dreigliederung des sozialen Organismus.* November 1983, unveröffentl. Manuskript, Archiv Stiftung Media.

——, „Der Geldkreislauf als Organsystem des sozialen Organismus." in *Wesen und Funktion des Geldes: Zahlen, Leihen und Schenken im volkswirtschaftlichen Prozess,* hrsg. von Stefan Leber, 71–79, Sozialwissenschaftliches Forum Bd. 3. Stuttgart: Verl. Freies Geistesleben, 1989.

Schneider, Erich, *Einführung in die Wirtschaftstheorie: I. Teil – Theorie des Wirtschaftskreislaufs,* 8., durchges. Aufl. Tübingen: J.C.B. Mohr/Paul Siebeck, 1960.

Schubert, Klaus und Martina Klein, „Kapitalismus: Nachschlagen [Bundeszentrale für politische Bildung]." http://www.bpb.de/nachschlagen/lexika/ politiklexikon/17696/kapitalismus (letzter Zugriff: 26. Februar 2015).

Schulz, Susanne, „Jeder kennt den Lohn des anderen." http://www.zeit. de/2008/09/Kasten-Schweden (letzter Zugriff: 20. Juli 2014).

Schuster, Gerhard, „Die Vision einer gesellschaftlichen Alternative: Ein Beitrag zum Thema ‚Neue Gewaltenteilung‘ (07.06.2014)." http://www. zapata33.com/2014/06/07/die-vision-einer-gesellschaftlichen-alternative (letzter Zugriff: 16. Dezember 2015).

——, „Komplementäre Demokratie: Die notwendige Ergänzung der repräsentativen Demokratie um einen adäquaten Volksgesetzgebungs-Prozess (Juni/ Juli 2013)." http://www.zapata33.com/pdf/2013-06-komplementaere-demokratie.pdf (letzter Zugriff: 2. Juli 2015).

Schweppenhäuser, Hans Georg, *Macht des Eigentums: Auf dem Weg in eine neue soziale Zukunft.* Radius Projekte 40. Stuttgart: Radius, cop. 1970.

——, „Neue Wirtschaftsordnung: Skizze der Assoziationen." in *Der Mensch in der Gesellschaft: Die Dreigliederung des sozialen Organismus als Urbild und Aufgabe,* hrsg. von Stefan Leber, 172–180, Beiträge zur Anthroposophie 2. Stuttgart: Verl. Freies Geistesleben, 1977.

251

Semler, Ricardo, *Das Semco System: Management ohne Manager – das neue revolutionäre Führungsmodell,* 2. Aufl. München: Heyne, 1993.

Šik, Ota, *Der Dritte Weg: Die marxistisch-leninistische Theorie und die moderne Industriegesellschaft.* Hamburg: Hoffmann & Campe, 1972.

Smith, Adam, *Reichtum der Nationen.* Hauptwerke der großen Denker. Paderborn: Voltmedia, 2005.

Sommer, Bernd und Harald Welzer, *Transformationsdesign: Wege in eine zukunftsfähige Moderne.* Transformationen 1. München: Oekom, 2014.

Spitta, Dietrich, „Die Problematik des Privateigentums an Unternehmen: Gesichtspunkte und Ansätze zu seiner Umwandlung." in *Eigentum: Die Frage nach der Sozialbindung des Eigentums an Boden und Unternehmen,* hrsg. von Stefan Leber, 152–190, Sozialwissenschaftliches Forum Bd. 5. Stuttgart: Verlag Freies Geistesleben, 2000.

Sprenger, Reinhard K., *Mythos Motivation: Wege aus einer Sackgasse,* 2. Aufl. Frankfurt/Main: Campus-Verl, 1992.

Springer Gabler Verlag (Hrsg.), „Gabler Wirtschaftslexikon: Stichwort ‚Flow-Erleben'.". http://wirtschaftslexikon.gabler.de/Archiv/78176/flow-erleben-v4.html (letzter Zugriff: 11. März 2014).

——, „Gabler Wirtschaftslexikon: Stichwort ‚Cluster'.". http://wirtschaftslexikon.gabler.de/Archiv/5140/cluster-v14.html (letzter Zugriff: 4. November 2014).

——, „Gabler Wirtschaftslexikon: Stichwort ‚Just in Time (JIT)'.". http://wirtschaftslexikon.gabler.de/Archiv/57306/just-in-time-jit-v9.html (letzter Zugriff: 9. Juli 2014).

——, „Gabler Wirtschaftslexikon: Stichwort ‚Individualismus'.". http://wirtschaftslexikon.gabler.de/Definition/individualismus.html (letzter Zugriff: 11. März 2014).

Statista, „Verfügbares Einkommen je Arbeitnehmer in Deutschland von 1960 bis 2013.". http://de.statista.com/statistik/daten/studie/164049/umfrage/verfuegbares-einkommen-je-arbeitnehmer-in-deutschland-seit-1960/ (letzter Zugriff: 3. März 2015).

Statistisches Bundesamt, „Für 28% der Haushalte Realität: Der Traum vom eigenen Einfamilienhaus.". https://www.destatis.de/DE/ZahlenFakten/GesellschaftStaat/EinkommenKonsumLebensbedingungen/Wohnen/Aktuell_EVS.html (letzter Zugriff: 27. Januar 2015).

Steigenberger, Karin, *Gemeinwohlökonomie am Prüfstand: Eine umfassende und kritische Analyse.* Dossier Wirtschaftspolitik (Wien: Wirtschaftskammer Österreich, 2013/8, 27. August 2013).

Steiner, Rudolf, *Die Kernpunkte der sozialen Frage in den Lebensnotwendigkeiten der Gegenwart und Zukunft,* 41.–80. Tausend. Stuttgart: Der Kommende Tag, 1920.

——, *Soziale Zukunft: Sechs Vorträge mit Fragenbeantwortung; gehalten in Zürich vom 24.–30. Oktober 1919.* Bern: Troxler, 1950.

——, „Zur Frage des Eigentums." *Soziale Zukunft* 3. Jg., 8/9 (1958).

——, *Aufsätze über die Dreigliederung des sozialen Organismus und zur Zeitlage 1915–1921.* Dornach/Schweiz: Vlg der Rudolf Steiner Nachlassverwaltung, 1961.

——, *Die Kardinalfrage des Wirtschaftslebens:* Öffentlicher Vortrag, Kristiania (Oslo) 30.11.21. Dornach: Rudolf-Steiner-Nachlassverwaltung, Dornach, 1962.

——, *Die soziale Grundforderung unserer Zeit: In geänderter Zeitlage/12 Vorträge, gehalten in Dornach und Bern vom 29.11.–21.12.1918.* Gesamtausgabe 186. Dornach (Schweiz): Verlag der Rudolf Steiner-Nachlassverwaltung, 1963.

——, *Entwicklungsgeschichtliche Unterlagen zur Bildung eines sozialen Urteils: Acht Vorträge, gehalten in Dornach vom 9. bis 24. November 1918,* 2. Aufl. Rudolf-Steiner-Gesamtausgabe 185a. Dornach Schweiz: Rudolf-Steiner-Verl, 1963.

——, *Neugestaltung des sozialen Organismus.* Gesamtausgabe Bd. 330/331. Dornach/Schweiz: Vlg der Rudolf Steiner-Nachlassverwaltung, 1963; 14 öffentliche Vorträge gehalten in Stuttgart zwischen 22.04. und 30.07.1919.

——, *Nationalökonomischer Kurs: Vierzehn Vorträge, gehalten in Dornach vom 24. Juli bis 6. August 1922 für Studenten der Nationalökonomie.* Gesamtausgabe Bd. 340. Dornach: Verlag der Rudolf Steiner-Nachlassverwaltung, 1965.

——, *Die Philosophie der Freiheit: Grundzüge einer modernen Weltanschauung,* 1. Aufl. Taschenbuch-Ausgaben Nr. 1. Stuttgart: Verl. Freies Geistesleben, 1967.

——, *Geisteswissenschaft und soziale Frage: Drei Aufsätze,* 4. Aufl. Dornach: Rudolf-Steiner-Verlag, 1977.

——, *Die soziale Frage als Bewußtseinsfrage: Acht Vorträge, gehalten in Dornach zwischen dem 15. Februar und 16. März 1919,* 3., neu durchges.

Aufl. Gesamtausgabe 189, Die geistigen Hintergründe der sozialen Frage. Dornach: Rudolf Steiner Verlag, 1980.

——, *Wahrheit und Wissenschaft: Vorspiel einer „Philosophie der Freiheit".* Rudolf Steiner Taschenbücher aus dem Gesamtwerk 628. Dornach: Rudolf Steiner Verlag, 1980.

——, *Grundlinien einer Erkenntnistheorie der Goetheschen Weltanschauung mit besonderer Rücksicht auf Schiller: Zugleich eine Zugabe zu Goethes naturwissenschaftliche Schriften in Kürschners Deutsche National-Literatur.* Rudolf Steiner Taschenbücher aus dem Gesamtwerk 629. Dornach: Rudolf Steiner Verlag, 1984.

——, *Gesammelte Aufsätze zur Kultur- und Zeitgeschichte 1887–1901,* 3. Aufl. Gesamtausgabe 31. Dornach: Rudolf Steiner Verlag, 1989.

Stiglitz, Joseph E., *Der Preis der Ungleichheit: Wie die Spaltung der Gesellschaft unsere Zukunft bedroht,* 1. Aufl. München: Siedler, 2012.

Stratmann, Eckard, *in der Aussprache zur Kandidatur von Joseph Beuys zum Deutschen Bundestag, Delegiertenkonferenz(?), Geilenkirchen; 21.01.1983, Archiv Grünes Gedächtnis; Berlin (1983: Am 22./23. Januar wird in Geilenkirchen die Landesliste für die vorge zogene Bundestagswahl im März aufgestellt; der Künstler Joseph Beuys, der seine Kandidatur bis Platz 9 aufrechterhält, wird nicht gewählt. http://www.boell.de/ sites/default/files/uploads/2014/06/jb_2011_-_robert_camp_-_zu_den_ aktenbestaenden_gruene_nrw.pdf.*

Strawe, Christoph, „Sozialbindung des Eigentums: Das Spannungsverhältnis zwischen dem § 903 BGB und dem Artikel 14 des Grundgesetzes." in *Eigentum: Die Frage nach der Sozialbindung des Eigentums an Boden und Unternehmen,* hrsg. von Stefan Leber, 191–207, Sozialwissenschaftliches Forum Bd. 5. Stuttgart: Verlag Freies Geistesleben, 2000.

——, „Das Verschwinden des physischen Eigentums: Zugleich ein Kommentar zu Jeremy Rifkins Buch ‚Access'." *Rundbrief Dreigliederung,* Nr. 3 (2002): 14–19.

Stüttgen, Johannes, Hrsg., *Similia similibus: Joseph Beuys zum 60. Geburtstag,* 1.200 gestempelte u. nummerierte Ex. die ersten 200 Ex. als ‚Edition Joseph Beuys 12. Mai 1981' mit Tonbandkassette, 90 Min. Köln: DuMont, 1981.

——, *Organ des Erweiterten Kunstbegriffs für die Soziale Skulptur: Eine Darstellung der Idee, Geschichte und Tätigkeit der FIU.* Düsseldorf: Manuskriptdruck FIU, 1984.

——, *Der ganze Riemen: Der Auftritt von Joseph Beuys als Lehrer ; die Chronologie der Ereignisse an der Staatlichen Kunstakademie Düsseldorf 1966–1972.* Köln: König, 2008.

Uchatius, Wolfgang, „Jan Müller hat genug.". http://www.zeit.de/2013/10/DOS-Konsum/komplettansicht (letzter Zugriff: 27. Januar 2015).

Unternehmensverband, Hrsg., *Aufruf zur Alternative: A3W FIU.* Achberg/Hamburg: Achberger Verlag/VGD, 1980.

Voß, Elisabeth, *Wegweiser solidarische Ökonomie: Anders wirtschaften ist möglich!* Neu-Ulm: AG-SPAK-Bücher, 2010.

Welzer, Harald, *Selbst denken: Eine Anleitung zum Widerstand.* Frankfurt am Main, Zürich, Wien: Büchergilde Gutenberg, 2013.

Werner, Götz W., *Einkommen für alle.* Köln: Kiepenheuer & Witsch, 2007.

Werner, Götz W. und André Presse, Hrsg., *Grundeinkommen und Konsumsteuer – Impulse für ‚Unternimm die Zukunft': Tagungsband zum Karlsruher Symposium Grundeinkommen: bedingungslos [23.–24. Feburar 2006 Universität Karlsruhe].* Schriften des Interfakultativen Instituts für Entrepreneurship (IEP) der Universität Karlsruhe (TH) 15. Karlsruhe: Universitätsverlag, 2007. http://www.uvka.de/univerlag/volltexte/2007/186.

Wikibooks, „Wirtschaft: Wesentliche Prinzipien der Wirtschaft und des Wirtschaftens.". http://de.wikibooks.org/wiki/Betriebswirtschaft/_Grundlagen/_Wirtschaft_und_Betriebswirtschaft (letzter Zugriff: 15. März 2014).

Wikipedia, „Aktionsforschung.". http://de.wikipedia.org/wiki/Aktionsforschung (letzter Zugriff: 15. Juli 2014).

——, „Euro-Rettungsschirm.". https://de.wikipedia.org/wiki/Euro-Rettungsschirm (letzter Zugriff: 27. Januar 2015).

——, „Grundgesetz für die Bundesrepublik Deutschland.". http://de.wikipedia.org/wiki/Grundgesetz_f%C3%BCr_die_Bundesrepublik_Deutschland (letzter Zugriff: 11. Oktober 2014).

——, „Kapitalneutralisierung.". http://de.wikipedia.org/wiki/Kapitalneutralisierung (letzter Zugriff: 26. März 2014).

——, „Nassauskiesungsbeschluss.". http://de.wikipedia.org/wiki/Nassauskiesungsbeschluss (letzter Zugriff: 15. Oktober 2014).

——, „Unsichtbare Hand.". http://de.wikipedia.org/wiki/Unsichtbare_Hand (letzter Zugriff: 15. Februar 2014).

Wilken, Folkert, „Der Kampf um das Eigentum: Neue Wege einer zeitgemäßen Eigentumsgestaltung." *Die Kommenden,* 10. Juli 1958.

15   Autor

Michael W. Bader, geboren am 26.12.1952, studierte Germanistik und Politik-
wissenschaften unter anderem bei Professor Dr. Martin Greiffenhagen in Stuttgart, ist amtierender Vorstand der Stiftung Media, der Nachfolgeorganisation
der Stiftung der IG Dritter Weg, und wurde als Mitglied des Achberger Kreises
1979 als stellvertretender Landesvorsitzender in den Gründungsvorstand der
neugegründeten Grünen Baden-Württembergs gewählt. Michael W. Bader gilt
bis heute als einer der führenden Vertreter der sogenannten *Achberger Schule*.

Als Mitbegründer und langjähriger Präsident der GPÖ Gesellschaft für
politische Ökologie, später Heinrich-Böll-Stiftung, war er mehr als 10 Jahre
mit dem Aufbau grüner Bildungsarbeit in Deutschland befasst. Sein besonderes Interesse gilt der Entwicklung und dem Aufbau neuer Wirtschafts- und
Unternehmensformen, die er nicht zuletzt im Rahmen des Achberger Kreises
als „Unternehmensverband der Aktion Dritter Weg" gemeinsam mit *Wilfried
Heidt, Lukas Beckmann, Peter Schata, Rudolf Saacke, Johannes Stüttgen, Joseph Beuys* und vielen anderen auf den Weg brachte.

Institut für Sozialforschung und Entwicklungslehre e. V., Achberg

Der Sitz des Instituts für Sozialforschung und Entwicklungslehre Achberg im Hohbuchweg kurz vor seiner Fertigstellung Ende der 1970er-Jahre.
© Foto: Archiv Stiftung Media

Wilfried Heidt und Franz Hansert beim morgendlichen Instituts-Briefing (Oktober 1983).
© Foto: Archiv Stiftung Media

Internationales Kulturzentrum Achberg e. V. (INKA)

Das Humboldt-Haus, Sitz des Internationalen Kulturzentrums
Achberg, ist bei Tagungsgästen auch wegen seiner einmaligen Lage
mit Alpen-Panoramablick und seinem großzügigen Pool beliebt.

© Foto: Peter Schata

Das Humboldt-Haus erhielt seinen Namen nach Wilhelm von
Humboldt in Erinnerung an dessen Werk „Ideen zu einem Versuch,
die Grenzen der Wirksamkeit des Staats zu bestimmen".

© Foto: Archiv Stiftung Media

Woll- & Seidenkontor GmbH

Das Woll- & Seidenkontor steht für hochwertige Garne aus Wolle, Seide und Wollseide und arbeitet bis heute mit einem Ladengeschäft in Herne.

© Foto: Peter Schata

In der Fischergasse auf der Insel Lindau lag in den 1980er-Jahren „Machandelboom", das Ladengeschäft des Woll- & Seidenkontors. Neben einer großen Auswahl an Strickgarnen wurde auch das Programm des Achberger Verlages verkauft.

© Foto: Archiv Stiftung Media

Media Romania, Mediaş, Rumänien

Der ursprüngliche Hauptsitz von Media Romania in Mediaş,
Siebenbürgen/Rumänien; Mitte der 1990er-Jahre.
© Foto: Archiv Stiftung Media

FCE-Stiftungsvorstand Reinhard Büchner bei der Einweihung
des Bio-Modellhofes in Boiu bei Sighişoara (Schässburg)
in Transsilvanien, im September 2005.
© Foto: Jochen Abeling

FCE – Fundatia pentru Cultura si Ecologie

Ferma Topa in Boiu, der biologisch wirtschaftende Modellhof
der FCE Stiftung für Kultur und Ökologie in der Nähe
von Sighişoara (Schässburg), Rumänien; 2014.

© Foto: Simone van Kempen

FCE-Direktorin Dana Schuster in Sighişoara (Schässburg)
auf dem Weg zu einer Stiftungsveranstaltung.

© Foto: Michael W. Bader

Stiftung Media

Joseph Beuys, Michael W. Bader und Rolf Saacke auf einem Arbeitstreffen
der IG Dritter Weg (Unternehmensverband), der späteren Media-
Unternehmensgruppe/Stiftung Media, in Düsseldorf 1980.

© Foto: Jochen Abeling

Rosenziegel aus der Wärmeblock-Aktion der Stiftung Media in
Erinnerung an die Energie-Speicher von Joseph Beuys in Kirchheim/
Teck (Juli 2006) und Dornach/Schweiz (Juli 2007).

© Archiv Stiftung Media

264

Forum Teestube e. V.

Forum Teestube in der Christophstraße in Göppingen Anfang der
1980er-Jahre. Im oberen Stockwerk lagen neben Seminarräumen
auch die ersten Geschäftsräume der Freien Gesellschaft für soziale
Entwicklungsforschung mbH, der heutigen GFE Media GmbH.

© Foto: Archiv Stiftung Media

Zentrales Prunkstück von Forum Teestube waren Mitte der 1980er-
Jahre der Kachelofen und das darauf stehende Grammophon.

© Foto: Archiv Stiftung Media

Freie Gesellschaft für soziale Entwicklungsforschung mbH, GFE Media GmbH

GFE-Geschäftsführer Michael W. Bader, Anfang der 1980er-Jahre bei einem Vortrag in Forum Teestube.

© Foto: Archiv Stiftung Media

Einer der ersten Messestände der CCS Compact Computer Systeme GmbH auf der CeBIT, der von GFE als verantwortlicher Agentur gestaltet und betreut wurde (Mitte der 1980er-Jahre).

© Foto: Archiv Stiftung Media

CCS Sommer GmbH

Konfigurierung und Qualitätssicherung in der Betriebsstätte
der CCS Sommer GmbH in Göppingen.

© Foto: Archiv Stiftung Media

Die Kleinserienproduktion der von CCS Mikrotechnik in
Hamburg entwickelten Speicher- und Datenerfassungsgeräte
erfolgte bei CCS Sommer in Göppingen (um 1990).

© Foto: Archiv Stiftung Media

267

Naturata Gartenbau

Neben Demeter-Gemüseanbau war die – damals Anfang der
1980er-Jahre neue – Spezialität der Naturata Gartenbau der
biologisch-dynamische Anbau von Zierpflanzen.

© Foto: Archiv Stiftung Media

Naturata Gartenbau Gewächshaus in Uhingen, in dem
z. B. auch Kiwi-Früchte angebaut wurden.

© Foto: Peter Schata

Naturata Naturwaren-Handelsgesellschaft mbH und Senfkorn Naturkost GmbH & Co. KG

Naturata Naturwaren GmbH gehörte um 1980 zu den Pionieren der „Bioläden" in Deutschland, lange Jahre wurde die Göppinger Szene mit einem umfangreichen Lebensmittelprogramm und auch mit dem Gemüse der Naturata Gartenbau versorgt.

© Foto: Archiv Stiftung Media

Natürlich wurde bei Naturata Naturwaren GmbH auch das Programm des Woll- & Seidenkontors verkauft.

© Foto: Archiv Stiftung Media

Free International University und FIU-Büro Düsseldorf

Joseph Beuys bei seinem Vortrag „Die Gesellschaft als Kunstwerk" am
6. August 1974 auf dem „Jahreskongreß ‚Dritter Weg' – Selbstverwaltung
als gesellschaftliches Gestaltungsprinzip" in Achberg.

© VG Bild-Kunst, Bonn 2016; © Foto: Peter Schata

Johannes Stüttgen bei einem Vortrag auf dem „Symposion zur Sozialen Plastik"
im Mai 2003 in der Achberg-Halle. Die Achberg-Halle liegt in der Nähe des
Humboldt-Hauses und wird bei größeren Tagungen als Vortragssaal genutzt.

© Foto: Jochen Abeling

CCS Compact Computer Systeme GmbH

Schwanenwik 32 in Hamburg – lange Jahre war dies der Geschäftssitz der CCS Compact Computer Systeme GmbH. Auch die Geschäftsstelle der Aktion Dritter Weg und der VGD-Verlag waren in den 1980er-Jahren hier beheimatet.

© Foto: Archiv Stiftung Media

Die „Schaltzentrale" von CCS in der ersten Hälfte der 1980er-Jahre; v. l . n. r.: Franz Hansert, Rolf Saacke, Bernd Gröger.

© Foto: Jochen Abeling

CCS Mikrotechnik GmbH

Bei CCS Mikrotechnik in Hamburg wurden die Speicher- und
Datenerfassungssysteme entwickelt, die bei CCS Sommer
in Göppingen als Kleinserien produziert wurden.

© Foto: Archiv Stiftung Media

CCS-Mikrotechnik-Mitarbeiter beim Durchführen einer Prüfroutine.

© Foto: Archiv Stiftung Media

VGD Verlag Geisteswissenschaftliche Dokumentation GmbH

Leonie Dominick führte den VGD Verlag Geisteswissenschaftliche Dokumentation GmbH. Der gelernten Dokumentarin ist ein großer Teil der Protokolle, Mitschriften und Aufzeichnungen zu der Geschichte der Aktion Dritter Weg zu verdanken.

© Foto: Peter Schata

Aktion Dritter Weg e. V. – Das Büro

Joseph Beuys im Gespräch mit Wilhelm Schmundt, Rolf Saacke und Ossip K. Flechtheim auf den „Aktionstagen '83 – Einsteigen in eine andere Republik! Perspektiven für ein mitteleuropäisches Deutschland" im Berliner Forum Kreuzberg.

© Foto: Jochen Abeling

Wilfried Heidt bei der Luftballon-Aktion „Freiheit – Gleichheit – Brüderlichkeit" während der „Aktionstage '86". Die Veranstaltung fand im Gottlieb-Duttweiler-Institut in Rüschlikon bei Zürich statt.

© Foto: Peter Schata

UWE WERNER

Das Unternehmen Weleda
1921 – 1945

*Entstehung und Pionierzeit eines
menschengemäßen und nachhaltig
ökologischen Unternehmens*

BWV • BERLINER
WISSENSCHAFTS-VERLAG

Uwe Werner

Das Unternehmen Weleda 1921–1945

Entstehung und Pionierzeit eines
menschengemäßen und nachhaltig
ökologischen Unternehmens

Der Historiker Uwe Werner greift in dieser Studie das Unternehmensschicksal der Firma Weleda in seinen ersten 25 Jahren auf. Diese Geschichte reicht von der Entstehung inmitten der chaotischen Zustände der Jahre nach dem Ersten Weltkrieg bis in das möglicherweise noch größere Chaos der Nazi-Zeit und des Zweiten Weltkriegs. Zwischen diesen beiden Katastrophen des 20. Jahrhunderts blieben nur wenige gesellschaftlich oder politisch ruhige Jahre für die ersten Phasen des Aufbaus eines unkonventionellen und zukunftsorientierten Unternehmens.

Rudolf Steiner engagierte sich ab 1919 dezidiert in der Öffentlichkeit mit dem sozialpolitischen Gestaltungskonzept einer Dreigliederung des sozialen Organismus. Gleichzeitig inaugurierte er die Anthroposophische Medizin, entwickelte Heilmittel und Kosmetika, die zur Grundlage dieses pharmazeutischen Unternehmens, der Weleda, wurden. Professionelle Pharmazeuten und Kaufleute begeisterten sich für diese Perspektiven einer neuen menschenkundlichen Grundlage für die Heilmittelherstellung. Es war kein Strohfeuer, denn das Engagement der Beteiligten wurde von diesen nicht selten als Lebensaufgabe begriffen. Das junge Unternehmen hatte trotz mancher Fährnisse eine gewisse Konsolidierung erlangt, als 1933 die NS-Herrschaft mit ihrem totalitären Anspruch auch die deutschen Weleda-Betriebe bedrängte.

Die Geschichte von dem Versuch einer Stilllegung des Betriebes über die Verzögerung bis zur Aufhebung des Fertigungsverbots gehört zu dem originellen Weg dieses Unternehmens durch die gefährlichen polykratischen Strukturen eines totalitären Regimes. Dieser Weg ist nicht nur für die Identität der Weleda und ihre heutigen Herausforderungen aufschlussreich, sondern auch lesenswert für den allgemein geschichtlich oder insbesondere an Unternehmensschicksalen während der NS-Zeit Interessierten.

2014, 260 S., 13 farb. Abb., 65 s/w Abb., 2 Tab., geb., 24,80 €, 978-3-8305-3272-9

BWV • BERLINER WISSENSCHAFTS-VERLAG

Markgrafenstraße 12–14 • 10969 Berlin • Tel. 030 / 841770-0 • Fax 030 / 841770-21
E-Mail: bwv@bwv-verlag.de • Internet: http://www.bwv-verlag.de